U0901172

山西经济普查年鉴 2018

Shanxi Economic Census Yearbook

综 | 合 | 卷

山西省第四次全国经济普查领导小组办公室
山　西　省　统　计　局　编著

中国统计出版社
China Statistics Press

图书在版编目（CIP）数据

山西经济普查年鉴. 2018. 综合卷 / 山西省第四次全国经济普查领导小组办公室, 山西省统计局编著. -- 北京 : 中国统计出版社, 2020.11
ISBN 978-7-5037-9308-0

Ⅰ. ①山… Ⅱ. ①山… ②山… Ⅲ. ①地方经济－普查－山西－2018－年鉴 Ⅳ. ①F127.25-54

中国版本图书馆 CIP 数据核字(2020)第 195462 号

山西经济普查年鉴—2018/综合卷

作　　者/山西省第四次全国经济普查领导小组办公室　山西省统计局
责任编辑/冯燕玲
封面设计/黄俊杰　李雪燕
出版发行/中国统计出版社
通信地址/北京市丰台区西三环南路甲 6 号　邮政编码/100073
电　　话/邮购（010）63376909　书店（010）68783171
网　　址/http://www.zgtjcbs.com/
印　　刷/河北鑫兆源印刷有限公司
经　　销/新华书店
开　　本/880mm×1230mm　1/16
字　　数/534 千字
印　　张/16.75
版　　别/2020 年 11 月第 1 版
版　　次/2020 年 11 月第 1 次印刷
定　　价/880.00 元（全四册附光盘）

本书附同版本 CD-ROM 一张，光盘内容以书面文字为准。
如有印装差错，由本社发行部调换。

《山西经济普查年鉴-2018》编辑机构名单

编辑委员会

编辑工作人员

编者说明

《山西经济普查年鉴—2018》是一部全面反映山西省第四次全国经济普查成果的大型资料工具书。该书是根据山西省第四次全国经济普查结果，按照现行国家统计分类标准，对普查基础数据进行加工汇总形成的综合资料。

一、山西省第四次全国经济普查的标准时点为 2018 年 12 月 31 日，时期资料为 2018 年度。普查对象是山西省辖区内从事第二产业和第三产业活动的全部法人单位、产业活动单位和个体经营户。

二、本资料共三卷四册，即综合卷、第二产业卷（上、下册）和第三产业卷，并随书配送同版本光盘一张。

《综合卷》共三篇。第一篇为综合篇，第二篇为企业篇，第三篇为文化及相关产业篇。

《第二产业卷》按内容分为上、下两册，共四篇。上册两篇：第一篇为工业企业生产经营及财务状况篇，第二篇为主要工业产品产量篇。下册两篇：第一篇为规模以上工业企业科技情况篇，第二篇为建筑业企业生产经营及财务状况篇。

《第三产业卷》共六篇。第一篇为批发和零售业企业基本情况及财务状况篇，第二篇为住宿和餐饮业企业基本情况及财务状况篇，第三篇为房地产开发经营业生产经营及财务状况篇，第四篇为服务业企业财务状况篇，第五篇为服务业行政事业及非企业法人单位篇，第六篇为企业信息化情况篇。

三、综合卷中综合篇和企业篇汇总表，均不包含少量无分组标识的单位数据，其中单位数包含兼营二、三产业的农、林、牧、渔业法人单位，从业人员数不包含兼营二、三产业的农、林、牧、渔业法人单位，不包含人民银行、银保监会、证监会监管的金融业以及铁路运输部门单位数据。

四、本资料建筑业按法人单位注册地，其他行业按法人单位经营地进行汇总。

五、本资料对部分数据由于计量单位取舍不同或四舍五入而产生的误差数均未作机械调整。

六、表中空格表示该项统计指标数值为零、不足最小单位、数据不详或无该项数据，“#”表示其中的主要项。

七、为了更准确地使用本年鉴，每卷后附有该卷详细的指标解释。

我们希望此书的面世，能使社会各界对山西省第四次全国经济普查有一个全面的了解，更愿本书的内容，能为社会经济研究工作者提供有价值的参考。

山西省第四次全国经济普查资料是全省普查工作者共同辛勤工作的成果，也是广大普查对象积极支持配合的结果。在此，我们向全省所有普查工作者、普查对象和所有参与和支持普查工作的人员致以崇高的敬意和衷心的感谢！

山西省第四次全国经济普查领导小组办公室

山西省统计局

2020 年 5 月

综合卷　目录

第一篇　综合篇

第二篇　企业篇

第三篇 文化及相关产业篇

附　录

第1篇

综合篇

资料整理校对：张淑虹　柴晋飞　王彦威
李渔翔　宫　雪　王　喆

1-1 按地区、行业门类

地 区	法 人 单位数 (个)	农、林、牧、渔业	采矿业	制造业	电力、热力、燃气及水生产和供应业	建筑业	批发和零售业	交通运输、仓储和邮政业	住宿和餐饮业
全 省	**462193**	**7053**	**5942**	**36079**	**4452**	**28707**	**141041**	**14626**	**8427**
太原市	129820	202	374	5854	417	11115	43547	2573	3480
大同市	31059	383	408	2485	587	1510	9749	992	601
阳泉市	14008	115	195	1356	247	755	4330	447	183
长治市	39477	659	494	2604	318	2572	13289	1081	626
晋城市	29737	554	379	1948	325	1346	10517	740	440
朔州市	18656	469	310	1334	268	939	5803	713	265
晋中市	43254	822	750	4923	332	3230	11797	1691	764
运城市	48866	926	366	6131	316	3037	13902	1916	784
忻州市	28550	782	804	2580	364	890	5904	1136	321
临汾市	42191	948	783	2615	944	2148	12729	1545	582
吕梁市	36575	1193	1079	4249	334	1165	9474	1792	381

分组的法人单位数

信息传输、软件和信息技术服务业	金融业	房地产业	租赁和商务服务业	科学研究和技术服务业	水利、环境和公共设施管理业	居民服务、修理和其他服务业	教育	卫生和社会工作	文化、体育和娱乐业	公共管理、社会保障和社会组织
17399	**2401**	**16757**	**45373**	**21099**	**5510**	**11377**	**15682**	**6896**	**13635**	**59737**
9508	841	5854	19417	9147	962	4006	2612	1064	3918	4929
771	179	1083	2560	1200	394	693	1212	626	887	4739
344	106	514	1038	536	109	314	475	244	353	2347
711	152	1511	2705	1426	469	879	1315	562	1175	6929
779	135	910	2847	995	477	966	947	401	1000	4031
319	109	551	1425	564	247	420	734	370	420	3396
1165	189	1480	3249	1967	618	939	1681	721	1436	5500
1584	201	1547	3823	1855	588	991	2178	884	1543	6294
432	169	747	2230	837	475	443	1094	608	694	8040
897	148	1400	3525	1489	557	1011	1771	849	1330	6920
889	172	1160	2554	1083	614	715	1663	567	879	6612

1-2 按地区分组的法人单位数及从业人员期末人数

地 区	法人单位数(个)	单产业法人单位	多产业法人单位	从业人员期末人数(人)	#女性
全 省	**462193**	**445638**	**16555**	**7152887**	**2462650**
太原市	129820	126363	3457	1687915	591151
大同市	31059	29983	1076	625827	211655
阳泉市	14008	13076	932	320842	106866
长治市	39477	37900	1577	656257	230649
晋城市	29737	28355	1382	555104	195136
朔州市	18656	17959	697	319778	105565
晋中市	43254	41406	1848	668988	219060
运城市	48866	47086	1780	672641	255042
忻州市	28550	27550	1000	418964	135576
临汾市	42191	40573	1618	617100	222903
吕梁市	36575	35387	1188	609471	189047

1-3　按行业(中类)分组的法人单位数及从业人员期末人数

行　业	代码	法　人单位数(个)	单产业法人单位	多产业法人单位	从业人员期末人数(人)	#女性
总　计	**00**	**462193**	**445638**	**16555**	**7152887**	**2462650**
农、林、牧、渔业	**A**	**7053**	**7002**	**51**	**27094**	**6538**
农业	01	18		18		
谷物种植	011	6		6		
豆类、油料和薯类种植	012					
棉、麻、糖、烟草种植	013					
蔬菜、食用菌及园艺作物种植	014	4		4		
水果种植	015	4		4		
坚果、含油果、香料和饮料作物种植	016					
中药材种植	017	4		4		
草种植及割草	018					
其他农业	019					
林业	02	4		4		
林木育种和育苗	021	3		3		
造林和更新	022					
森林经营、管护和改培	023	1		1		
木材和竹材采运	024					
林产品采集	025					
畜牧业	03	14		14		
牲畜饲养	031	11		11		
家禽饲养	032	2		2		
狩猎和捕捉动物	033					
其他畜牧业	039	1		1		
渔业	04					
水产养殖	041					
水产捕捞	042					
农、林、牧、渔专业及辅助性活动	05	7017	7002	15	27094	6538
农业专业及辅助性活动	051	6603	6592	11	25291	6104
林业专业及辅助性活动	052	159	158	1	1032	244
畜牧专业及辅助性活动	053	181	178	3	630	156
渔业专业及辅助性活动	054	74	74		141	34
采矿业	**B**	**5942**	**5752**	**190**	**1064966**	**171010**
煤炭开采和洗选业	06	3377	3270	107	1007618	164182
烟煤和无烟煤开采洗选	061	3282	3178	104	1004075	163747
褐煤开采洗选	062	19	18	1	153	26
其他煤炭采选	069	76	74	2	3390	409
石油和天然气开采业	07	37	33	4	5839	1431
石油开采	071	2	2		9	3
天然气开采	072	35	31	4	5830	1428
黑色金属矿采选业	08	911	864	47	25588	2101
铁矿采选	081	883	837	46	23649	1925
锰矿、铬矿采选	082	26	25	1	1935	175
其他黑色金属矿采选	089	2	2		4	1
有色金属矿采选业	09	189	179	10	7310	753
常用有色金属矿采选	091	161	153	8	6017	614

1-3 续表 1

行业	代码	法人单位数(个)	单产业法人单位	多产业法人单位	从业人员期末人数(人)	#女性
贵金属矿采选	092	20	18	2	1286	138
稀有稀土金属矿采选	093	8	8		7	1
非金属矿采选业	10	1286	1267	19	10664	1253
土砂石开采	101	1172	1156	16	9659	1159
化学矿开采	102	16	15	1	209	17
采盐	103					
石棉及其他非金属矿采选	109	98	96	2	796	77
开采专业及辅助性活动	11	99	97	2	7665	1256
煤炭开采和洗选专业及辅助性活动	111	87	85	2	7397	1230
石油和天然气开采专业及辅助性活动	112	6	6		135	20
其他开采专业及辅助性活动	119	6	6		133	6
其他采矿业	12	43	42	1	282	34
其他采矿业	120	43	42	1	282	34
制造业	**C**	**36079**	**35263**	**816**	**1194288**	**366822**
农副食品加工业	13	2974	2902	72	42495	18322
谷物磨制	131	777	768	9	4618	1704
饲料加工	132	265	257	8	9250	2938
植物油加工	133	186	182	4	1515	511
制糖业	134	5	5		10	5
屠宰及肉类加工	135	418	390	28	13142	5946
水产品加工	136	13	12	1	110	32
蔬菜、菌类、水果和坚果加工	137	516	510	6	6666	3759
其他农副食品加工	139	794	778	16	7184	3427
食品制造业	14	1693	1648	45	30366	16703
焙烤食品制造	141	418	399	19	8748	6303
糖果、巧克力及蜜饯制造	142	183	183		2878	1791
方便食品制造	143	213	210	3	2829	1472
乳制品制造	144	37	34	3	3449	1393
罐头食品制造	145	64	61	3	1807	1051
调味品、发酵制品制造	146	441	431	10	6733	2831
其他食品制造	149	337	330	7	3922	1862
酒、饮料和精制茶制造业	15	1021	984	37	33357	12438
酒的制造	151	366	351	15	23650	8051
饮料制造	152	627	605	22	9526	4309
精制茶加工	153	28	28		181	78
烟草制品业	16	2	2		927	318
烟叶复烤	161					
卷烟制造	162	1	1		923	317
其他烟草制品制造	169	1	1		4	1
纺织业	17	373	364	9	10058	6558
棉纺织及印染精加工	171	145	142	3	6528	4237
毛纺织及染整精加工	172	19	19		49	36
麻纺织及染整精加工	173	4	4		717	479
丝绢纺织及印染精加工	174	9	8	1	269	186
化纤织造及印染精加工	175	11	11		256	187
针织或钩针编织物及其制品制造	176	46	44	2	777	505

1-3　续表 2

行　　业	代码	法　人单位数(个)	单产业法人单位	多产业法人单位	从业人员期末人数(人)	#女性
家用纺织制成品制造	177	92	89	3	1030	703
产业用纺织制成品制造	178	47	47		432	225
纺织服装、服饰业	18	545	527	18	15180	9974
机织服装制造	181	236	230	6	8481	5332
针织或钩针编织服装制造	182	24	22	2	935	596
服饰制造	183	285	275	10	5764	4046
皮革、毛皮、羽毛及其制品和制鞋业	19	141	139	2	1578	1102
皮革鞣制加工	191	16	16		176	30
皮革制品制造	192	53	52	1	759	619
毛皮鞣制及制品加工	193	23	22	1	84	41
羽毛(绒)加工及制品制造	194	10	10		14	6
制鞋业	195	39	39		545	406
木材加工和木、竹、藤、棕、草制品业	20	664	662	2	4261	1387
木材加工	201	360	359	1	1574	421
人造板制造	202	48	48		1054	406
木质制品制造	203	231	230	1	1510	489
竹、藤、棕、草等制品制造	204	25	25		123	71
家具制造业	21	482	478	4	3198	995
木质家具制造	211	372	369	3	2626	802
竹、藤家具制造	212	2	2		22	14
金属家具制造	213	41	41		265	89
塑料家具制造	214	2	2		6	2
其他家具制造	219	65	64	1	279	88
造纸和纸制品业	22	473	467	6	6353	2675
纸浆制造	221	3	3		12	1
造纸	222	94	94		2159	779
纸制品制造	223	376	370	6	4182	1895
印刷和记录媒介复制业	23	1036	1010	26	11080	4880
印刷	231	830	809	21	9843	4268
装订及印刷相关服务	232	206	201	5	1237	612
记录媒介复制	233					
文教、工美、体育和娱乐用品制造业	24	749	742	7	8254	4765
文教办公用品制造	241	59	59		376	170
乐器制造	242	16	15	1	191	45
工艺美术及礼仪用品制造	243	611	605	6	6187	4009
体育用品制造	244	56	56		1487	534
玩具制造	245	3	3		11	6
游艺器材及娱乐用品制造	246	4	4		2	1
石油、煤炭及其他燃料加工业	25	774	749	25	111584	25549
精炼石油产品制造	251	53	53		748	184
煤炭加工	252	686	661	25	110527	25318
核燃料加工	253					
生物质燃料加工	254	35	35		309	47
化学原料和化学制品制造业	26	2090	2027	63	97162	26099
基础化学原料制造	261	394	380	14	26234	7058
肥料制造	262	593	576	17	28834	7651

1-3 续表 3

行业	代码	法人单位数(个)	单产业法人单位	多产业法人单位	从业人员期末人数(人)	#女性
农药制造	263	43	43		1457	508
涂料、油墨、颜料及类似产品制造	264	203	196	7	4300	1036
合成材料制造	265	106	101	5	11012	2804
专用化学产品制造	266	598	586	12	15248	3804
炸药、火工及焰火产品制造	267	30	25	5	6635	2106
日用化学产品制造	268	123	120	3	3442	1132
医药制造业	27	411	393	18	36201	17836
化学药品原料药制造	271	44	43	1	6919	2048
化学药品制剂制造	272	60	55	5	12105	6806
中药饮片加工	273	79	77	2	2123	1193
中成药生产	274	67	61	6	9880	5116
兽用药品制造	275	93	92	1	1505	812
生物药品制品制造	276	26	25	1	1548	711
卫生材料及医药用品制造	277	39	37	2	1848	984
药用辅料及包装材料制造	278	3	3		273	166
化学纤维制造业	28	37	37		1048	309
纤维素纤维原料及纤维制造	281	3	3			
合成纤维制造	282	18	18		866	254
生物基材料制造	283	16	16		182	55
橡胶和塑料制品业	29	1168	1150	18	20598	8693
橡胶制品业	291	249	247	2	6987	1996
塑料制品业	292	919	903	16	13611	6697
非金属矿物制品业	30	6891	6758	133	154260	43698
水泥、石灰和石膏制造	301	719	681	38	25418	5135
石膏、水泥制品及类似制品制造	302	1323	1286	37	27072	4686
砖瓦、石材等建筑材料制造	303	2537	2513	24	24341	5577
玻璃制造	304	73	71	2	3377	989
玻璃制品制造	305	343	340	3	14159	6566
玻璃纤维和玻璃纤维增强塑料制品制造	306	71	69	2	911	405
陶瓷制品制造	307	380	376	4	27843	14315
耐火材料制品制造	308	896	882	14	14288	2785
石墨及其他非金属矿物制品制造	309	549	540	9	16851	3240
黑色金属冶炼和压延加工业	31	437	424	13	136145	28586
炼铁	311	151	147	4	17029	3170
炼钢	312	13	13		10602	1822
钢压延加工	313	198	193	5	98242	21924
铁合金冶炼	314	75	71	4	10272	1670
有色金属冶炼和压延加工业	32	409	389	20	51672	9621
常用有色金属冶炼	321	135	124	11	40033	7185
贵金属冶炼	322	9	8	1	622	131
稀有稀土金属冶炼	323	21	20	1	344	64
有色金属合金制造	324	99	96	3	6410	1085
有色金属压延加工	325	145	141	4	4263	1156
金属制品业	33	3732	3664	68	76365	18490
结构性金属制品制造	331	1520	1502	18	15967	3164
金属工具制造	332	233	232	1	3337	968

1-3 续表 4

行　　业	代码	法　人 单位数 （个）	单产业 法人单位	多产业 法人单位	从业人员 期末人数 （人）	#女性
集装箱及金属包装容器制造	333	57	57		1168	315
金属丝绳及其制品制造	334	115	112	3	2745	1088
建筑、安全用金属制品制造	335	297	286	11	11572	3764
金属表面处理及热处理加工	336	90	89	1	1169	219
搪瓷制品制造	337	4	3	1	97	25
金属制日用品制造	338	69	66	3	491	167
铸造及其他金属制品制造	339	1347	1317	30	39819	8780
通用设备制造业	34	3673	3601	72	56940	14366
锅炉及原动设备制造	341	269	260	9	5841	1243
金属加工机械制造	342	682	676	6	8449	1798
物料搬运设备制造	343	99	92	7	2298	494
泵、阀门、压缩机及类似机械制造	344	487	473	14	9820	2735
轴承、齿轮和传动部件制造	345	38	36	2	1353	287
烘炉、风机、包装等设备制造	346	175	171	4	4011	807
文化、办公用机械制造	347	5	5		191	63
通用零部件制造	348	1756	1732	24	23374	6562
其他通用设备制造业	349	162	156	6	1603	377
专用设备制造业	35	1976	1910	66	71612	23341
采矿、冶金、建筑专用设备制造	351	945	907	38	52098	17889
化工、木材、非金属加工专用设备制造	352	148	144	4	2932	647
食品、饮料、烟草及饲料生产专用设备制造	353	49	49		839	209
印刷、制药、日化及日用品生产专用设备制造	354	35	35		634	154
纺织、服装和皮革加工专用设备制造	355	86	85	1	4743	1351
电子和电工机械专用设备制造	356	67	66	1	953	264
农、林、牧、渔专用机械制造	357	131	129	2	1631	287
医疗仪器设备及器械制造	358	123	119	4	2004	1058
环保、邮政、社会公共服务及其他专用设备制造	359	392	376	16	5778	1482
汽车制造业	36	334	329	5	30300	6773
汽车整车制造	361	30	29	1	5046	1055
汽车用发动机制造	362	6	6		606	167
改装汽车制造	363	12	12		5061	816
低速汽车制造	364	4	4		143	14
电车制造	365	6	5	1	104	13
汽车车身、挂车制造	366	50	48	2	911	136
汽车零部件及配件制造	367	226	225	1	18429	4572
铁路、船舶、航空航天和其他运输设备制造业	37	144	138	6	18401	3922
铁路运输设备制造	371	103	99	4	16675	3450
城市轨道交通设备制造	372	2	2		46	16
船舶及相关装置制造	373	4	3	1	81	14
航空、航天器及设备制造	374	15	14	1	643	144
摩托车制造	375	10	10		799	236
自行车和残疾人座车制造	376	3	3		4	1
助动车制造	377	4	4		71	26
非公路休闲车及零配件制造	378	1	1			
潜水救捞及其他未列明运输设备制造	379	2	2		82	35
电气机械和器材制造业	38	885	858	27	23288	7362

1-3 续表 5

行业	代码	法人单位数（个）	单产业法人单位	多产业法人单位	从业人员期末人数（人）	#女性
电机制造	381	68	65	3	5395	1524
输配电及控制设备制造	382	383	375	8	10900	3226
电线、电缆、光缆及电工器材制造	383	160	153	7	3606	1309
电池制造	384	47	46	1	1132	434
家用电力器具制造	385	46	46		367	146
非电力家用器具制造	386	30	29	1	289	91
照明器具制造	387	78	77	1	954	454
其他电气机械及器材制造	389	73	67	6	645	178
计算机、通信和其他电子设备制造业	39	334	327	7	111890	44250
计算机制造	391	34	33	1	2339	960
通信设备制造	392	18	18		98116	38248
广播电视设备制造	393	5	5		53	12
雷达及配套设备制造	394					
非专业视听设备制造	395	7	7		211	93
智能消费设备制造	396	23	21	2	661	293
电子器件制造	397	51	50	1	5810	2786
电子元件及电子专用材料制造	398	157	156	1	3834	1596
其他电子设备制造	399	39	37	2	866	262
仪器仪表制造业	40	236	227	9	4695	1373
通用仪器仪表制造	401	143	140	3	2004	563
专用仪器仪表制造	402	42	39	3	1673	450
钟表与计时仪器制造	403	5	5		17	7
光学仪器制造	404	6	6		82	61
衡器制造	405	22	19	3	609	164
其他仪器仪表制造业	409	18	18		310	128
其他制造业	41	273	273		2317	783
日用杂品制造	411	37	37		761	332
核辐射加工	412	2	2			
其他未列明制造业	419	234	234		1556	451
废弃资源综合利用业	42	419	413	6	4011	798
金属废料和碎屑加工处理	421	183	179	4	2334	439
非金属废料和碎屑加工处理	422	236	234	2	1677	359
金属制品、机械和设备修理业	43	1703	1671	32	18692	4856
金属制品修理	431	20	20		169	45
通用设备修理	432	245	236	9	1979	394
专用设备修理	433	322	313	9	6043	1440
铁路、船舶、航空航天等运输设备修理	434	38	36	2	1193	382
电气设备修理	435	322	317	5	4083	1105
仪器仪表修理	436	17	17		80	25
其他机械和设备修理业	439	739	732	7	5145	1465
电力、热力、燃气及水生产和供应业	**D**	**4452**	**4286**	**166**	**163140**	**45058**
电力、热力生产和供应业	44	3371	3312	59	104352	25730
电力生产	441	2747	2717	30	57260	13534
电力供应	442	210	199	11	13313	2190
热力生产和供应	443	414	396	18	33779	10006

1-3　续表 6

行　业	代码	法　人单位数（个）	单产业法人单位	多产业法人单位	从业人员期末人数（人）	#女性
燃气生产和供应业	45	433	363	70	30224	8491
燃气生产和供应业	451	397	327	70	29870	8419
生物质燃气生产和供应业	452	36	36		354	72
水的生产和供应业	46	648	611	37	28564	10837
自来水生产和供应	461	371	336	35	22652	8939
污水处理及其再生利用	462	263	261	2	5820	1865
海水淡化处理	463					
其他水的处理、利用与分配	469	14	14		92	33
建筑业	E	**28707**	**28063**	**644**	**692001**	**104401**
房屋建筑业	47	5396	5137	259	300342	37653
住宅房屋建筑	471	4851	4609	242	276843	34786
体育场馆建筑	472	11	10	1	78	19
其他房屋建筑业	479	534	518	16	23421	2848
土木工程建筑业	48	5746	5551	195	230334	38315
铁路、道路、隧道和桥梁工程建筑	481	2159	2076	83	102734	16613
水利和水运工程建筑	482	491	481	10	12213	2060
海洋工程建筑	483					
工矿工程建筑	484	272	240	32	56946	7206
架线和管道工程建筑	485	609	574	35	32227	6268
节能环保工程施工	486	176	173	3	1420	333
电力工程施工	487	189	185	4	7827	2011
其他土木工程建筑	489	1850	1822	28	16967	3824
建筑安装业	49	4188	4092	96	60141	10875
电气安装	491	1104	1073	31	19740	3634
管道和设备安装	492	1598	1556	42	22591	4216
其他建筑安装业	499	1486	1463	23	17810	3025
建筑装饰、装修和其他建筑业	50	13377	13283	94	101184	17558
建筑装饰和装修业	501	9501	9448	53	46459	10701
建筑物拆除和场地准备活动	502	882	867	15	11398	1487
提供施工设备服务	503	298	295	3	9960	872
其他未列明建筑业	509	2696	2673	23	33367	4498
批发和零售业	F	**141041**	**137402**	**3639**	**730199**	**310513**
批发业	51	68125	66996	1129	357894	121364
农、林、牧、渔产品批发	511	2471	2425	46	12000	3544
食品、饮料及烟草制品批发	512	5910	5779	131	37305	14753
纺织、服装及家庭用品批发	513	4111	4034	77	18554	9896
文化、体育用品及器材批发	514	1683	1661	22	5844	2602
医药及医疗器材批发	515	2166	2030	136	26004	12458
矿产品、建材及化工产品批发	516	28139	27687	452	166732	47521
机械设备、五金产品及电子产品批发	517	18837	18661	176	74998	25048
贸易经纪与代理	518	957	950	7	2779	1136
其他批发业	519	3851	3769	82	13678	4406
零售业	52	72916	70406	2510	372305	189149
综合零售	521	8045	7558	487	70512	45132
食品、饮料及烟草制品专门零售	522	7837	7632	205	30560	14429

1-3 续表 7

行　　业	代码	法　人单位数(个)	单产业法人单位	多产业法人单位	从业人员期末人数(人)	#女性
纺织、服装及日用品专门零售	523	6081	5835	246	29849	19788
文化、体育用品及器材专门零售	524	4443	4335	108	15555	8059
医药及医疗器材专门零售	525	6025	5314	711	41121	30082
汽车、摩托车、零配件和燃料及其他动力销售	526	9741	9390	351	79298	31534
家用电器及电子产品专门零售	527	9354	9184	170	32725	13901
五金、家具及室内装饰材料专门零售	528	14662	14540	122	43745	15691
货摊、无店铺及其他零售业	529	6728	6618	110	28940	10533
交通运输、仓储和邮政业	**G**	**14626**	**14124**	**502**	**288114**	**72540**
铁路运输业	53	27	23	4	1160	257
铁路旅客运输	531	1	1			
铁路货物运输	532	19	15	4	24	4
铁路运输辅助活动	533	7	7		1136	253
道路运输业	54	11214	10948	266	216645	49826
城市公共交通运输	541	407	371	36	31233	9619
公路旅客运输	542	202	167	35	10099	3922
道路货物运输	543	9638	9502	136	117097	17741
道路运输辅助活动	544	967	908	59	58216	18544
水上运输业	55	28	26	2	152	39
水上旅客运输	551	18	17	1	98	23
水上货物运输	552	4	3	1	42	12
水上运输辅助活动	553	6	6		12	4
航空运输业	56	62	60	2	5023	1856
航空客货运输	561	16	16		438	225
通用航空服务	562	23	23		165	46
航空运输辅助活动	563	23	21	2	4420	1585
管道运输业	57	8	6	2	193	29
海底管道运输	571					
陆地管道运输	572	8	6	2	193	29
多式联运和运输代理业	58	776	755	21	6656	1678
多式联运	581	19	18	1	140	21
运输代理业	582	757	737	20	6516	1657
装卸搬运和仓储业	59	2103	2054	49	28184	6770
装卸搬运	591	1026	1010	16	14955	2603
通用仓储	592	261	252	9	3122	880
低温仓储	593	126	125	1	706	149
危险品仓储	594	18	17	1	215	69
谷物、棉花等农产品仓储	595	396	378	18	6848	2381
中药材仓储	596	4	4		5	
其他仓储业	599	272	268	4	2333	688
邮政业	60	408	252	156	30101	12085
邮政基本服务	601	16	6	10	14846	8432
快递服务	602	378	232	146	15207	3635
其他寄递服务	609	14	14		48	18
住宿和餐饮业	**H**	**8427**	**8064**	**363**	**128597**	**74277**
住宿业	61	2782	2681	101	55554	33603

1-3　续表 8

行　　业	代码	法　人单位数（个）	单产业法人单位	多产业法人单位	从业人员期末人数（人）	#女性
旅游饭店	611	549	527	22	25487	14739
一般旅馆	612	1892	1822	70	27136	17036
民宿服务	613	36	35	1	206	126
露营地服务	614	4	4		60	34
其他住宿业	619	301	293	8	2665	1668
餐饮业	62	5645	5383	262	73043	40674
正餐服务	621	4989	4768	221	63957	34747
快餐服务	622	219	197	22	7169	5000
饮料及冷饮服务	623	65	59	6	234	106
餐饮配送及外卖送餐服务	624	68	64	4	440	161
其他餐饮业	629	304	295	9	1243	660
信息传输、软件和信息技术服务业	**I**	**17399**	**17167**	**232**	**121360**	**47110**
电信、广播电视和卫星传输服务	63	913	828	85	51015	23055
电信	631	702	638	64	39461	18472
广播电视传输服务	632	198	179	19	10965	4427
卫星传输服务	633	13	11	2	589	156
互联网和相关服务	64	2350	2327	23	9053	3661
互联网接入及相关服务	641	601	595	6	1961	622
互联网信息服务	642	977	969	8	3431	1526
互联网平台	643	134	133	1	479	190
互联网安全服务	644	17	15	2	135	28
互联网数据服务	645	58	56	2	1058	663
其他互联网服务	649	563	559	4	1989	632
软件和信息技术服务业	65	14136	14012	124	61292	20394
软件开发	651	9101	9024	77	34526	12023
集成电路设计	652	46	46		131	43
信息系统集成和物联网技术服务	653	1239	1226	13	6552	2096
运行维护服务	654	116	112	4	4746	687
信息处理和存储支持服务	655	63	62	1	319	97
信息技术咨询服务	656	2584	2561	23	9951	3862
数字内容服务	657	151	150	1	770	304
其他信息技术服务业	659	836	831	5	4297	1282
金融业	**J**	**2401**	**1781**	**620**	**9367**	**3979**
货币金融服务	66	1203	885	318	5388	2354
中央银行服务	661	11		11		
货币银行服务	662	388	94	294	778	445
非货币银行服务	663	804	791	13	4610	1909
银行理财服务	664					
银行监管服务	665					
资本市场服务	67	250	240	10	852	342
证券市场服务	671	2		2		
公开募集证券投资基金	672					
非公开募集证券投资基金	673	101	101			
期货市场服务	674	3		3		
证券期货监管服务	675	1	1			

1-3 续表 9

行业	代码	法人单位数(个)	单产业法人单位	多产业法人单位	从业人员期末人数(人)	#女性
资本投资服务	676	131	127	4	830	334
其他资本市场服务	679	12	11	1	22	8
保险业	68	514	232	282	97	39
人身保险	681	169	59	110		
财产保险	682	216	92	124		
再保险	683					
商业养老金	684	4	4			
保险中介服务	685	72	26	46		
保险资产管理	686					
保险监管服务	687					
其他保险活动	689	53	51	2	97	39
其他金融业	69	434	424	10	3030	1244
金融信托与管理服务	691	52	52		335	116
控股公司服务	692	9	9		209	102
非金融机构支付服务	693	3	3			
金融信息服务	694	130	125	5	574	207
金融资产管理公司	695	1	1		103	37
其他未列明金融业	699	239	234	5	1809	782
房地产业	K	**16757**	**15916**	**841**	**220865**	**92063**
房地产业	70	16757	15916	841	220865	92063
房地产开发经营	701	5149	4735	414	64645	23215
物业管理	702	6840	6663	177	114235	51480
房地产中介服务	703	2545	2434	111	15214	6196
房地产租赁经营	704	2063	1929	134	25305	10558
其他房地产业	709	160	155	5	1466	614
租赁和商务服务业	L	**45373**	**44423**	**950**	**341149**	**116509**
租赁业	71	6651	6575	76	33098	6868
机械设备经营租赁	711	6518	6444	74	32458	6621
文体设备和用品出租	712	113	112	1	427	164
日用品出租	713	20	19	1	213	83
商务服务业	72	38722	37848	874	308051	109641
组织管理服务	721	4548	4403	145	63555	24351
综合管理服务	722	1145	1096	49	16066	6601
法律服务	723	1586	1577	9	10571	4826
咨询与调查	724	12132	11959	173	47510	23494
广告业	725	8052	7999	53	27467	11563
人力资源服务	726	3838	3763	75	58843	20104
安全保护服务	727	775	737	38	56143	5849
会议、展览及相关服务	728	1446	1438	8	4710	2146
其他商务服务业	729	5200	4876	324	23186	10707
科学研究和技术服务业	M	**21099**	**20571**	**528**	**178459**	**59727**
研究和试验发展	73	1669	1652	17	14798	5491
自然科学研究和试验发展	731	64	64		1445	612
工程和技术研究和试验发展	732	844	834	10	6898	2027
农业科学研究和试验发展	733	302	298	4	3436	1279

1-3　续表 10

行　业	代码	法　人单位数（个）	单产业法人单位	多产业法人单位	从业人员期末人数（人）	#女性
医学研究和试验发展	734	328	326	2	2138	1154
社会人文科学研究	735	131	130	1	881	419
专业技术服务业	74	10755	10357	398	129757	42626
气象服务	741	217	199	18	2009	866
地震服务	742	117	109	8	1092	453
海洋服务	743	3	3		3	1
测绘地理信息服务	744	443	434	9	4931	1577
质检技术服务	745	1561	1506	55	20680	7091
环境与生态监测检测服务	746	545	532	13	5239	2253
地质勘查	747	365	350	15	13364	3268
工程技术与设计服务	748	4261	4049	212	65354	21425
工业与专业设计及其他专业技术服务	749	3243	3175	68	17085	5692
科技推广和应用服务业	75	8675	8562	113	33904	11610
技术推广服务	751	7093	6992	101	27212	9294
知识产权服务	752	159	158	1	660	352
科技中介服务	753	167	165	2	634	243
创业空间服务	754	187	185	2	907	390
其他科技推广服务业	759	1069	1062	7	4491	1331
水利、环境和公共设施管理业	**N**	**5510**	**5405**	**105**	**108073**	**40850**
水利管理业	76	1048	1013	35	15041	4594
防洪除涝设施管理	761	171	168	3	1696	550
水资源管理	762	383	370	13	5585	1806
天然水收集与分配	763	131	121	10	4907	1309
水文服务	764	27	25	2	510	198
其他水利管理业	769	336	329	7	2343	731
生态保护和环境治理业	77	706	697	9	7381	2132
生态保护	771	154	150	4	2961	938
环境治理业	772	552	547	5	4420	1194
公共设施管理业	78	3487	3432	55	84140	33599
市政设施管理	781	288	285	3	4663	1415
环境卫生管理	782	449	441	8	38856	19006
城乡市容管理	783	60	57	3	2445	1182
绿化管理	784	1685	1670	15	22098	5220
城市公园管理	785	100	99	1	3311	1557
游览景区管理	786	905	880	25	12767	5219
土地管理业	79	269	263	6	1511	525
土地整治服务	791	160	158	2	627	176
土地调查评估服务	792	34	31	3	226	97
土地登记服务	793	23	23		184	87
土地登记代理服务	794	9	9		53	22
其他土地管理服务	799	43	42	1	421	143
居民服务、修理和其他服务业	**O**	**11377**	**11139**	**238**	**63282**	**27204**
居民服务业	80	4837	4704	133	26110	13561
家庭服务	801	1790	1771	19	9276	5548
托儿所服务	802	20	20		142	114

1-3 续表 11

行　　业	代码	法　人单位数（个）	单产业法人单位	多产业法人单位	从业人员期末人数（人）	#女性
洗染服务	803	140	134	6	1066	665
理发及美容服务	804	673	638	35	2174	1370
洗浴和保健养生服务	805	649	612	37	4497	2587
摄影扩印服务	806	446	430	16	1737	895
婚姻服务	807	479	475	4	1303	629
殡葬服务	808	160	159	1	1438	484
其他居民服务业	809	480	465	15	4477	1269
机动车、电子产品和日用产品修理业	81	4531	4443	88	20054	5328
汽车、摩托车等修理与维护	811	3315	3242	73	14402	3633
计算机和办公设备维修	812	600	594	6	3387	1040
家用电器修理	813	463	456	7	1572	487
其他日用产品修理业	819	153	151	2	693	168
其他服务业	82	2009	1992	17	17118	8315
清洁服务	821	1473	1461	12	14546	7633
宠物服务	822	53	52	1	120	51
其他未列明服务业	829	483	479	4	2452	631
教育	**P**	**15682**	**14634**	**1048**	**604639**	**412916**
教育	83	15682	14634	1048	604639	412916
学前教育	831	3677	3647	30	75022	68102
初等教育	832	2693	2020	673	160386	119304
中等教育	833	2624	2434	190	249406	158353
高等教育	834	170	155	15	52973	29189
特殊教育	835	83	82	1	2232	1668
技能培训、教育辅助及其他教育	839	6435	6296	139	64620	36300
卫生和社会工作	**Q**	**6896**	**6621**	**275**	**276589**	**188999**
卫生	84	5168	4904	264	263836	181567
医院	841	1485	1424	61	193182	134761
基层医疗卫生服务	842	2950	2778	172	46859	29991
专业公共卫生服务	843	578	561	17	20464	14624
其他卫生活动	849	155	141	14	3331	2191
社会工作	85	1728	1717	11	12753	7432
提供住宿社会工作	851	1406	1396	10	10973	6533
不提供住宿社会工作	852	322	321	1	1780	899
文化、体育和娱乐业	**R**	**13635**	**13432**	**203**	**91453**	**43181**
新闻和出版业	86	343	327	16	8961	4702
新闻业	861	140	134	6	2130	1011
出版业	862	203	193	10	6831	3691
广播、电视、电影和录音制作业	87	1295	1264	31	14179	6264
广播	871	95	94	1	2818	1163
电视	872	75	67	8	3693	1651
影视节目制作	873	703	702	1	2800	1151
广播电视集成播控	874	8	8		141	58
电影和广播电视节目发行	875	28	25	3	390	143
电影放映	876	338	320	18	4232	2052
录音制作	877	48	48		105	46

1-3　续表 12

行　业	代码	法　人单位数（个）	单产业法人单位	多产业法人单位	从业人员期末人数（人）	#女性
文化艺术业	88	5117	5050	67	40879	20195
文艺创作与表演	881	1835	1822	13	19188	8994
艺术表演场馆	882	45	45		413	169
图书馆与档案馆	883	310	300	10	3129	2094
文物及非物质文化遗产保护	884	335	309	26	5975	2816
博物馆	885	177	175	2	2769	1314
烈士陵园、纪念馆	886	63	63		534	281
群众文体活动	887	847	840	7	4150	2220
其他文化艺术业	889	1505	1496	9	4721	2307
体育	89	1138	1105	33	5967	2491
体育组织	891	366	361	5	1757	614
体育场地设施管理	892	82	80	2	642	242
健身休闲活动	893	647	621	26	3376	1546
其他体育	899	43	43		192	89
娱乐业	90	5742	5686	56	21467	9529
室内娱乐活动	901	3269	3236	33	10321	4607
游乐园	902	124	122	2	2264	951
休闲观光活动	903	210	206	4	1569	682
彩票活动	904	15	15		380	179
文化体育娱乐活动与经纪代理服务	905	2074	2057	17	6674	3007
其他娱乐业	909	50	50		259	103
公共管理、社会保障和社会组织	**S**	**59737**	**54593**	**5144**	**849252**	**278953**
中国共产党机关	91	1586	1173	413	29538	9230
中国共产党机关	910	1586	1173	413	29538	9230
国家机构	92	17285	13490	3795	570902	196025
国家权力机构	921	389	293	96	6690	1905
国家行政机构	922	16512	12955	3557	538752	185093
人民法院和人民检察院	923	299	159	140	23498	8539
其他国家机构	929	85	83	2	1962	488
人民政协、民主党派	93	320	259	61	3379	1039
人民政协	931	187	128	59	2966	861
民主党派	932	133	131	2	413	178
社会保障	94	718	709	9	8102	4627
基本保险	941	591	584	7	7311	4157
补充保险	942	1	1			
其他社会保障	949	126	124	2	791	470
群众团体、社会团体和其他成员组织	95	9913	9877	36	39685	18416
群众团体	951	718	692	26	6466	3422
社会团体	952	6423	6419	4	19423	7386
基金会	953	85	85		352	135
宗教组织	954	2687	2681	6	13444	7473
基层群众自治组织	96	29915	29085	830	197646	49616
社区居民自治组织	961	2616	2552	64	25129	16118
村民自治组织	962	27299	26533	766	172517	33498

1-4 按机构类型、从业人员组距分组的法人单位数及从业人员期末人数

分 组	法人单位数(个)			从业人员期末人数(人)	
		单产业法人单位	多产业法人单位		#女性
总 计	**462193**	**445638**	**16555**	**7152887**	**2462650**
按机构类型分组					
企业	366030	356132	9898	5274041	1539371
事业单位	29578	27594	1984	995978	582369
机关	8308	4551	3757	443895	139342
社会团体	7378	7347	31	27246	11259
民办非企业单位	8217	8198	19	163538	121815
基金会	85	85		352	135
居委会	2616	2552	64	25129	16118
村委会	27299	26533	766	172517	33498
其他法人	12682	12646	36	50191	18743
按从业人员组距分组					
7人及以下	359053	355117	3936	819323	294556
8-19人	54175	51011	3164	626957	235203
20-49人	27603	23797	3806	833272	332899
50-99人	11099	8652	2447	754708	310636
100-299人	7070	5105	1965	1110320	458744
300-499人	1383	920	463	481271	163974
500-999人	1059	685	374	652731	188966
1000-4999人	681	337	344	1096581	288776
5000-9999人	46	10	36	240314	53978
10000人及以上	24	4	20	537410	134918

1-5 按开业(成立)时间分组的法人单位数及从业人员期末人数

开业(成立)时间	法人单位数(个)			从业人员期末人数(人)	
		单产业法人单位	多产业法人单位		#女性
总 计	**462193**	**445638**	**16555**	**7152887**	**2462650**
1949年以前	4025	3456	569	326487	112724
1950-1977年	14976	12946	2030	756990	293397
1978-1991年	26104	23466	2638	821395	277836
1992-2000年	16895	15176	1719	797505	260392
2001年	4598	4119	479	183934	59352
2002年	6105	5549	556	250099	85052
2003年	5887	5476	411	227912	70012
2004年	6169	5737	432	188614	58036
2005年	7055	6560	495	186107	61325
2006年	8150	7750	400	231590	76058
2007年	8262	7889	373	193579	61254
2008年	9853	9414	439	183766	62026
2009年	10770	10292	478	218839	73818
2010年	13064	12473	591	228402	74467
2011年	15603	15050	553	289758	90835
2012年	16785	16315	470	253378	78481
2013年	18890	18448	442	218597	79637
2014年	29155	28543	612	242445	88842
2015年	37683	36853	830	298199	114111
2016年	52022	51195	827	319522	118307
2017年	67627	66921	706	416811	145974
2018年	81980	81478	502	318202	120554
无开业年份	535	532	3	756	160

1-6　按登记注册类型分组的法人单位数及从业人员期末人数

登记注册类型	法人单位数(个)	单产业法人单位	多产业法人单位	从业人员期末人数(人)	#女性
总　计	**462193**	**445638**	**16555**	**7152887**	**2462650**
内资	**461562**	**445079**	**16483**	**6982167**	**2401246**
国有	42882	36712	6170	1618580	781168
集体	5154	4484	670	114536	47789
股份合作	79	69	10	1526	662
联营	106	96	10	1529	581
国有联营	19	17	2	771	283
集体联营	55	49	6	587	234
国有与集体联营	15	13	2	100	30
其他联营	17	17		71	34
有限责任公司	37972	36009	1963	2112141	521172
国有独资公司	1903	1689	214	352549	95277
其他有限责任公司	36069	34320	1749	1759592	425895
股份有限公司	3488	2918	570	214057	62037
私营	320028	313812	6216	2557792	840398
私营独资	23523	23179	344	149249	77937
私营合伙	1624	1613	11	18902	9703
私营有限责任公司	290893	285148	5745	2294512	724818
私营股份有限公司	3988	3872	116	95129	27940
其他	51853	50979	874	362006	147439
港、澳、台商投资	**219**	**192**	**27**	**94034**	**38431**
合资经营企业(港或澳、台资)	108	93	15	49846	17473
合作经营企业(港或澳、台资)	8	7	1	1369	518
港、澳、台商独资经营	98	88	10	41822	19975
港、澳、台商投资股份有限公司	5	4	1	997	465
其他港、澳、台商投资					
外商投资	**412**	**367**	**45**	**76686**	**22973**
中外合资经营	223	208	15	35512	7246
中外合作经营	21	16	5	8720	1350
外资企业	145	124	21	27000	11436
外商投资股份有限公司	20	16	4	5340	2914
其他外商投资	3	3		114	27

1-7 按行业(大类)、地区

行业	代码	法人单位数(个)	太原市	大同市	阳泉市
总 计	**00**	**462193**	**129820**	**31059**	**14008**
农、林、牧、渔业	**A**	**7053**	**202**	**383**	**115**
农业	01	18		1	2
林业	02	4		2	
畜牧业	03	14	1		
渔业	04				
农、林、牧、渔专业及辅助性活动	05	7017	201	380	113
采矿业	**B**	**5942**	**374**	**408**	**195**
煤炭开采和洗选业	06	3377	249	197	126
石油和天然气开采业	07	37	8		
黑色金属矿采选业	08	911	50	87	5
有色金属矿采选业	09	189	2	7	1
非金属矿采选业	10	1286	53	86	63
开采专业及辅助性活动	11	99	6	30	
其他采矿业	12	43	6	1	
制造业	**C**	**36079**	**5854**	**2485**	**1356**
农副食品加工业	13	2974	205	249	37
食品制造业	14	1693	241	88	20
酒、饮料和精制茶制造业	15	1021	61	62	36
烟草制品业	16	2	1		
纺织业	17	373	39	31	9
纺织服装、服饰业	18	545	83	38	12
皮革、毛皮、羽毛及其制品和制鞋业	19	141	10	38	5
木材加工和木、竹、藤、棕、草制品业	20	664	63	36	8
家具制造业	21	482	107	24	11
造纸和纸制品业	22	473	69	19	7
印刷和记录媒介复制业	23	1036	276	90	34
文教、工美、体育和娱乐用品制造业	24	749	82	44	20
石油、煤炭及其他燃料加工业	25	774	103	71	22
化学原料和化学制品制造业	26	2090	218	117	66
医药制造业	27	411	61	53	1
化学纤维制造业	28	37	3	3	
橡胶和塑料制品业	29	1168	166	76	21
非金属矿物制品业	30	6891	584	417	597
黑色金属冶炼和压延加工业	31	437	70	44	12
有色金属冶炼和压延加工业	32	409	62	22	18
金属制品业	33	3732	597	171	114
通用设备制造业	34	3673	965	259	83

分组的法人单位数

长治市	晋城市	朔州市	晋中市	运城市	忻州市	临汾市	吕梁市	代码
39477	**29737**	**18656**	**43254**	**48866**	**28550**	**42191**	**36575**	00
659	**554**	**469**	**822**	**926**	**782**	**948**	**1193**	A
4			6	3	1	1		01
				1	1			02
2	4	3	1			2	1	03
								04
653	550	466	815	922	780	945	1192	05
494	**379**	**310**	**750**	**366**	**804**	**783**	**1079**	B
316	282	237	610	92	202	373	693	06
1	21		2		1	1	3	07
48	4	4	21	35	380	194	83	08
7			14	34	39	10	75	09
114	66	46	87	198	170	196	207	10
7	6	21	6	1	7	5	10	11
1		2	10	6	5	4	8	12
2604	**1948**	**1334**	**4923**	**6131**	**2580**	**2615**	**4249**	C
241	146	183	385	420	276	281	551	13
111	55	54	282	433	123	138	148	14
64	48	51	144	120	77	91	267	15
				1				16
22	21	10	41	132	23	33	12	17
53	35	12	45	144	41	51	31	18
6	8	3	12	22	18	7	12	19
51	26	25	81	156	42	108	68	20
41	28	11	90	84	18	43	25	21
14	9	20	73	165	19	36	42	22
80	75	26	118	169	27	69	72	23
79	42	26	106	145	66	66	73	24
69	100	23	115	57	31	71	112	25
144	103	65	225	619	61	169	303	26
32	14	16	45	122	11	32	24	27
2	1	1	9	7		4	7	28
70	53	40	159	313	45	63	162	29
583	503	402	819	1072	393	586	935	30
23	23	9	38	58	57	51	52	31
27	9	5	36	134	20	13	63	32
194	256	91	515	500	625	169	500	33
183	79	71	701	441	376	145	370	34

1-7 续表 1

行业	代码	法人单位数(个)	太原市	大同市	阳泉市
专用设备制造业	35	1976	564	122	76
汽车制造业	36	334	59	23	3
铁路、船舶、航空航天和其他运输设备制造业	37	144	51	28	1
电气机械和器材制造业	38	885	259	63	45
计算机、通信和其他电子设备制造业	39	334	123	11	13
仪器仪表制造业	40	236	133	18	14
其他制造业	41	273	42	16	6
废弃资源综合利用业	42	419	23	32	11
金属制品、机械和设备修理业	43	1703	534	220	54
电力、热力、燃气及水生产和供应业	D	**4452**	**417**	**587**	**247**
电力、热力生产和供应业	44	3371	267	530	183
燃气生产和供应业	45	433	73	17	15
水的生产和供应业	46	648	77	40	49
建筑业	E	**28707**	**11115**	**1510**	**755**
房屋建筑业	47	5396	1941	321	144
土木工程建筑业	48	5746	1944	305	204
建筑安装业	49	4188	1779	182	94
建筑装饰、装修和其他建筑业	50	13377	5451	702	313
批发和零售业	F	**141041**	**43547**	**9749**	**4330**
批发业	51	68125	22989	3290	1599
零售业	52	72916	20558	6459	2731
交通运输、仓储和邮政业	G	**14626**	**2573**	**992**	**447**
铁路运输业	53	27	8	3	1
道路运输业	54	11214	1814	782	377
水上运输业	55	28	4	1	1
航空运输业	56	62	22	4	4
管道运输业	57	8	1		
多式联运和运输代理业	58	776	233	55	8
装卸搬运和仓储业	59	2103	406	127	37
邮政业	60	408	85	20	19
住宿和餐饮业	H	**8427**	**3480**	**601**	**183**
住宿业	61	2782	932	221	60
餐饮业	62	5645	2548	380	123
信息传输、软件和信息技术服务业	I	**17399**	**9508**	**771**	**344**
电信、广播电视和卫星传输服务	63	913	204	99	21
互联网和相关服务	64	2350	769	132	53
软件和信息技术服务业	65	14136	8535	540	270
金融业	J	**2401**	**841**	**179**	**106**
货币金融服务	66	1203	261	103	63

长治市	晋城市	朔州市	晋中市	运城市	忻州市	临汾市	吕梁市	代码
171	102	45	347	214	101	97	137	35
23	9	8	63	86	9	28	23	36
7	1		14	29	3	6	4	37
74	35	23	134	145	25	39	43	38
26	12	7	45	48	7	28	14	39
12	3		19	17	6	3	11	40
15	15	6	49	48	8	34	34	41
26	19	20	72	82	19	58	57	42
161	118	81	141	148	53	96	97	43
318	**325**	**268**	**332**	**316**	**364**	**944**	**334**	D
206	211	226	226	212	283	822	205	44
55	52	17	43	20	24	49	68	45
57	62	25	63	84	57	73	61	46
2572	**1346**	**939**	**3230**	**3037**	**890**	**2148**	**1165**	E
480	217	163	809	507	212	370	232	47
418	245	294	668	701	254	418	295	48
326	140	145	407	521	112	327	155	49
1348	744	337	1346	1308	312	1033	483	50
13289	**10517**	**5803**	**11797**	**13902**	**5904**	**12729**	**9474**	F
7277	4070	2010	5217	8021	2750	6907	3995	51
6012	6447	3793	6580	5881	3154	5822	5479	52
1081	**740**	**713**	**1691**	**1916**	**1136**	**1545**	**1792**	G
1	1	2	4	1	4		2	53
847	478	570	1345	1461	903	1161	1476	54
1	1		1	5	4	1	9	55
9	5	1	2	5	2	3	5	56
	3	1				2	1	57
30	26	36	78	67	32	96	115	58
153	203	83	218	337	162	244	133	59
40	23	20	43	40	29	38	51	60
626	**440**	**265**	**764**	**784**	**321**	**582**	**381**	H
189	162	82	338	233	173	253	139	61
437	278	183	426	551	148	329	242	62
711	**779**	**319**	**1165**	**1584**	**432**	**897**	**889**	I
47	52	47	85	88	84	96	90	63
105	174	64	198	246	100	215	294	64
559	553	208	882	1250	248	586	505	65
152	**135**	**109**	**189**	**201**	**169**	**148**	**172**	J
92	75	82	113	97	128	77	112	66

1-7 续表 2

行　业	代码	法人单位数（个）	太原市	大同市	阳泉市
资本市场服务	67	250	144	15	5
保险业	68	514	141	44	28
其他金融业	69	434	295	17	10
房地产业	**K**	**16757**	**5854**	**1083**	**514**
房地产业	70	16757	5854	1083	514
租赁和商务服务业	**L**	**45373**	**19417**	**2560**	**1038**
租赁业	71	6651	2151	395	160
商务服务业	72	38722	17266	2165	878
科学研究和技术服务业	**M**	**21099**	**9147**	**1200**	**536**
研究和试验发展	73	1669	903	77	29
专业技术服务业	74	10755	4577	683	271
科技推广和应用服务业	75	8675	3667	440	236
水利、环境和公共设施管理业	**N**	**5510**	**962**	**394**	**109**
水利管理业	76	1048	126	88	10
生态保护和环境治理业	77	706	216	31	9
公共设施管理业	78	3487	578	261	86
土地管理业	79	269	42	14	4
居民服务、修理和其他服务业	**O**	**11377**	**4006**	**693**	**314**
居民服务业	80	4837	1814	311	109
机动车、电子产品和日用产品修理业	81	4531	1514	258	164
其他服务业	82	2009	678	124	41
教育	**P**	**15682**	**2612**	**1212**	**475**
教育	83	15682	2612	1212	475
卫生和社会工作	**Q**	**6896**	**1064**	**626**	**244**
卫生	84	5168	845	476	168
社会工作	85	1728	219	150	76
文化、体育和娱乐业	**R**	**13635**	**3918**	**887**	**353**
新闻和出版业	86	343	166	17	15
广播、电视、电影和录音制作业	87	1295	486	79	32
文化艺术业	88	5117	1116	332	134
体育	89	1138	383	65	32
娱乐业	90	5742	1767	394	140
公共管理、社会保障和社会组织	**S**	**59737**	**4929**	**4739**	**2347**
中国共产党机关	91	1586	146	170	69
国家机构	92	17285	1763	1313	823
人民政协、民主党派	93	320	34	23	13
社会保障	94	718	72	51	23
群众团体、社会团体和其他成员组织	95	9913	1386	893	328
基层群众自治组织	96	29915	1528	2289	1091

长治市	晋城市	朔州市	晋中市	运城市	忻州市	临汾市	吕梁市	代码
5	16	4	13	16	11	14	7	67
40	36	22	46	47	27	45	38	68
15	8	1	17	41	3	12	15	69
1511	**910**	**551**	**1480**	**1547**	**747**	**1400**	**1160**	K
1511	910	551	1480	1547	747	1400	1160	70
2705	**2847**	**1425**	**3249**	**3823**	**2230**	**3525**	**2554**	L
381	551	266	636	654	411	563	483	71
2324	2296	1159	2613	3169	1819	2962	2071	72
1426	**995**	**564**	**1967**	**1855**	**837**	**1489**	**1083**	M
122	49	23	150	147	38	57	74	73
863	565	331	862	730	509	769	595	74
441	381	210	955	978	290	663	414	75
469	**477**	**247**	**618**	**588**	**475**	**557**	**614**	N
61	79	66	111	91	134	125	157	76
36	38	26	89	69	41	71	80	77
347	342	146	387	349	282	347	362	78
25	18	9	31	79	18	14	15	79
879	**966**	**420**	**939**	**991**	**443**	**1011**	**715**	O
407	442	133	373	425	147	420	256	80
350	328	198	404	397	206	383	329	81
122	196	89	162	169	90	208	130	82
1315	**947**	**734**	**1681**	**2178**	**1094**	**1771**	**1663**	P
1315	947	734	1681	2178	1094	1771	1663	83
562	**401**	**370**	**721**	**884**	**608**	**849**	**567**	Q
381	288	299	515	673	487	605	431	84
181	113	71	206	211	121	244	136	85
1175	**1000**	**420**	**1436**	**1543**	**694**	**1330**	**879**	R
29	14	14	12	19	24	16	17	86
91	53	38	108	158	59	115	76	87
509	452	168	601	657	301	517	330	88
107	88	30	127	103	48	102	53	89
439	393	170	588	606	262	580	403	90
6929	**4031**	**3396**	**5500**	**6294**	**8040**	**6920**	**6612**	S
201	77	101	123	139	156	214	190	91
2067	1016	998	1373	1591	2148	2316	1877	92
35	28	12	25	31	41	45	33	93
65	35	65	57	62	94	116	78	94
1004	601	521	998	1063	913	1093	1113	95
3557	2274	1699	2924	3408	4688	3136	3321	96

1-8 按行业(大类)、地区分组的法人

行业	代码	从业人员期末人数(人)	太原市	大同市	阳泉市
总 计	00	**7152887**	**1687915**	**625827**	**320842**
农、林、牧、渔业	A	**27094**	**608**	**1463**	**561**
农业	01				
林业	02				
畜牧业	03				
渔业	04				
农、林、牧、渔专业及辅助性活动	05	27094	608	1463	561
采矿业	B	**1064966**	**94999**	**152183**	**96102**
煤炭开采和洗选业	06	1007618	93761	147508	95207
石油和天然气开采业	07	5839	259		
黑色金属矿采选业	08	25588	484	3074	25
有色金属矿采选业	09	7310	4	15	186
非金属矿采选业	10	10664	444	1239	684
开采专业及辅助性活动	11	7665	37	331	
其他采矿业	12	282	10	16	
制造业	C	**1194288**	**245269**	**71969**	**32595**
农副食品加工业	13	42495	2204	1961	783
食品制造业	14	30366	6403	1540	526
酒、饮料和精制茶制造业	15	33357	2580	862	403
烟草制品业	16	927	923		
纺织业	17	10058	646	166	140
纺织服装、服饰业	18	15180	1738	705	119
皮革、毛皮、羽毛及其制品和制鞋业	19	1578	43	134	52
木材加工和木、竹、藤、棕、草制品业	20	4261	403	110	48
家具制造业	21	3198	823	91	225
造纸和纸制品业	22	6353	651	127	42
印刷和记录媒介复制业	23	11080	4020	591	210
文教、工美、体育和娱乐用品制造业	24	8254	269	414	114
石油、煤炭及其他燃料加工业	25	111584	9979	1994	1315
化学原料和化学制品制造业	26	97162	8906	4277	2534
医药制造业	27	36201	2671	8796	92
化学纤维制造业	28	1048	363	387	
橡胶和塑料制品业	29	20598	2949	1035	655
非金属矿物制品业	30	154260	12532	9551	13383
黑色金属冶炼和压延加工业	31	136145	37126	1100	194
有色金属冶炼和压延加工业	32	51672	1703	1153	3172
金属制品业	33	76365	11354	2558	1693
通用设备制造业	34	56940	13640	5661	2119
专用设备制造业	35	71612	22700	12280	2544

单位从业人员期末人数

长治市	晋城市	朔州市	晋中市	运城市	忻州市	临汾市	吕梁市	代码
656257	**555104**	**319778**	**668988**	**672641**	**418964**	**617100**	**609471**	00
2080	**2126**	**1648**	**2273**	**5548**	**2846**	**3363**	**4578**	A
								01
								02
								03
								04
2080	2126	1648	2273	5548	2846	3363	4578	05
142392	**135140**	**64379**	**112588**	**13715**	**51114**	**86495**	**115859**	B
137249	129243	58145	111165	6687	37172	81914	109567	06
21	5176		315		1	1	66	07
3727	6		452	1962	10271	3116	2471	08
87			137	3620	1395	159	1707	09
1161	590	550	441	1405	1768	983	1399	10
146	125	5594	56		429	301	646	11
1		90	22	41	78	21	3	12
111161	**102054**	**42460**	**128859**	**189994**	**46746**	**93823**	**129358**	C
5587	2039	2735	5601	5605	2426	2414	11140	13
3684	1273	1641	5744	5365	966	1684	1540	14
1541	1150	1170	2387	1714	911	896	19743	15
				4				16
334	1670	254	989	4394	555	759	151	17
2307	1835	567	1271	4128	1245	977	288	18
17	223	151	124	307	295	171	61	19
174	79	63	524	1601	218	652	389	20
338	148	49	562	509	186	189	78	21
158	167	293	1377	2521	169	235	613	22
703	663	119	902	1890	241	398	1343	23
1906	481	201	1364	2446	400	414	245	24
18126	3622	206	13609	12346	2544	25431	22412	25
15794	11493	1990	9963	22709	1671	7711	10114	26
3858	1194	1163	6580	8465	622	1672	1088	27
3			176	36		27	56	28
3059	1726	767	3688	3926	449	871	1473	29
11908	11764	24197	20132	20057	7079	7586	16071	30
14910	13601	730	6677	24258	2831	20401	14317	31
1286	98	759	1531	28820	3278	115	9757	32
2449	7970	443	17813	8538	11876	4503	7168	33
3650	2838	2393	9455	6104	4812	1822	4446	34
5934	4466	995	8589	3770	2348	5707	2279	35

1-8 续表 1

行业	代码	从业人员期末人数(人)	太原市	大同市	阳泉市
汽车制造业	36	30300	5153	2494	10
铁路、船舶、航空航天和其他运输设备制造业	37	18401	7659	8350	4
电气机械和器材制造业	38	23288	3694	1667	937
计算机、通信和其他电子设备制造业	39	111890	75051	66	223
仪器仪表制造业	40	4695	3545	112	105
其他制造业	41	2317	276	108	173
废弃资源综合利用业	42	4011	734	337	215
金属制品、机械和设备修理业	43	18692	4531	3342	565
电力、热力、燃气及水生产和供应业	D	**163140**	**41570**	**11950**	**10205**
电力、热力生产和供应业	44	104352	20980	8890	4947
燃气生产和供应业	45	30224	15029	280	2445
水的生产和供应业	46	28564	5561	2780	2813
建筑业	E	**692001**	**302442**	**44820**	**32662**
房屋建筑业	47	300342	107468	23921	15283
土木工程建筑业	48	230334	105323	12899	14364
建筑安装业	49	60141	37201	2402	888
建筑装饰、装修和其他建筑业	50	101184	52450	5598	2127
批发和零售业	F	**730199**	**215396**	**57671**	**25460**
批发业	51	357894	115546	19720	9826
零售业	52	372305	99850	37951	15634
交通运输、仓储和邮政业	G	**288114**	**79835**	**20101**	**10662**
铁路运输业	53	1160		199	193
道路运输业	54	216645	58444	14805	8458
水上运输业	55	152	6		1
航空运输业	56	5023	3040	306	11
管道运输业	57	193	40		
多式联运和运输代理业	58	6656	2518	923	63
装卸搬运和仓储业	59	28184	4531	1652	876
邮政业	60	30101	11256	2216	1060
住宿和餐饮业	H	**128597**	**44565**	**17033**	**4225**
住宿业	61	55554	17066	5122	1386
餐饮业	62	73043	27499	11911	2839
信息传输、软件和信息技术服务业	I	**121360**	**60312**	**6374**	**3988**
电信、广播电视和卫星传输服务	63	51015	15683	3564	2625
互联网和相关服务	64	9053	4100	394	254
软件和信息技术服务业	65	61292	40529	2416	1109
金融业	J	**9367**	**3484**	**687**	**412**
货币金融服务	66	5388	965	458	283
资本市场服务	67	852	599	44	2
保险业	68	97	34	5	7
其他金融业	69	3030	1886	180	120

长治市	晋城市	朔州市	晋中市	运城市	忻州市	临汾市	吕梁市	代码
2289	2260	215	4027	7549	82	5743	478	36
530			190	1565	68	20	15	37
3382	852	331	2550	5906	464	946	2559	38
5010	28265	33	1000	1354	119	646	123	39
188	81		319	229	18	65	33	40
201	71	5	278	818	37	247	103	41
449	134	203	305	636	98	388	512	42
1386	1891	787	1132	2424	738	1133	763	43
14994	**12686**	**10177**	**11060**	**9163**	**16376**	**12973**	**11986**	D
8941	8800	8502	7421	6393	12635	8233	8610	44
3013	1916	523	1602	680	937	2189	1610	45
3040	1970	1152	2037	2090	2804	2551	1766	46
46073	**25762**	**25501**	**58823**	**63482**	**33659**	**34540**	**24237**	E
23251	9856	7206	26639	42957	20800	12041	10920	47
12012	10865	12581	19478	11631	8631	13615	8935	48
1965	1390	3577	3900	2853	1600	2365	2000	49
8845	3651	2137	8806	6041	2628	6519	2382	50
64315	**72190**	**32127**	**56383**	**63600**	**36895**	**62211**	**43951**	F
35183	31339	13042	26604	31721	18594	34438	21881	51
29132	40851	19085	29779	31879	18301	27773	22070	52
18414	**15994**	**13310**	**28734**	**25235**	**22164**	**25919**	**27746**	G
	62	62	5		639			53
13548	11665	11394	23077	18328	16242	18741	21943	54
28	7			55	26	1	28	55
383	6	1	10	559	173	332	202	56
	76					3	74	57
87	56	177	513	372	169	641	1137	58
2123	2696	1371	2754	3447	3162	3501	2071	59
2245	1426	305	2375	2474	1753	2700	2291	60
9542	**7995**	**5000**	**10016**	**7545**	**7349**	**7742**	**7585**	H
5029	3461	1438	5983	4009	4133	5064	2863	61
4513	4534	3562	4033	3536	3216	2678	4722	62
5027	**5418**	**3375**	**8118**	**9661**	**4960**	**6341**	**7786**	I
2759	2763	2054	3195	5281	3668	4190	5233	63
430	388	575	454	662	286	601	909	64
1838	2267	746	4469	3718	1006	1550	1644	65
619	**411**	**1070**	**748**	**442**	**589**	**356**	**549**	J
293	297	1053	575	219	556	219	470	66
5	51	10	42	26	20	12	41	67
1	6	2	21	11	6		4	68
320	57	5	110	186	7	125	34	69

1-8 续表 2

行　业	代码	从业人员期末人数（人）			
			太原市	大同市	阳泉市
房地产业	K	**220865**	**78892**	**25579**	**9717**
房地产业	70	220865	78892	25579	9717
租赁和商务服务业	L	**341149**	**123053**	**36115**	**13895**
租赁业	71	33098	9638	2663	845
商务服务业	72	308051	113415	33452	13050
科学研究和技术服务业	M	**178459**	**82995**	**11765**	**5911**
研究和试验发展	73	14798	9411	925	163
专业技术服务业	74	129757	60427	8979	4652
科技推广和应用服务业	75	33904	13157	1861	1096
水利、环境和公共设施管理业	N	**108073**	**22851**	**12412**	**1055**
水利管理业	76	15041	3190	1437	80
生态保护和环境治理业	77	7381	2199	489	102
公共设施管理业	78	84140	17001	10408	797
土地管理业	79	1511	461	78	76
居民服务、修理和其他服务业	O	**63282**	**18906**	**4129**	**1960**
居民服务业	80	26110	7032	1928	926
机动车、电子产品和日用产品修理业	81	20054	5638	1123	826
其他服务业	82	17118	6236	1078	208
教育	P	**604639**	**98202**	**52197**	**17265**
教育	83	604639	98202	52197	17265
卫生和社会工作	Q	**276589**	**59882**	**26209**	**12321**
卫生	84	263836	57546	24909	11694
社会工作	85	12753	2336	1300	627
文化、体育和娱乐业	R	**91453**	**24903**	**7489**	**3095**
新闻和出版业	86	8961	5296	423	384
广播、电视、电影和录音制作业	87	14179	3899	821	369
文化艺术业	88	40879	7652	3259	1483
体育	89	5967	2307	482	194
娱乐业	90	21467	5749	2504	665
公共管理、社会保障和社会组织	S	**849252**	**89751**	**65681**	**38751**
中国共产党机关	91	29538	3581	2594	903
国家机构	92	570902	62424	45837	26471
人民政协、民主党派	93	3379	597	228	149
社会保障	94	8102	640	533	223
群众团体、社会团体和其他成员组织	95	39685	4980	3412	1178
基层群众自治组织	96	197646	17529	13077	9827

长治市	晋城市	朔州市	晋中市	运城市	忻州市	临汾市	吕梁市	代码
17509	**14845**	**8083**	**16540**	**12032**	**9989**	**16731**	**10948**	K
17509	14845	8083	16540	12032	9989	16731	10948	70
22596	**24624**	**13487**	**28067**	**21303**	**14620**	**23818**	**19571**	L
1862	2637	983	2739	2453	1773	5528	1977	71
20734	21987	12504	25328	18850	12847	18290	17594	72
12509	**7456**	**3501**	**12512**	**13155**	**6614**	**11552**	**10489**	M
775	187	128	872	986	280	510	561	73
9958	5699	2521	8478	8711	5137	8142	7053	74
1776	1570	852	3162	3458	1197	2900	2875	75
9290	**6919**	**6302**	**8337**	**9108**	**10132**	**10116**	**11551**	N
714	748	937	1505	1980	1353	2412	685	76
281	465	389	530	666	970	477	813	77
8187	5643	4920	6119	6198	7719	7134	10014	78
108	63	56	183	264	90	93	39	79
4114	**8880**	**3002**	**5000**	**4867**	**2585**	**6619**	**3220**	O
2250	3786	882	1796	1713	712	3906	1179	80
1314	1570	1041	1765	2491	1269	1639	1378	81
550	3524	1079	1439	663	604	1074	663	82
54127	**32924**	**33188**	**64020**	**79846**	**47266**	**67335**	**58269**	P
54127	32924	33188	64020	79846	47266	67335	58269	83
25181	**16748**	**9247**	**28467**	**35503**	**17192**	**27147**	**18692**	Q
23788	15620	8788	27088	33957	16635	26041	17770	84
1393	1128	459	1379	1546	557	1106	922	85
8895	**7319**	**3373**	**9340**	**8818**	**4891**	**7955**	**5375**	R
756	297	299	200	357	210	544	195	86
1519	761	457	1274	1320	807	1561	1391	87
4307	4042	1705	5296	4552	2840	3484	2259	88
530	392	195	510	518	241	411	187	89
1783	1827	717	2060	2071	793	1955	1343	90
87419	**55613**	**40548**	**79103**	**99624**	**82977**	**112064**	**97721**	S
3003	1521	1326	2183	3913	2826	3984	3704	91
56258	33924	26362	51603	69252	51106	81709	65956	92
285	168	89	179	456	295	521	412	93
635	526	546	1011	1067	827	1267	827	94
3736	2472	3137	3310	4873	5199	4405	2983	95
23502	17002	9088	20817	20063	22724	20178	23839	96

1-9 按地区、机构类型分组的法人单位数

地 区	法人单位数（个）	企业	事业单位	机关	社会团体	民办非企业单位	基金会	居委会	村委会	其他法人
全 省	**462193**	**366030**	**29578**	**8308**	**7378**	**8217**	**85**	**2616**	**27299**	**12682**
太原市	129820	120506	3487	814	1162	1439	44	666	862	840
大同市	31059	23153	2411	732	560	727	2	334	1955	1185
阳泉市	14008	10734	1113	380	293	203	2	145	946	192
长治市	39477	29212	3268	892	855	767	7	150	3407	919
晋城市	29737	23465	1915	450	459	412	4	154	2120	758
朔州市	18656	13313	1634	497	333	391	2	107	1592	787
晋中市	43254	33669	2658	724	820	954	3	232	2692	1502
运城市	48866	38751	2630	821	670	1225	1	236	3172	1360
忻州市	28550	16391	3577	958	568	471	5	143	4545	1892
临汾市	42191	31072	3777	1152	749	786	3	197	2939	1516
吕梁市	36575	25764	3108	888	909	842	12	252	3069	1731

1-10 按地区、机构类型分组的法人单位从业人员期末人数

地 区	从业人员期末人数（人）									
		企业	事业单位	机关	社会团体	民办非企业单位	基金会	居委会	村委会	其他法人
全 省	**7152887**	**5274041**	**995978**	**443895**	**27246**	**163538**	**352**	**25129**	**172517**	**50191**
太原市	1687915	1407170	175040	47819	4309	30475	172	9893	7636	5401
大同市	625827	470306	88786	36404	2136	12030	22	1992	11085	3066
阳泉市	320842	251956	35950	18198	1036	2895	36	1241	8586	944
长治市	656257	473784	99131	40970	3209	12145	35	1817	21685	3481
晋城市	555104	440842	57099	27874	1571	7289	17	2202	14800	3410
朔州市	319778	228713	40698	21069	2198	15121	1	774	8314	2890
晋中市	668988	484701	102006	39944	2674	14582	10	1680	19137	4254
运城市	672641	447254	113639	55719	2709	26151		1485	18578	7106
忻州市	418964	253458	81110	40934	2617	10388	26	930	21794	7707
临汾市	617100	397602	104209	67854	2665	18620	2	1456	18722	5970
吕梁市	609471	418255	98310	47110	2122	13842	31	1659	22180	5962

1-11 按地区、开业(成立)

地 区	法人单位数(个)	1949年以前	1950-1977年	1978-1991年	1992-2000年	2001年	2002年	2003年	2004年	2005年	2006年
全 省	**462193**	**4025**	**14976**	**26104**	**16895**	**4598**	**6105**	**5887**	**6169**	**7055**	**8150**
太原市	129820	187	1059	2230	5306	1125	1420	1736	1805	1975	2330
大同市	31059	145	1352	2098	1270	417	578	391	420	444	510
阳泉市	14008	85	381	1327	779	220	148	185	238	283	286
长治市	39477	625	1240	3814	1197	382	505	541	576	639	698
晋城市	29737	193	994	2056	1017	216	314	399	390	375	403
朔州市	18656	286	1049	952	583	147	175	183	204	258	300
晋中市	43254	520	917	2072	1632	640	731	542	655	731	1034
运城市	48866	504	1631	3174	1491	374	586	563	597	703	767
忻州市	28550	752	3365	2754	972	234	385	349	363	451	524
临汾市	42191	264	1207	3523	1524	469	688	580	493	692	683
吕梁市	36575	464	1781	2104	1124	374	575	418	428	504	615

时间分组的法人单位数

2007年	2008年	2009年	2010年	2011年	2012年	2013年	2014年	2015年	2016年	2017年	2018年	无开业年份
8262	**9853**	**10770**	**13064**	**15603**	**16785**	**18890**	**29155**	**37683**	**52022**	**67627**	**81980**	**535**
2311	2571	3068	3577	4425	4849	5482	9017	10500	16711	21115	26976	45
464	582	692	824	986	1136	1203	1755	2495	3445	4637	5166	49
271	308	458	393	471	478	577	844	1138	1374	1924	1829	11
665	906	959	1134	1640	1522	1665	2585	3030	3845	5223	6071	15
506	670	597	858	983	1134	1195	1925	2661	3380	3991	5468	12
334	432	500	560	847	678	759	1191	1523	2109	2721	2860	5
979	1367	1165	1256	1387	1554	1786	2858	3660	4497	5983	7255	33
821	838	905	1346	1468	1672	1928	3143	4418	5413	7158	9279	87
629	640	732	919	972	1014	1033	1384	1978	2571	3105	3384	40
698	788	953	1253	1314	1470	1728	2469	3500	4739	5967	7123	66
584	751	741	944	1110	1278	1534	1984	2780	3938	5803	6569	172

1-12 按地区、开业(成立)时间分组的

地 区	从业人员期末人数(人)				
		1949年以前	1950-1977年	1978-1991年	1992-2000年
全 省	**7152887**	**326487**	**756990**	**821395**	**797505**
太原市	1687915	47551	190194	167018	220300
大同市	625827	128067	71179	49710	57070
阳泉市	320842	9701	37864	94374	41295
长治市	656257	31655	48714	87051	84660
晋城市	555104	9769	47323	60749	71870
朔州市	319778	4298	27797	45002	29745
晋中市	668988	25344	59857	68004	72162
运城市	672641	24038	80636	69074	88160
忻州市	418964	16370	64074	49826	29044
临汾市	617100	15981	74695	67215	58539
吕梁市	609471	13713	54657	63372	44660

1-12 续表

地 区					
	2008年	2009年	2010年	2011年	2012年
全 省	**183766**	**218839**	**228402**	**289758**	**253378**
太原市	39148	46195	49837	51236	51017
大同市	18179	18940	15641	19359	19051
阳泉市	6161	11826	5366	8443	8328
长治市	13616	24820	27797	50693	21102
晋城市	13188	13315	19304	25239	22830
朔州市	18261	13518	11297	13734	15597
晋中市	21161	21088	24393	25411	19104
运城市	13597	19612	22107	19749	16364
忻州市	10722	13449	14238	18003	14967
临汾市	13239	20897	19798	29482	28241
吕梁市	16494	15179	18624	28409	36777

法人单位从业人员期末人数

2001年	2002年	2003年	2004年	2005年	2006年	2007年
183934	**250099**	**227912**	**188614**	**186107**	**231590**	**193579**
36947	57123	49044	34124	44706	81389	43824
15739	16167	14949	13963	10045	10936	11300
7038	4201	7301	5151	5111	7655	5968
14572	13755	20011	13974	15443	25470	24422
17640	36502	26987	15972	9294	14791	17187
7129	7055	6857	10828	7336	9450	6164
28427	15098	22523	29757	20404	20124	18329
11178	19475	28991	17091	16810	16675	22674
7306	23663	10794	11508	9079	9821	14024
17648	33237	21492	8453	16387	14481	14150
20310	23823	18963	27793	31492	20798	15537

2013年	2014年	2015年	2016年	2017年	2018年	无开业年份
218597	**242445**	**298199**	**319522**	**416811**	**318202**	**756**
54152	64622	59147	78487	138617	83211	26
14099	17359	24036	26608	29367	24006	57
10457	6725	7631	8499	12235	9458	54
15190	22912	19882	24546	32033	23938	1
13639	15966	38463	23479	20219	21365	13
11080	16691	11928	15971	16615	13419	6
22054	23102	28951	32074	39337	32247	37
23715	22575	33477	34675	37472	34395	101
12890	14396	18682	18603	20596	16877	32
22820	18797	27877	27679	33524	32352	116
18501	19300	28125	28901	36796	26934	313

1-13 按行业(大类)、开业(成立)

行业	代码	法人单位数(个)	1949年以前	1950-1977年	1978-1991年
总　计	**00**	**462193**	**4025**	**14976**	**26104**
农、林、牧、渔业	**A**	**7053**	**5**	**34**	**56**
农业	01	18			1
林业	02	4		1	1
畜牧业	03	14			
渔业	04				
农、林、牧、渔专业及辅助性活动	05	7017	5	33	54
采矿业	**B**	**5942**	**3**	**43**	**165**
煤炭开采和洗选业	06	3377	3	38	143
石油和天然气开采业	07	37			
黑色金属矿采选业	08	911		1	6
有色金属矿采选业	09	189		3	4
非金属矿采选业	10	1286		1	6
开采专业及辅助性活动	11	99			5
其他采矿业	12	43			1
制造业	**C**	**36079**	**12**	**197**	**688**
农副食品加工业	13	2974		15	45
食品制造业	14	1693		9	22
酒、饮料和精制茶制造业	15	1021		5	11
烟草制品业	16	2	1		
纺织业	17	373		3	11
纺织服装、服饰业	18	545		4	21
皮革、毛皮、羽毛及其制品和制鞋业	19	141		2	7
木材加工和木、竹、藤、棕、草制品业	20	664			7
家具制造业	21	482		2	8
造纸和纸制品业	22	473		3	15
印刷和记录媒介复制业	23	1036	2	16	54
文教、工美、体育和娱乐用品制造业	24	749	1	4	9
石油、煤炭及其他燃料加工业	25	774		1	13
化学原料和化学制品制造业	26	2090	2	12	41
医药制造业	27	411		4	10
化学纤维制造业	28	37		1	1
橡胶和塑料制品业	29	1168		9	34
非金属矿物制品业	30	6891	4	21	93
黑色金属冶炼和压延加工业	31	437	1	2	8
有色金属冶炼和压延加工业	32	409		2	6
金属制品业	33	3732		19	60
通用设备制造业	34	3673		18	91
专用设备制造业	35	1976		20	34

时间分组的法人单位数

1992-2000年	2001年	2002年	2003年	2004年	2005年	2006年	2007年	2008年	代码
16895	**4598**	**6105**	**5887**	**6169**	**7055**	**8150**	**8262**	**9853**	**00**
39	**10**	**7**	**17**	**18**	**26**	**50**	**150**	**262**	**A**
1		1				1		2	01
									02
2				3			2	1	03
									04
36	10	6	17	15	26	49	148	259	05
411	**176**	**114**	**255**	**328**	**349**	**281**	**262**	**301**	**B**
328	139	64	165	216	243	185	151	145	06
1	1		1			4		1	07
31	20	34	58	64	60	32	44	60	08
17	1		1	3	11	10	9	12	09
24	12	15	30	44	33	45	56	78	10
10	2	1		1	2	3		3	11
	1					2	2	2	12
2215	**564**	**647**	**881**	**1033**	**1051**	**1226**	**1210**	**1296**	**C**
112	15	38	34	60	67	103	124	91	13
93	21	35	36	35	37	39	65	43	14
82	13	18	17	25	25	34	34	28	15
									16
34	11	11	10	10	8	10	5	9	17
35	9	4	5	3	3	6	8	13	18
8			1	1	2	1	3	1	19
19	1	7	4	4	8	12	13	12	20
22	4	5	2	5	5	8	7	10	21
39	8	13	24	18	8	15	13	8	22
114	36	31	49	36	21	29	17	25	23
25	5	5	8	11	11	14	15	21	24
83	24	19	28	38	27	31	17	27	25
173	40	43	65	76	78	78	81	66	26
60	15	13	23	20	3	18	11	7	27
2			2				2	1	28
65	19	19	35	20	26	31	21	29	29
277	80	88	156	215	188	232	291	394	30
37	11	18	33	19	29	29	24	17	31
36	11	9	21	15	18	17	20	22	32
241	76	87	74	117	135	154	150	137	33
320	77	89	126	152	176	169	131	148	34
124	44	36	49	64	80	82	68	71	35

1-13 续表 1

行　业	代码	法　人单位数（个）	1949年以　前	1950-1977年	1978-1991年
汽车制造业	36	334		2	2
铁路、船舶、航空航天和其他运输设备制造业	37	144		3	12
电气机械和器材制造业	38	885		6	16
计算机、通信和其他电子设备制造业	39	334	1		10
仪器仪表制造业	40	236		4	6
其他制造业	41	273		2	7
废弃资源综合利用业	42	419			4
金属制品、机械和设备修理业	43	1703		8	30
电力、热力、燃气及水生产和供应业	**D**	**4452**	**5**	**32**	**109**
电力、热力生产和供应业	44	3371	1	8	41
燃气生产和供应业	45	433			4
水的生产和供应业	46	648	4	24	64
建筑业	**E**	**28707**	**2**	**84**	**231**
房屋建筑业	47	5396	2	53	106
土木工程建筑业	48	5746		19	74
建筑安装业	49	4188		7	25
建筑装饰、装修和其他建筑业	50	13377		5	26
批发和零售业	**F**	**141041**	**33**	**340**	**1217**
批发业	51	68125	7	115	546
零售业	52	72916	26	225	671
交通运输、仓储和邮政业	**G**	**14626**	**12**	**142**	**227**
铁路运输业	53	27			2
道路运输业	54	11214	7	90	106
水上运输业	55	28			3
航空运输业	56	62			
管道运输业	57	8			
多式联运和运输代理业	58	776			9
装卸搬运和仓储业	59	2103	5	52	105
邮政业	60	408			2
住宿和餐饮业	**H**	**8427**	**1**	**34**	**127**
住宿业	61	2782		19	80
餐饮业	62	5645	1	15	47
信息传输、软件和信息技术服务业	**I**	**17399**		**23**	**35**
电信、广播电视和卫星传输服务	63	913		22	14
互联网和相关服务	64	2350		1	1
软件和信息技术服务业	65	14136			20
金融业	**J**	**2401**	**6**	**8**	**71**
货币金融服务	66	1203	6	8	68
资本市场服务	67	250			2
保险业	68	514			1
其他金融业	69	434			

1992–2000年	2001年	2002年	2003年	2004年	2005年	2006年	2007年	2008年	代码
16	5	5	8	14	5	13	12	16	36
13	3	2	6	6	2	7	9	3	37
65	16	15	26	29	33	28	24	33	38
28	3	11	5	5	7	10	7	9	39
22	4	8	8	5	7	14	6	6	40
10	1	6	1	3	5	6	5	3	41
1			3	6	6	5	5	8	42
59	12	12	22	21	31	31	22	38	43
104	**20**	**36**	**49**	**43**	**62**	**60**	**72**	**97**	**D**
61	8	19	24	22	39	25	46	44	44
17	6	3	7	7	7	9	10	21	45
26	6	14	18	14	16	26	16	32	46
857	**172**	**224**	**224**	**252**	**348**	**387**	**380**	**393**	**E**
221	46	61	35	27	50	57	59	65	47
191	41	44	63	61	74	96	91	106	48
164	31	51	40	61	91	84	77	84	49
281	54	68	86	103	133	150	153	138	50
3307	**766**	**1031**	**1374**	**1536**	**1690**	**2180**	**2248**	**2661**	**F**
1737	399	529	713	866	876	1151	1201	1381	51
1570	367	502	661	670	814	1029	1047	1280	52
403	**99**	**111**	**117**	**166**	**189**	**203**	**216**	**322**	**G**
2	3		2	3	1	1			53
268	70	84	82	129	135	152	151	255	54
1			1	1			1		55
3	1	2	1		1		2		56
								1	57
24	7	9	8	3	17	15	17	13	58
93	17	15	21	27	35	35	44	51	59
12	1	1	2	3			1	2	60
231	**60**	**65**	**74**	**70**	**104**	**142**	**138**	**140**	**H**
141	31	29	38	43	51	62	67	67	61
90	29	36	36	27	53	80	71	73	62
186	**58**	**56**	**96**	**102**	**114**	**145**	**146**	**186**	**I**
45	25	21	17	9	14	11	12	29	63
13	3	5	15	12	14	13	18	15	64
128	30	30	64	81	86	121	116	142	65
154	**9**	**29**	**43**	**31**	**48**	**53**	**55**	**139**	**J**
116	3	10	8	6	17	9	25	60	66
9	2		1	2	2	3	2	3	67
26	1	17	25	19	28	37	26	68	68
3	3	2	9	4	1	4	2	8	69

1-13 续表 2

行业	代码	法人单位数（个）	1949年以前	1950-1977年	1978-1991年
房地产业	K	**16757**	**2**	**130**	**430**
房地产业	70	16757	2	130	430
租赁和商务服务业	L	**45373**	**49**	**143**	**533**
租赁业	71	6651	1	5	24
商务服务业	72	38722	48	138	509
科学研究和技术服务业	M	**21099**	**54**	**503**	**746**
研究和试验发展	73	1669	8	46	79
专业技术服务业	74	10755	33	364	438
科技推广和应用服务业	75	8675	13	93	229
水利、环境和公共设施管理业	N	**5510**	**18**	**198**	**277**
水利管理业	76	1048	12	152	176
生态保护和环境治理业	77	706	3	21	21
公共设施管理业	78	3487	3	22	78
土地管理业	79	269		3	2
居民服务、修理和其他服务业	O	**11377**	**2**	**21**	**85**
居民服务业	80	4837	2	18	44
机动车、电子产品和日用产品修理业	81	4531		2	30
其他服务业	82	2009		1	11
教育	P	**15682**	**340**	**1900**	**1556**
教育	83	15682	340	1900	1556
卫生和社会工作	Q	**6896**	**134**	**1324**	**579**
卫生	84	5168	124	1287	406
社会工作	85	1728	10	37	173
文化、体育和娱乐业	R	**13635**	**55**	**263**	**468**
新闻和出版业	86	343	7	20	48
广播、电视、电影和录音制作业	87	1295		38	55
文化艺术业	88	5117	47	191	339
体育	89	1138	1	8	17
娱乐业	90	5742		6	9
公共管理、社会保障和社会组织	S	**59737**	**3292**	**9557**	**18504**
中国共产党机关	91	1586	195	275	476
国家机构	92	17285	644	2147	3294
人民政协、民主党派	93	320	9	50	141
社会保障	94	718	2	5	118
群众团体、社会团体和其他成员组织	95	9913	244	349	956
基层群众自治组织	96	29915	2198	6731	13519

1992–2000年	2001年	2002年	2003年	2004年	2005年	2006年	2007年	2008年	代码
846	**216**	**211**	**298**	**298**	**388**	**471**	**496**	**441**	K
846	216	211	298	298	388	471	496	441	70
1257	**287**	**328**	**397**	**438**	**491**	**601**	**619**	**729**	L
65	21	30	34	46	41	56	40	60	71
1192	266	298	363	392	450	545	579	669	72
779	**188**	**263**	**276**	**269**	**352**	**358**	**332**	**424**	M
67	10	18	23	29	25	27	31	33	73
542	128	197	198	188	270	248	240	281	74
170	50	48	55	52	57	83	61	110	75
319	**45**	**72**	**64**	**107**	**94**	**108**	**132**	**126**	N
165	9	21	26	23	15	19	19	21	76
20	7	9	7	10	8	8	8	18	77
115	23	34	28	70	63	73	91	79	78
19	6	8	3	4	8	8	14	8	79
238	**55**	**61**	**92**	**109**	**123**	**145**	**169**	**146**	O
105	33	24	35	45	49	53	75	51	80
114	18	36	48	53	58	77	70	74	81
19	4	1	9	11	16	15	24	21	82
1035	**212**	**283**	**257**	**313**	**395**	**369**	**303**	**351**	P
1035	212	283	257	313	395	369	303	351	83
311	**85**	**100**	**102**	**111**	**109**	**143**	**189**	**180**	Q
201	70	81	79	86	84	109	156	107	84
110	15	19	23	25	25	34	33	73	85
282	**73**	**151**	**208**	**232**	**207**	**300**	**270**	**205**	R
63	5	8	5	10	12	12	10	8	86
37	7	6	4	7	4	10	11	9	87
130	15	28	23	30	45	45	37	54	88
18	7	5	7	9	5	16	14	13	89
34	39	104	169	176	141	217	198	121	90
3921	**1503**	**2316**	**1063**	**713**	**915**	**928**	**875**	**1454**	S
130	61	129	13	16	26	13	20	14	91
1924	580	964	464	391	458	466	439	471	92
39	13	15	2	1	1	2	7	7	93
121	20	69	63	28	24	26	16	28	94
1069	110	192	182	177	230	346	333	286	95
638	719	947	339	100	176	75	60	648	96

1-13 续表 3

行　业	代码	2009年	2010年	2011年	2012年
总　计	00	**10770**	**13064**	**15603**	**16785**
农、林、牧、渔业	A	**430**	**453**	**537**	**603**
农业	01			2	1
林业	02				
畜牧业	03	1	1		1
渔业	04				
农、林、牧、渔专业及辅助性活动	05	429	452	535	601
采矿业	B	**313**	**360**	**367**	**419**
煤炭开采和洗选业	06	144	148	170	247
石油和天然气开采业	07	3	2	4	7
黑色金属矿采选业	08	59	71	73	55
有色金属矿采选业	09	7	7	16	13
非金属矿采选业	10	96	129	101	95
开采专业及辅助性活动	11	3	1	1	2
其他采矿业	12	1	2	2	
制造业	C	**1297**	**1437**	**1645**	**1751**
农副食品加工业	13	99	74	109	155
食品制造业	14	37	43	84	95
酒、饮料和精制茶制造业	15	26	21	38	60
烟草制品业	16				
纺织业	17	13	11	10	14
纺织服装、服饰业	18	6	14	24	15
皮革、毛皮、羽毛及其制品和制鞋业	19	2	3	1	7
木材加工和木、竹、藤、棕、草制品业	20	15	23	23	21
家具制造业	21	4	9	13	23
造纸和纸制品业	22	16	17	20	25
印刷和记录媒介复制业	23	34	32	53	45
文教、工美、体育和娱乐用品制造业	24	24	29	26	47
石油、煤炭及其他燃料加工业	25	30	36	35	16
化学原料和化学制品制造业	26	69	78	78	95
医药制造业	27	13	15	10	17
化学纤维制造业	28	1	3	2	2
橡胶和塑料制品业	29	30	41	52	55
非金属矿物制品业	30	377	386	379	415
黑色金属冶炼和压延加工业	31	27	18	19	12
有色金属冶炼和压延加工业	32	16	18	17	14
金属制品业	33	129	146	169	161
通用设备制造业	34	122	172	201	169
专用设备制造业	35	85	81	114	88

2013年	2014年	2015年	2016年	2017年	2018年	无开业年份	代码
18890	**29155**	**37683**	**52022**	**67627**	**81980**	**535**	**00**
640	**570**	**645**	**673**	**801**	**1016**	**11**	**A**
2		1	3	2	1		01
1					1		02
1		1		1			03
							04
636	570	643	670	798	1014	11	05
275	**279**	**269**	**311**	**349**	**300**	**12**	**B**
94	118	127	170	189	144	6	06
3	2		2	3	3		07
75	44	34	29	28	31	2	08
12	8	9	20	15	10	1	09
85	93	86	77	96	83	1	10
5	12	9	10	12	16	1	11
1	2	4	3	6	13	1	12
1739	**2138**	**2760**	**3107**	**4200**	**4896**	**89**	**C**
173	215	352	338	371	377	7	13
89	102	176	194	204	231	3	14
56	55	120	122	113	115	3	15
	1						16
23	19	27	29	48	56	1	17
21	28	63	61	81	120	1	18
8	11	12	13	22	36		19
20	48	53	88	112	169	5	20
21	35	43	44	96	116		21
23	20	45	36	40	65	2	22
41	49	74	86	84	107	1	23
40	46	71	63	134	138	2	24
31	45	62	68	67	74	2	25
90	106	198	164	239	214	4	26
19	17	25	38	40	32	1	27
2	2		8	5	3		28
54	71	83	103	153	197	21	29
422	396	408	487	728	838	16	30
13	23	19	28	28	20	2	31
19	18	24	34	35	37		32
152	221	263	312	423	502	4	33
127	198	199	221	360	406	1	34
89	109	132	141	196	266	3	35

1-13 续表 4

行　业	代码	2009年	2010年	2011年	2012年
汽车制造业	36	9	16	15	9
铁路、船舶、航空航天和其他运输设备制造业	37	4	4	5	7
电气机械和器材制造业	38	32	38	35	38
计算机、通信和其他电子设备制造业	39	9	10	16	17
仪器仪表制造业	40	10	8	6	15
其他制造业	41	3	6	5	14
废弃资源综合利用业	42	6	12	16	20
金属制品、机械和设备修理业	43	49	73	70	80
电力、热力、燃气及水生产和供应业	D	**74**	**100**	**108**	**102**
电力、热力生产和供应业	44	31	53	68	52
燃气生产和供应业	45	17	17	17	25
水的生产和供应业	46	26	30	23	25
建筑业	E	**529**	**647**	**724**	**892**
房屋建筑业	47	87	112	132	141
土木工程建筑业	48	134	146	171	209
建筑安装业	49	81	117	112	165
建筑装饰、装修和其他建筑业	50	227	272	309	377
批发和零售业	F	**3342**	**4052**	**4977**	**5564**
批发业	51	1807	2093	2572	2928
零售业	52	1535	1959	2405	2636
交通运输、仓储和邮政业	G	**334**	**509**	**513**	**532**
铁路运输业	53	1	4	2	2
道路运输业	54	254	358	355	379
水上运输业	55	2		1	
航空运输业	56	1	1		2
管道运输业	57			1	
多式联运和运输代理业	58	11	15	27	34
装卸搬运和仓储业	59	53	68	90	96
邮政业	60	12	63	37	19
住宿和餐饮业	H	**148**	**195**	**201**	**329**
住宿业	61	76	97	88	163
餐饮业	62	72	98	113	166
信息传输、软件和信息技术服务业	I	**197**	**260**	**305**	**393**
电信、广播电视和卫星传输服务	63	24	13	23	14
互联网和相关服务	64	24	26	29	37
软件和信息技术服务业	65	149	221	253	342
金融业	J	**140**	**158**	**232**	**129**
货币金融服务	66	90	118	191	66
资本市场服务	67	4	13	13	25
保险业	68	20	19	25	35
其他金融业	69	26	8	3	3

2013年	2014年	2015年	2016年	2017年	2018年	无开业年份	代码
15	19	19	28	51	54	1	36
13	7	9	10	8	11		37
35	58	57	77	112	111	1	38
15	28	17	37	46	42	1	39
13	15	18	17	22	21	1	40
12	21	18	22	30	91	2	41
12	23	30	42	78	138	4	42
91	132	143	196	274	309		43
137	**195**	**336**	**848**	**1078**	**777**	**8**	**D**
72	121	260	755	976	640	5	44
43	36	28	44	38	74	3	45
22	38	48	49	64	63		46
1025	**1886**	**2275**	**3640**	**5851**	**7640**	**44**	**E**
150	264	343	707	1244	1426	8	47
226	340	391	692	1143	1425	9	48
161	293	345	553	713	926	7	49
488	989	1196	1688	2751	3863	20	50
6403	**11244**	**14806**	**19531**	**24274**	**28290**	**175**	**F**
3266	5626	6624	8812	11314	13484	78	51
3137	5618	8182	10719	12960	14806	97	52
794	**1092**	**1348**	**1982**	**2625**	**2670**	**20**	**G**
2	1			1			53
576	845	1039	1573	2268	2024	14	54
3	2	5	1	6	1		55
6	7	4	4	5	22		56
1	1	1	1		2		57
36	49	51	66	85	277	3	58
142	161	200	277	215	299	2	59
28	26	48	60	45	45	1	60
337	**536**	**892**	**1082**	**1506**	**2003**	**12**	**H**
152	192	286	298	347	450	5	61
185	344	606	784	1159	1553	7	62
493	**1193**	**1949**	**2870**	**3958**	**4625**	**9**	**I**
23	66	151	166	129	84	1	63
44	144	338	435	526	636	1	64
426	983	1460	2269	3303	3905	7	65
129	**155**	**191**	**164**	**290**	**166**	**1**	**J**
64	91	81	50	83	33		66
35	24	26	26	40	18		67
25	20	28	39	30	25		68
5	20	56	49	137	90	1	69

1-13 续表 5

行　业	代码	2009年	2010年	2011年	2012年
房地产业	K	**518**	**633**	**778**	**838**
房地产业	70	518	633	778	838
租赁和商务服务业	L	**853**	**992**	**1195**	**1466**
租赁业	71	92	153	150	191
商务服务业	72	761	839	1045	1275
科学研究和技术服务业	M	**385**	**524**	**635**	**733**
研究和试验发展	73	38	41	56	73
专业技术服务业	74	249	341	395	409
科技推广和应用服务业	75	98	142	184	251
水利、环境和公共设施管理业	N	**166**	**186**	**203**	**217**
水利管理业	76	20	30	29	18
生态保护和环境治理业	77	17	20	16	18
公共设施管理业	78	124	129	148	173
土地管理业	79	5	7	10	8
居民服务、修理和其他服务业	O	**178**	**255**	**321**	**385**
居民服务业	80	62	78	94	145
机动车、电子产品和日用产品修理业	81	87	134	164	177
其他服务业	82	29	43	63	63
教育	P	**371**	**417**	**508**	**523**
教育	83	371	417	508	523
卫生和社会工作	Q	**160**	**193**	**192**	**158**
卫生	84	108	115	139	99
社会工作	85	52	78	53	59
文化、体育和娱乐业	R	**278**	**312**	**353**	**441**
新闻和出版业	86	15	17	11	17
广播、电视、电影和录音制作业	87	25	24	42	43
文化艺术业	88	66	82	165	138
体育	89	13	18	28	21
娱乐业	90	159	171	107	222
公共管理、社会保障和社会组织	S	**1057**	**1381**	**1809**	**1310**
中国共产党机关	91	7	18	11	16
国家机构	92	498	866	670	433
人民政协、民主党派	93		2	3	8
社会保障	94	16	24	43	29
群众团体、社会团体和其他成员组织	95	273	327	333	486
基层群众自治组织	96	263	144	749	338

2013年	2014年	2015年	2016年	2017年	2018年	无开业年份	代码
1069	**1231**	**1123**	**1435**	**1975**	**2913**	**17**	K
1069	1231	1123	1435	1975	2913	17	70
2087	**3281**	**4128**	**6120**	**8162**	**11165**	**52**	L
244	542	632	1068	1547	1601	8	71
1843	2739	3496	5052	6615	9564	44	72
830	**1285**	**1548**	**2398**	**3139**	**5053**	**25**	M
71	109	137	235	240	273		73
504	704	783	1078	1362	1797	6	74
255	472	628	1085	1537	2983	19	75
238	**286**	**354**	**561**	**860**	**875**	**4**	N
25	27	24	33	149	35		76
14	41	38	64	140	196	2	77
182	209	262	416	546	617	2	78
17	9	30	48	25	27		79
425	**831**	**1240**	**1749**	**2072**	**2660**	**15**	O
167	341	526	772	925	1185	8	80
190	329	472	703	840	853	2	81
68	161	242	274	307	622	5	82
592	**692**	**866**	**1330**	**1302**	**1749**	**18**	P
592	692	866	1330	1302	1749	18	83
191	**284**	**455**	**570**	**590**	**734**	**2**	Q
123	169	326	372	378	547	2	84
68	115	129	198	212	187		85
448	**753**	**1307**	**2038**	**2167**	**2815**	**9**	R
13	10	12	11	10	19		86
43	66	138	215	226	283	2	87
178	297	432	690	822	1260	3	88
34	45	107	190	226	335	1	89
180	335	618	932	883	918	3	90
1038	**1224**	**1191**	**1613**	**2428**	**1633**	**12**	S
9	3	8	74	54	18		91
332	248	502	533	588	370	3	92
7	3		4	5		1	93
9	8	13	18	24	14		94
469	721	511	942	777	594	6	95
212	241	157	42	980	637	2	96

1-14 按行业(大类)、开业(成立)时间

行业	代码	从业人员期末人数(人)	1949年以前	1950-1977年	1978-1991年
总　计	00	**7152887**	**326487**	**756990**	**821395**
农、林、牧、渔业	A	**27094**	**69**	**821**	**419**
农业	01				
林业	02				
畜牧业	03				
渔业	04				
农、林、牧、渔专业及辅助性活动	05	27094	69	821	419
采矿业	B	**1064966**	**121352**	**171199**	**157383**
煤炭开采和洗选业	06	1007618	121352	169904	156656
石油和天然气开采业	07	5839			
黑色金属矿采选业	08	25588		3	43
有色金属矿采选业	09	7310		1242	446
非金属矿采选业	10	10664		50	234
开采专业及辅助性活动	11	7665			4
其他采矿业	12	282			
制造业	C	**1194288**	**8072**	**53385**	**65423**
农副食品加工业	13	42495		413	998
食品制造业	14	30366		361	292
酒、饮料和精制茶制造业	15	33357		866	14755
烟草制品业	16	927	923		
纺织业	17	10058		1324	438
纺织服装、服饰业	18	15180		236	2060
皮革、毛皮、羽毛及其制品和制鞋业	19	1578			17
木材加工和木、竹、藤、棕、草制品业	20	4261			23
家具制造业	21	3198		11	129
造纸和纸制品业	22	6353		120	148
印刷和记录媒介复制业	23	11080	85	1044	1091
文教、工美、体育和娱乐用品制造业	24	8254		4	668
石油、煤炭及其他燃料加工业	25	111584		32	8092
化学原料和化学制品制造业	26	97162	4	2754	10773
医药制造业	27	36201		2943	2758
化学纤维制造业	28	1048			
橡胶和塑料制品业	29	20598		137	1780
非金属矿物制品业	30	154260	872	1165	2288
黑色金属冶炼和压延加工业	31	136145	6188	197	2190
有色金属冶炼和压延加工业	32	51672		11778	612
金属制品业	33	76365		4103	4055
通用设备制造业	34	56940		2926	3276
专用设备制造业	35	71612		20553	2086

分组的法人单位从业人员期末人数

1992-2000年	2001年	2002年	2003年	2004年	2005年	2006年	2007年	代码
797505	**183934**	**250099**	**227912**	**188614**	**186107**	**231590**	**193579**	00
387	**96**	**50**	**37**	**68**	**102**	**208**	**591**	A
								01
								02
								03
								04
387	96	50	37	68	102	208	591	05
114038	**33432**	**27942**	**33985**	**46596**	**21393**	**32255**	**24979**	B
111253	32587	25704	26366	42987	17916	29618	23260	06
5	3		2604			1383		07
1804	569	2023	4720	1548	2555	590	830	08
551			2	1658	605	287	61	09
294	92	215	293	403	297	272	828	10
131	161				20	15		11
	20					90		12
210085	**27741**	**77398**	**72551**	**41939**	**48202**	**85280**	**51525**	C
4200	402	1064	524	1192	5808	1239	1639	13
5456	618	1649	1849	634	1086	2350	2840	14
4746	955	617	332	1214	890	705	635	15
								16
2320	258	647	221	222	191	190	39	17
2016	533	829	34	143	68	41	127	18
129			20	26		3	14	19
120	97	113	11	58	34	449	55	20
364	30	58	1	256	37	107	65	21
980	46	141	619	386	126	165	187	22
2113	247	329	605	523	991	177	99	23
819	53	127	146	51	626	132	110	24
27438	4525	9038	11897	10448	3029	7791	3090	25
22606	1867	1242	7583	3905	3201	3540	5588	26
11558	2605	3913	2275	2189	391	484	266	27
83			45				5	28
2160	764	499	832	1516	1034	523	427	29
17968	4911	4842	6635	6564	4998	6543	8190	30
52803	2253	25403	15282	669	12885	2538	3435	31
5181	546	2027	8370	818	759	5402	1039	32
9195	3220	3879	3915	2729	3613	3835	5420	33
9710	1402	2331	2049	1951	2164	4874	2104	34
8011	882	2581	917	3476	2989	4245	3345	35

1-14 续表 1

行业	代码	从业人员期末人数(人)	1949年以前	1950-1977年	1978-1991年
汽车制造业	36	30300		784	78
铁路、船舶、航空航天和其他运输设备制造业	37	18401		303	2791
电气机械和器材制造业	38	23288		1048	690
计算机、通信和其他电子设备制造业	39	111890			846
仪器仪表制造业	40	4695		39	391
其他制造业	41	2317		32	114
废弃资源综合利用业	42	4011			516
金属制品、机械和设备修理业	43	18692		212	1468
电力、热力、燃气及水生产和供应业	**D**	**163140**	**5923**	**5689**	**19050**
电力、热力生产和供应业	44	104352	427	2638	11868
燃气生产和供应业	45	30224			1547
水的生产和供应业	46	28564	5496	3051	5635
建筑业	**E**	**692001**	**9409**	**68767**	**94319**
房屋建筑业	47	300342	9409	36370	49304
土木工程建筑业	48	230334		26593	41456
建筑安装业	49	60141		4680	2428
建筑装饰、装修和其他建筑业	50	101184		1124	1131
批发和零售业	**F**	**730199**	**2070**	**6995**	**36880**
批发业	51	357894	523	2737	26461
零售业	52	372305	1547	4258	10419
交通运输、仓储和邮政业	**G**	**288114**	**3720**	**19548**	**19771**
铁路运输业	53	1160			193
道路运输业	54	216645	3698	18073	13483
水上运输业	55	152			30
航空运输业	56	5023			
管道运输业	57	193			
多式联运和运输代理业	58	6656			447
装卸搬运和仓储业	59	28184	22	1475	3748
邮政业	60	30101			1870
住宿和餐饮业	**H**	**128597**	**37**	**3101**	**5291**
住宿业	61	55554		2899	3824
餐饮业	62	73043	37	202	1467
信息传输、软件和信息技术服务业	**I**	**121360**		**1372**	**773**
电信、广播电视和卫星传输服务	63	51015		1372	507
互联网和相关服务	64	9053			
软件和信息技术服务业	65	61292			266
金融业	**J**	**9367**			**40**
货币金融服务	66	5388			40
资本市场服务	67	852			
保险业	68	97			
其他金融业	69	3030			

1992–2000年	2001年	2002年	2003年	2004年	2005年	2006年	2007年	代码
3880	122	214	1374	523	327	618	4442	36
1286	353	32	5294	789	87	68	3672	37
1853	460	274	531	1036	934	391	3461	38
9237	410	15193	65	321	347	38140	304	39
1327	58	169	648	41	167	154	36	40
200	36	40		9	7	82	543	41
2			33	48	114	244	169	42
2324	88	147	444	202	1299	250	179	43
28243	**547**	**2288**	**12778**	**3541**	**7855**	**5074**	**4706**	**D**
22596	437	1821	2631	2237	6673	2633	4094	44
2305	42	56	9584	852	917	1902	363	45
3342	68	411	563	452	265	539	249	46
112594	**29276**	**28392**	**17247**	**15061**	**22685**	**25541**	**19475**	**E**
60086	15497	8746	10964	3800	7390	11131	4544	47
36042	11136	10986	2870	3069	8941	9238	4160	48
7433	1028	4438	1074	3162	4504	2652	2677	49
9033	1615	4222	2339	5030	1850	2520	8094	50
65385	**13569**	**14723**	**23461**	**14096**	**17142**	**16361**	**21464**	**F**
23704	3507	6447	12249	6040	7619	6842	13818	51
41681	10062	8276	11212	8056	9523	9519	7646	52
28700	**5086**	**3487**	**5067**	**4938**	**5030**	**4759**	**5126**	**G**
			162	67				53
11482	4218	3105	3704	4486	3949	3971	2903	54
7			28	3			8	55
53	334	14	425		303		1000	56
								57
827	89	53	148	9	101	136	218	58
3343	416	305	595	367	677	652	993	59
12988	29	10	5	6			4	60
11907	**4099**	**2201**	**2071**	**2942**	**3036**	**5469**	**4666**	**H**
5453	1814	1098	1233	2234	2067	1751	1640	61
6454	2285	1103	838	708	969	3718	3026	62
11651	**12355**	**11388**	**2120**	**1195**	**2235**	**1338**	**1370**	**I**
7005	11774	10616	1499	237	1393	243	386	63
58	16	15	54	88	41	21	74	64
4588	565	757	567	870	801	1074	910	65
1142	**161**	**68**	**207**	**148**	**91**	**140**	**163**	**J**
870	4	66	70		83	42	80	66
234	69		1	2	3	2	2	67
						5		68
38	88	2	136	146	5	91	81	69

1-14 续表 2

行　业	代码	从业人员期末人数（人）	1949年以前	1950-1977年	1978-1991年
房地产业	K	**220865**	**3**	**2600**	**8930**
房地产业	70	220865	3	2600	8930
租赁和商务服务业	L	**341149**	**664**	**2278**	**25592**
租赁业	71	33098	3	40	316
商务服务业	72	308051	661	2238	25276
科学研究和技术服务业	M	**178459**	**961**	**18407**	**12376**
研究和试验发展	73	14798	686	2688	1756
专业技术服务业	74	129757	94	14273	8848
科技推广和应用服务业	75	33904	181	1446	1772
水利、环境和公共设施管理业	N	**108073**	**1145**	**7593**	**8444**
水利管理业	76	15041	904	3953	2720
生态保护和环境治理业	77	7381	63	688	272
公共设施管理业	78	84140	178	2921	5417
土地管理业	79	1511		31	35
居民服务、修理和其他服务业	O	**63282**	**5**	**364**	**870**
居民服务业	80	26110	5	291	260
机动车、电子产品和日用产品修理业	81	20054		64	313
其他服务业	82	17118		9	297
教育	P	**604639**	**43608**	**136704**	**98833**
教育	83	604639	43608	136704	98833
卫生和社会工作	Q	**276589**	**48672**	**84908**	**32811**
卫生	84	263836	48607	83962	31564
社会工作	85	12753	65	946	1247
文化、体育和娱乐业	R	**91453**	**1742**	**6049**	**9647**
新闻和出版业	86	8961	726	690	2251
广播、电视、电影和录音制作业	87	14179		1343	2672
文化艺术业	88	40879	1016	3853	4383
体育	89	5967		106	175
娱乐业	90	21467		57	166
公共管理、社会保障和社会组织	S	**849252**	**79035**	**167210**	**224543**
中国共产党机关	91	29538	4636	7311	8815
国家机构	92	570902	58370	116374	120508
人民政协、民主党派	93	3379	217	960	1598
社会保障	94	8102	63	14	1463
群众团体、社会团体和其他成员组织	95	39685	1773	2697	6239
基层群众自治组织	96	197646	13976	39854	85920

1992–2000年	2001年	2002年	2003年	2004年	2005年	2006年	2007年	代码
17238	**4360**	**4503**	**8928**	**6684**	**8635**	**10478**	**11224**	K
17238	4360	4503	8928	6684	8635	10478	11224	70
27094	**8907**	**3958**	**9981**	**12277**	**6776**	**7468**	**11678**	L
3749	153	484	173	305	154	248	493	71
23345	8754	3474	9808	11972	6622	7220	11185	72
22848	**3947**	**5176**	**3948**	**4159**	**5406**	**4681**	**3974**	M
766	99	156	170	282	97	242	182	73
21123	3659	4804	3472	3673	5049	3908	3350	74
959	189	216	306	204	260	531	442	75
14156	**660**	**9625**	**3600**	**2335**	**2214**	**1629**	**3595**	N
3341	47	163	268	228	106	68	441	76
531	70	241	333	509	190	170	231	77
10078	503	9134	2993	1586	1864	1333	2816	78
206	40	87	6	12	54	58	107	79
2602	**359**	**627**	**1317**	**763**	**2196**	**1568**	**1175**	O
1078	199	274	292	312	888	463	495	80
838	135	347	296	260	676	501	343	81
686	25	6	729	191	632	604	337	82
48407	**11162**	**18984**	**15947**	**17021**	**15901**	**13895**	**12008**	P
48407	11162	18984	15947	17021	15901	13895	12008	83
10053	**1522**	**2823**	**2154**	**2925**	**3361**	**3797**	**3960**	Q
9511	1448	2343	1948	2707	3200	3532	3690	84
542	74	480	206	218	161	265	270	85
6466	**696**	**1153**	**1215**	**1559**	**1392**	**1495**	**1224**	R
1713	110	62	6	284	145	200	75	86
1613	61	141	68	258	16	52	77	87
2764	207	462	504	431	736	425	413	88
202	225	202	63	40	40	164	54	89
174	93	286	574	546	455	654	605	90
64509	**25959**	**35313**	**11298**	**10367**	**12455**	**10154**	**10676**	S
2021	1457	2256	284	34	73	42	73	91
50870	17829	23527	6980	8704	9102	7871	8546	92
334	53	50	7			9	5	93
1033	570	999	646	215	167	301	190	94
4320	414	839	596	572	1722	1144	1238	95
5931	5636	7642	2785	842	1391	787	624	96

1-14 续表 3

行业	代码	2008年	2009年	2010年	2011年	2012年
总 计	00	**183766**	**218839**	**228402**	**289758**	**253378**
农、林、牧、渔业	A	**1107**	**1773**	**1875**	**1874**	**2190**
农业	01					
林业	02					
畜牧业	03					
渔业	04					
农、林、牧、渔专业及辅助性活动	05	1107	1773	1875	1874	2190
采矿业	B	**19339**	**28928**	**27996**	**79390**	**69814**
煤炭开采和洗选业	06	17289	24514	25419	76798	67012
石油和天然气开采业	07	108	395	308	336	385
黑色金属矿采选业	08	986	2783	1209	1232	881
有色金属矿采选业	09	73	36	130	407	614
非金属矿采选业	10	501	833	831	570	748
开采专业及辅助性活动	11	358	366	99	37	174
其他采矿业	12	24	1		10	
制造业	C	**35777**	**39646**	**37520**	**49571**	**36350**
农副食品加工业	13	1308	1152	3034	3424	1456
食品制造业	14	952	1685	1292	879	1188
酒、饮料和精制茶制造业	15	1245	333	1039	1300	685
烟草制品业	16					
纺织业	17	81	58	410	68	121
纺织服装、服饰业	18	385	46	1158	346	347
皮革、毛皮、羽毛及其制品和制鞋业	19		140	6	14	186
木材加工和木、竹、藤、棕、草制品业	20	57	370	159	150	145
家具制造业	21	144	13	31	81	125
造纸和纸制品业	22	85	769	317	284	205
印刷和记录媒介复制业	23	228	380	174	528	263
文教、工美、体育和娱乐用品制造业	24	272	196	466	223	579
石油、煤炭及其他燃料加工业	25	5192	2093	3077	5755	1149
化学原料和化学制品制造业	26	1888	2012	1583	5073	4992
医药制造业	27	436	1958	873	450	370
化学纤维制造业	28	50	3	86	387	285
橡胶和塑料制品业	29	1163	424	895	590	1822
非金属矿物制品业	30	10530	8284	9329	9903	11572
黑色金属冶炼和压延加工业	31	805	4772	775	1224	108
有色金属冶炼和压延加工业	32	1438	462	3372	2213	386
金属制品业	33	2940	2647	2645	2976	3521
通用设备制造业	34	2079	1551	1750	3433	2388
专用设备制造业	35	2076	1805	1085	5211	1277

2013年	2014年	2015年	2016年	2017年	2018年	无开业年份	代码
218597	**242445**	**298199**	**319522**	**416811**	**318202**	**756**	**00**
2339	**2289**	**2834**	**2642**	**2998**	**2324**	**1**	**A**
							01
							02
							03
							04
2339	2289	2834	2642	2998	2324	1	05
16990	**14141**	**5583**	**6258**	**7728**	**4114**	**131**	**B**
14163	7668	4174	4730	5580	2544	124	06
108	74		11		119		07
1140	667	370	435	507	690	3	08
212	290	125	374	162	35		09
900	754	555	527	1045	418	4	10
429	4675	339	163	402	292		11
38	13	20	18	32	16		12
40387	**32571**	**56995**	**35168**	**61812**	**26761**	**129**	**C**
2337	2113	2577	2276	3750	1587	2	13
1387	1243	1658	1074	1044	827	2	14
456	449	611	641	529	348	6	15
	4						16
145	72	1103	547	1097	501	5	17
543	384	734	2022	1161	1967		18
45	89	60	63	218	548		19
344	213	283	354	657	560	9	20
121	209	164	212	500	540		21
440	109	327	270	355	274		22
318	331	365	435	405	346	3	23
293	244	342	1188	734	981		24
1005	2785	2653	1311	564	614	6	25
4314	3229	4016	2173	2571	2248		26
479	264	381	750	631	227		27
8	9		66	21			28
491	1136	699	1116	1465	1106	19	29
7429	6264	5060	6806	9111	4970	26	30
1559	558	729	570	1076	123	3	31
3748	539	1695	406	714	167		32
1966	3292	3676	3205	3390	2130	13	33
1829	2708	2052	1737	2833	1793		34
2708	1620	2072	1238	2003	1419	13	35

1-14 续表 4

行　　业	代码	2008年	2009年	2010年	2011年	2012年
汽车制造业	36	996	5006	761	1468	69
铁路、船舶、航空航天和其他运输设备制造业	37	68	243	641	96	237
电气机械和器材制造业	38	672	2419	956	767	397
计算机、通信和其他电子设备制造业	39	100	69	214	1756	1026
仪器仪表制造业	40	84	148	374	55	408
其他制造业	41	2	20	180	48	137
废弃资源综合利用业	42	57	52	194	256	181
金属制品、机械和设备修理业	43	444	536	644	613	725
电力、热力、燃气及水生产和供应业	D	**6517**	**5959**	**4563**	**3715**	**7076**
电力、热力生产和供应业	44	4016	3044	3074	2632	5253
燃气生产和供应业	45	1678	2374	801	774	1570
水的生产和供应业	46	823	541	688	309	253
建筑业	E	**23179**	**18652**	**25787**	**20748**	**14489**
房屋建筑业	47	6361	5281	15098	9963	5747
土木工程建筑业	48	13109	8189	4976	6871	4196
建筑安装业	49	1961	1317	2120	1491	1672
建筑装饰、装修和其他建筑业	50	1748	3865	3593	2423	2874
批发和零售业	F	**20374**	**32598**	**27626**	**33585**	**31372**
批发业	51	9992	18641	12809	18330	15861
零售业	52	10382	13957	14817	15255	15511
交通运输、仓储和邮政业	G	**7439**	**10767**	**13784**	**8975**	**9168**
铁路运输业	53		62			615
道路运输业	54	6318	7482	5044	6590	7147
水上运输业	55		15		5	
航空运输业	56		318	59		33
管道运输业	57				2	
多式联运和运输代理业	58	85	1164	277	370	437
装卸搬运和仓储业	59	1002	1128	553	1622	697
邮政业	60	34	598	7851	386	239
住宿和餐饮业	H	**3895**	**4393**	**6416**	**4417**	**5768**
住宿业	61	2003	2211	2747	1559	2285
餐饮业	62	1892	2182	3669	2858	3483
信息传输、软件和信息技术服务业	I	**6141**	**4035**	**2874**	**2279**	**4687**
电信、广播电视和卫星传输服务	63	4996	2736	848	871	1708
互联网和相关服务	64	170	108	545	154	727
软件和信息技术服务业	65	975	1191	1481	1254	2252
金融业	J	**445**	**924**	**931**	**1083**	**338**
货币金融服务	66	344	709	674	1005	211
资本市场服务	67	11	34	67	53	58
保险业	68	1		2	2	
其他金融业	69	89	181	188	23	69

2013年	2014年	2015年	2016年	2017年	2018年	无开业年 份	代码
2413	1038	2120	3066	695	296	10	36
1435	30	51	703	147	75		37
1982	680	1477	681	2005	573	1	38
892	740	19854	165	21667	542	2	39
88	168	65	38	160	77		40
171	112	62	173	152	196	1	41
150	196	257	582	569	383	8	42
1291	1743	1852	1300	1588	1343		43
6334	**6988**	**11406**	**5340**	**4943**	**4601**	**4**	**D**
3064	4038	10572	4053	3881	2668	2	44
2760	1090	289	640	349	329	2	45
510	1860	545	647	713	1604		46
15835	**19231**	**17855**	**26631**	**36960**	**29844**	**24**	**E**
4109	5476	4797	9517	10423	6326	3	47
6397	4610	4586	6202	10379	6322	6	48
2147	3121	2054	3346	3372	3461	3	49
3182	6024	6418	7566	12786	13735	12	50
34439	**48487**	**56160**	**66483**	**79330**	**67472**	**127**	**F**
16007	23848	27256	31687	40442	32994	80	51
18432	24639	28904	34796	38888	34478	47	52
11610	**14680**	**15747**	**23397**	**52150**	**15152**	**13**	**G**
24	37						53
9192	10105	11760	19207	48358	12357	13	54
24	2	12	8	10			55
264	1963	199	4	6	48		56
40	74		74		3		57
205	246	228	343	442	831		58
1214	1850	1494	2937	1625	1469		59
647	403	2054	824	1709	444		60
7544	**9393**	**10490**	**8901**	**12879**	**9673**	**8**	**H**
3191	3034	4146	3298	4953	2111	3	61
4353	6359	6344	5603	7926	7562	5	62
5229	**5373**	**9459**	**10696**	**12374**	**12405**	**11**	**I**
2044	402	1083	538	511	244	2	63
362	497	1631	1210	1518	1764		64
2823	4474	6745	8948	10345	10397	9	65
286	**823**	**636**	**531**	**792**	**415**	**3**	**J**
163	354	296	94	219	64		66
65	53	16	38	104	40		67
3	3	10	24	22	25		68
55	413	314	375	447	286	3	69

1-14 续表 5

行　业	代码	2008年	2009年	2010年	2011年	2012年
房地产业	K	**9116**	**9174**	**11427**	**13186**	**18081**
房地产业	70	9116	9174	11427	13186	18081
租赁和商务服务业	L	**13822**	**13571**	**12526**	**9799**	**10826**
租赁业	71	381	547	864	976	672
商务服务业	72	13441	13024	11662	8823	10154
科学研究和技术服务业	M	**4679**	**3788**	**4532**	**5277**	**4692**
研究和试验发展	73	461	228	308	318	447
专业技术服务业	74	3558	3175	3559	3787	3255
科技推广和应用服务业	75	660	385	665	1172	990
水利、环境和公共设施管理业	N	**2403**	**6601**	**5031**	**4638**	**4237**
水利管理业	76	74	476	390	431	102
生态保护和环境治理业	77	338	230	329	180	381
公共设施管理业	78	1948	5880	4280	3982	3747
土地管理业	79	43	15	32	45	7
居民服务、修理和其他服务业	O	**909**	**4021**	**1991**	**2749**	**2471**
居民服务业	80	329	502	503	1242	909
机动车、电子产品和日用产品修理业	81	467	645	710	904	707
其他服务业	82	113	2874	778	603	855
教育	P	**10917**	**12340**	**12775**	**17897**	**15485**
教育	83	10917	12340	12775	17897	15485
卫生和社会工作	Q	**4183**	**3876**	**4839**	**7777**	**3023**
卫生	84	3502	3404	4287	7346	2729
社会工作	85	681	472	552	431	294
文化、体育和娱乐业	R	**1238**	**3339**	**1930**	**5666**	**3740**
新闻和出版业	86	31	574	240	301	283
广播、电视、电影和录音制作业	87	172	1114	348	1041	441
文化艺术业	88	562	775	678	3558	1693
体育	89	79	57	118	245	204
娱乐业	90	394	819	546	521	1119
公共管理、社会保障和社会组织	S	**12286**	**14454**	**23979**	**17132**	**9571**
中国共产党机关	91	44	21	101	10	91
国家机构	92	6161	11820	21714	10361	5583
人民政协、民主党派	93			14	11	
社会保障	94	229	172	97	563	175
群众团体、社会团体和其他成员组织	95	758	819	963	723	1424
基层群众自治组织	96	5094	1622	1090	5464	2298

2013年	2014年	2015年	2016年	2017年	2018年	无开业年份	代码
14767	**13770**	**10947**	**12246**	**13993**	**10564**	**11**	K
14767	13770	10947	12246	13993	10564	11	70
14787	**24461**	**23209**	**31163**	**36303**	**33856**	**153**	L
1079	2873	2997	4269	7126	5185	11	71
13708	21588	20212	26894	29177	28671	142	72
6432	**7030**	**13643**	**12403**	**14093**	**15941**	**66**	M
272	438	922	1055	1222	2003		73
3967	4840	10534	6968	7096	6758	7	74
2193	1752	2187	4380	5775	7180	59	75
3685	**3600**	**2724**	**5299**	**7735**	**7123**	**1**	N
194	167	142	265	397	164		76
116	236	217	364	1161	531		77
3334	3178	2192	4428	5995	6352	1	78
41	19	173	242	182	76		79
2944	**5394**	**7340**	**7452**	**8185**	**7968**	**12**	O
1689	1920	4059	3266	3672	3456	6	80
886	2317	1699	2740	2781	2425		81
369	1157	1582	1446	1732	2087	6	82
18164	**13797**	**15587**	**20938**	**18388**	**15877**	**4**	P
18164	13797	15587	20938	18388	15877	4	83
4568	**6880**	**9320**	**11769**	**10156**	**13212**		Q
3894	6315	8536	10279	8649	12383		84
674	565	784	1490	1507	829		85
4493	**4162**	**6753**	**10150**	**8493**	**8842**	**9**	R
721	76	112	104	92	165		86
568	460	851	1229	774	879	1	87
1840	1994	2806	4233	3446	4093	7	88
264	209	432	852	1194	1042		89
1100	1423	2552	3732	2987	2663	1	90
7764	**9375**	**21511**	**22055**	**27499**	**32058**	**49**	S
14	5	9	1059	921	261		91
4410	5361	18811	17088	16518	24370	24	92
12	1		92	16			93
60	48	93	360	372	272		94
1626	2502	1349	3168	2878	1904	17	95
1642	1458	1249	288	6794	5251	8	96

1-15 按地区、从业人员组距

地 区	法人单位数(个)	7人及以下	8-19人	20-49人	50-99人
全 省	**462193**	**359053**	**54175**	**27603**	**11099**
太原市	129820	107912	12065	5736	2098
大同市	31059	22926	4132	2228	973
阳泉市	14008	9887	2206	1080	438
长治市	39477	30313	4801	2429	1000
晋城市	29737	22368	3919	1869	831
朔州市	18656	14285	2066	1164	596
晋中市	43254	32530	5588	2882	1136
运城市	48866	38524	5394	2800	1107
忻州市	28550	20774	3961	2275	813
临汾市	42191	32461	5096	2604	1064
吕梁市	36575	27073	4947	2536	1043

1-16 按地区、从业人员组距分组的

地 区	从业人员期末人数(人)	7人及以下	8-19人	20-49人	50-99人
全 省	**7152887**	**819323**	**626957**	**833272**	**754708**
太原市	1687915	226922	140334	169624	142371
大同市	625827	52754	47845	67436	67077
阳泉市	320842	25653	25764	32906	29325
长治市	656257	73090	55553	74041	67825
晋城市	555104	57286	44556	56675	56390
朔州市	319778	32467	24143	35483	41091
晋中市	668988	66375	64904	87648	76833
运城市	672641	97870	61670	85313	74930
忻州市	418964	51699	46298	68161	55024
临汾市	617100	81077	58657	78966	72235
吕梁市	609471	54130	57233	77019	71607

分组的法人单位数

100-299人	300-499人	500-999人	1000-4999人	5000-9999人	10000人及以上
7070	**1383**	**1059**	**681**	**46**	**24**
1367	269	187	163	12	11
564	114	64	54	3	1
249	57	54	36		1
643	109	99	75	7	1
486	105	92	60	3	4
360	99	54	30	2	
761	163	129	62	2	1
749	133	90	60	7	2
544	85	68	29	1	
669	126	110	55	4	2
678	123	112	57	5	1

法人单位从业人员期末人数

100-299人	300-499人	500-999人	1000-4999人	5000-9999人	10000人及以上
1110320	**481271**	**652731**	**1096581**	**240314**	**537410**
213672	90994	112794	292246	75786	223172
90549	40762	41226	84189	14089	119900
39966	20928	31326	58953		56021
99814	37105	62830	125289	34022	26688
77064	36243	57144	92617	21029	56100
59703	34985	31693	45448	14765	
119280	57730	78322	104988		12908
118811	46207	54273	92454	29350	11763
83051	29454	40287	36267	8723	
101859	43570	68655	75945	18430	17706
106551	43293	74181	88185	24120	13152

1-17 按行业(大类)、从业人员

行业	代码	法人单位数(个)	7人及以下	8-19人	20-49人
总 计	**00**	**462193**	**359053**	**54175**	**27603**
农、林、牧、渔业	**A**	**7053**	**6256**	**619**	**148**
农业	01	18	18		
林业	02	4	4		
畜牧业	03	14	14		
渔业	04				
农、林、牧、渔专业及辅助性活动	05	7017	6220	619	148
采矿业	**B**	**5942**	**2926**	**829**	**909**
煤炭开采和洗选业	06	3377	1283	393	619
石油和天然气开采业	07	37	12	3	3
黑色金属矿采选业	08	911	557	109	141
有色金属矿采选业	09	189	118	27	24
非金属矿采选业	10	1286	863	281	106
开采专业及辅助性活动	11	99	59	12	12
其他采矿业	12	43	34	4	4
制造业	**C**	**36079**	**23800**	**5504**	**3666**
农副食品加工业	13	2974	2179	426	219
食品制造业	14	1693	1157	291	137
酒、饮料和精制茶制造业	15	1021	700	158	86
烟草制品业	16	2	1		
纺织业	17	373	250	44	36
纺织服装、服饰业	18	545	323	87	85
皮革、毛皮、羽毛及其制品和制鞋业	19	141	98	18	17
木材加工和木、竹、藤、棕、草制品业	20	664	542	78	32
家具制造业	21	482	377	69	29
造纸和纸制品业	22	473	298	86	62
印刷和记录媒介复制业	23	1036	772	174	57
文教、工美、体育和娱乐用品制造业	24	749	580	89	48
石油、煤炭及其他燃料加工业	25	774	473	89	66
化学原料和化学制品制造业	26	2090	1329	307	212
医药制造业	27	411	187	55	57
化学纤维制造业	28	37	24	5	3
橡胶和塑料制品业	29	1168	744	222	122
非金属矿物制品业	30	6891	4259	986	953
黑色金属冶炼和压延加工业	31	437	220	48	58
有色金属冶炼和压延加工业	32	409	231	52	39
金属制品业	33	3732	2429	602	373
通用设备制造业	34	3673	2431	692	351
专用设备制造业	35	1976	1183	350	242

组距分组的法人单位数

50-99人	100-299人	300-499人	500-999人	1000-4999人	5000-9999人	10000人及以上	代码
11099	**7070**	**1383**	**1059**	**681**	**46**	**24**	**00**
22	**6**	**2**					**A**
							01
							02
							03
							04
22	6	2					05
394	**274**	**192**	**242**	**156**	**10**	**10**	**B**
298	201	178	236	149	10	10	06
5	11	1	1	1			07
54	37	6	4	3			08
5	10	2	1	2			09
26	9	1					10
5	6	4		1			11
1							12
1444	**1079**	**229**	**222**	**116**	**12**	**7**	**C**
95	41	3	7	3	1		13
47	44	7	9	1			14
35	28	8	5			1	15
			1				16
21	15	4	2	1			17
23	18	5	1	3			18
5	3						19
9	2	1					20
5	2						21
16	10		1				22
17	12	3	1				23
20	9	1	2				24
12	28	26	51	28	1		25
94	85	15	31	16	1		26
36	52	10	7	7			27
3	1	1					28
46	26	3	3	2			29
373	240	49	28	3			30
26	33	14	11	21	5	1	31
30	26	10	12	7	1	1	32
166	125	25	10	2			33
110	72	8	6	3			34
95	76	10	15	3	2		35

1-17 续表 1

行业	代码	法人单位数(个)	7人及以下	8-19人	20-49人
汽车制造业	36	334	192	38	35
铁路、船舶、航空航天和其他运输设备制造业	37	144	64	22	14
电气机械和器材制造业	38	885	543	146	111
计算机、通信和其他电子设备制造业	39	334	199	34	44
仪器仪表制造业	40	236	157	36	18
其他制造业	41	273	213	31	23
废弃资源综合利用业	42	419	327	44	30
金属制品、机械和设备修理业	43	1703	1318	225	107
电力、热力、燃气及水生产和供应业	**D**	**4452**	**3131**	**475**	**323**
电力、热力生产和供应业	44	3371	2593	309	158
燃气生产和供应业	45	433	240	52	49
水的生产和供应业	46	648	298	114	116
建筑业	**E**	**28707**	**22492**	**2780**	**1659**
房屋建筑业	47	5396	3684	595	407
土木工程建筑业	48	5746	4026	705	456
建筑安装业	49	4188	3213	430	300
建筑装饰、装修和其他建筑业	50	13377	11569	1050	496
批发和零售业	**F**	**141041**	**126279**	**9995**	**3142**
批发业	51	68125	60258	5513	1608
零售业	52	72916	66021	4482	1534
交通运输、仓储和邮政业	**G**	**14626**	**10487**	**1773**	**1362**
铁路运输业	53	27	2	1	5
道路运输业	54	11214	8084	1334	1044
水上运输业	55	28	22	4	2
航空运输业	56	62	42	5	3
管道运输业	57	8	5		1
多式联运和运输代理业	58	776	679	40	33
装卸搬运和仓储业	59	2103	1435	317	215
邮政业	60	408	218	72	59
住宿和餐饮业	**H**	**8427**	**5563**	**1495**	**833**
住宿业	61	2782	1517	664	357
餐饮业	62	5645	4046	831	476
信息传输、软件和信息技术服务业	**I**	**17399**	**15696**	**1117**	**361**
电信、广播电视和卫星传输服务	63	913	669	81	51
互联网和相关服务	64	2350	2164	134	39
软件和信息技术服务业	65	14136	12863	902	271
金融业	**J**	**2401**	**1239**	**300**	**209**
货币金融服务	66	1203	590	183	127
资本市场服务	67	250	188	40	13
保险业	68	514	99	42	47
其他金融业	69	434	362	35	22

50-99人	100-299人	300-499人	500-999人	1000-4999人	5000-9999人	10000人及以上	代码
21	30	6	6	6			36
19	11	7	4	3			37
50	27	3	2	3			38
23	17	6	3	3	1	4	39
13	11	1					40
2	3		1				41
10	7	1					42
22	25	2	3	1			43
212	**210**	**45**	**33**	**21**	**2**		**D**
105	139	28	24	14	1		44
38	37	9	4	3	1		45
69	34	8	5	4			46
822	**591**	**142**	**102**	**111**	**7**	**1**	**E**
265	252	83	51	55	3	1	47
248	190	35	36	47	3		48
152	71	13	6	3			49
157	78	11	9	6	1		50
987	**490**	**75**	**49**	**23**	**1**		**F**
444	239	32	18	13			51
543	251	43	31	10	1		52
586	**316**	**38**	**31**	**30**	**1**	**2**	**G**
5	6	1	3	3		1	53
459	227	28	21	15	1	1	54
							55
1	3	6	1	1			56
2							57
12	11			1			58
85	47	3	1				59
22	22		5	10			60
290	**211**	**22**	**11**	**2**			**H**
130	93	16	5				61
160	118	6	6	2			62
95	**81**	**12**	**13**	**24**			**I**
36	37	8	10	21			63
9	1	2	1				64
50	43	2	2	3			65
119	**205**	**116**	**112**	**87**	**10**	**4**	**J**
53	94	63	74	19			66
4	2			3			67
53	103	53	38	65	10	4	68
9	6						69

1-17 续表 2

行　　业	代码	法人单位数（个）			
			7人及以下	8-19人	20-49人
房地产业	K	**16757**	**10855**	**3125**	**1914**
房地产业	70	16757	10855	3125	1914
租赁和商务服务业	L	**45373**	**39327**	**3811**	**1476**
租赁业	71	6651	5840	581	173
商务服务业	72	38722	33487	3230	1303
科学研究和技术服务业	M	**21099**	**16829**	**2418**	**1267**
研究和试验发展	73	1669	1320	201	102
专业技术服务业	74	10755	7759	1565	951
科技推广和应用服务业	75	8675	7750	652	214
水利、环境和公共设施管理业	N	**5510**	**3910**	**794**	**488**
水利管理业	76	1048	662	220	112
生态保护和环境治理业	77	706	506	79	92
公共设施管理业	78	3487	2532	454	269
土地管理业	79	269	210	41	15
居民服务、修理和其他服务业	O	**11377**	**9837**	**1056**	**358**
居民服务业	80	4837	4176	433	171
机动车、电子产品和日用产品修理业	81	4531	3982	432	102
其他服务业	82	2009	1679	191	85
教育	P	**15682**	**6385**	**3047**	**2851**
教育	83	15682	6385	3047	2851
卫生和社会工作	Q	**6896**	**3284**	**1374**	**1314**
卫生	84	5168	2048	1017	1205
社会工作	85	1728	1236	357	109
文化、体育和娱乐业	R	**13635**	**11361**	**1326**	**677**
新闻和出版业	86	343	165	91	40
广播、电视、电影和录音制作业	87	1295	982	171	95
文化艺术业	88	5117	4003	597	380
体育	89	1138	943	127	53
娱乐业	90	5742	5268	340	109
公共管理、社会保障和社会组织	S	**59737**	**39396**	**12337**	**4646**
中国共产党机关	91	1586	664	446	328
国家机构	92	17285	7541	3029	3624
人民政协、民主党派	93	320	186	63	64
社会保障	94	718	371	205	124
群众团体、社会团体和其他成员组织	95	9913	8615	1003	251
基层群众自治组织	96	29915	22019	7591	255

50-99人	100-299人	300-499人	500-999人	1000-4999人	5000-9999人	10000人及以上	代码
598	**222**	**27**	**11**	**5**			**K**
598	222	27	11	5			70
413	**230**	**56**	**36**	**22**	**2**		**L**
40	14	1	1	1			71
373	216	55	35	21	2		72
393	**147**	**25**	**15**	**5**			**M**
26	15	3	2				73
324	118	21	12	5			74
43	14	1	1				75
159	**103**	**23**	**21**	**11**	**1**		**N**
34	16	2	1	1			76
21	8						77
102	78	21	20	10	1		78
2	1						79
78	**37**	**7**	**2**	**2**			**O**
37	17	2		1			80
10	4		1				81
31	16	5	1	1			82
1751	**1458**	**137**	**38**	**15**			**P**
1751	1458	137	38	15			83
493	**267**	**72**	**57**	**35**			**Q**
477	257	72	57	35			84
16	10						85
189	**66**	**12**	**4**				**R**
30	14	2	1				86
30	11	4	2				87
99	34	3	1				88
13	2						89
17	5	3					90
2054	**1077**	**151**	**60**	**16**			**S**
109	37	2					91
1849	1019	149	59	15			92
6	1						93
18							94
34	8		1	1			95
38	12						96

1-18 按行业(大类)、从业人员组距分组的

行业	代码	从业人员期末人数(人)	7人及以下	8-19人	20-49人
总 计	00	**7152887**	**819323**	**626957**	**833272**
农、林、牧、渔业	A	**27094**	**13206**	**6988**	**3907**
农业	01				
林业	02				
畜牧业	03				
渔业	04				
农、林、牧、渔专业及辅助性活动	05	27094	13206	6988	3907
采矿业	B	**1064966**	**4252**	**10235**	**27600**
煤炭开采和洗选业	06	1007618	1806	5010	19579
石油和天然气开采业	07	5839	26	37	71
黑色金属矿采选业	08	25588	771	1357	3930
有色金属矿采选业	09	7310	217	335	740
非金属矿采选业	10	10664	1310	3303	2840
开采专业及辅助性活动	11	7665	85	140	338
其他采矿业	12	282	37	53	102
制造业	C	**1194288**	**50983**	**65536**	**108907**
农副食品加工业	13	42495	4445	4931	6533
食品制造业	14	30366	2480	3449	3872
酒、饮料和精制茶制造业	15	33357	1543	1845	2439
烟草制品业	16	927	4		
纺织业	17	10058	456	500	1081
纺织服装、服饰业	18	15180	814	1066	2470
皮革、毛皮、羽毛及其制品和制鞋业	19	1578	163	218	474
木材加工和木、竹、藤、棕、草制品业	20	4261	1117	924	892
家具制造业	21	3198	955	767	815
造纸和纸制品业	22	6353	696	989	1679
印刷和记录媒介复制业	23	11080	2246	1963	1668
文教、工美、体育和娱乐用品制造业	24	8254	1282	1041	1421
石油、煤炭及其他燃料加工业	25	111584	684	1027	1957
化学原料和化学制品制造业	26	97162	2664	3801	6549
医药制造业	27	36201	428	681	1656
化学纤维制造业	28	1048	31	57	90
橡胶和塑料制品业	29	20598	1541	2656	3571
非金属矿物制品业	30	154260	7455	11913	28382
黑色金属冶炼和压延加工业	31	136145	344	562	1647
有色金属冶炼和压延加工业	32	51672	373	661	1213
金属制品业	33	76365	5512	7143	11068
通用设备制造业	34	56940	5942	8287	10333
专用设备制造业	35	71612	2926	4227	7578

法人单位从业人员期末人数

50-99人	100-299人	300-499人	500-999人	1000-4999人	5000-9999人	10000人及以上	代码
754708	**1110320**	**481271**	**652731**	**1096581**	**240314**	**537410**	00
1523	**805**	**665**					A
							01
							02
							03
							04
1523	805	665					05
27154	**46961**	**74740**	**169450**	**288423**	**71308**	**344843**	B
20442	35595	69875	165950	273210	71308	344843	06
372	1761	323	645	2604			07
3797	5807	2092	2337	5497			08
324	1559	726	518	2891			09
1708	1163	340					10
421	1076	1384		4221			11
90							12
100137	**179335**	**87192**	**154648**	**221770**	**79097**	**146683**	C
6400	6031	1018	4399	3607	5131		13
3295	6749	2374	6119	2028			14
2625	5002	3184	3567			13152	15
			923				16
1454	2161	1562	1536	1308			17
1506	3157	1936	725	3506			18
310	413						19
646	329	353					20
354	307						21
1104	1337		548				22
1167	1868	1315	853				23
1344	1515	318	1333				24
832	5576	10160	35654	49474	6220		25
6636	13886	5738	21928	30942	5018		26
2659	8703	3903	4739	13432			27
203	280	387					28
3214	4391	994	1802	2429			29
25649	40663	18235	18160	3803			30
1800	6089	5278	7456	47270	32681	33018	31
2208	4488	3680	9300	12701	5285	11763	32
11283	21114	9753	7162	3330			33
7746	12072	3289	4047	5224			34
6591	12405	3551	11167	5471	17696		35

1-18 续表 1

行业	代码	从业人员期末人数（人）			
			7人及以下	8-19人	20-49人
汽车制造业	36	30300	367	506	1085
铁路、船舶、航空航天和其他运输设备制造业	37	18401	156	273	446
电气机械和器材制造业	38	23288	1269	1737	3519
计算机、通信和其他电子设备制造业	39	111890	390	414	1310
仪器仪表制造业	40	4695	443	413	566
其他制造业	41	2317	327	349	649
废弃资源综合利用业	42	4011	468	515	965
金属制品、机械和设备修理业	43	18692	3462	2621	2979
电力、热力、燃气及水生产和供应业	**D**	**163140**	**5184**	**5850**	**9887**
电力、热力生产和供应业	44	104352	4167	3830	4750
燃气生产和供应业	45	30224	380	625	1511
水的生产和供应业	46	28564	637	1395	3626
建筑业	**E**	**692001**	**50162**	**32557**	**50420**
房屋建筑业	47	300342	8214	7128	12521
土木工程建筑业	48	230334	8982	8248	13770
建筑安装业	49	60141	7578	5112	9416
建筑装饰、装修和其他建筑业	50	101184	25388	12069	14713
批发和零售业	**F**	**730199**	**271612**	**111872**	**92173**
批发业	51	357894	132087	61677	46581
零售业	52	372305	139525	50195	45592
交通运输、仓储和邮政业	**G**	**288114**	**22502**	**21138**	**41560**
铁路运输业	53	1160	5		61
道路运输业	54	216645	17326	15929	32007
水上运输业	55	152	62	39	51
航空运输业	56	5023	60	63	118
管道运输业	57	193	5		40
多式联运和运输代理业	58	6656	1265	475	1061
装卸搬运和仓储业	59	28184	3250	3745	6462
邮政业	60	30101	529	887	1760
住宿和餐饮业	**H**	**128597**	**12246**	**17784**	**24619**
住宿业	61	55554	3917	8081	10284
餐饮业	62	73043	8329	9703	14335
信息传输、软件和信息技术服务业	**I**	**121360**	**32278**	**12557**	**10182**
电信、广播电视和卫星传输服务	63	51015	1437	954	1594
互联网和相关服务	64	9053	4213	1484	1031
软件和信息技术服务业	65	61292	26628	10119	7557
金融业	**J**	**9367**	**2700**	**2548**	**1839**
货币金融服务	66	5388	1692	1919	999
资本市场服务	67	852	215	214	175
保险业	68	97	86	11	
其他金融业	69	3030	707	404	665

50-99人	100-299人	300-499人	500-999人	1000-4999人	5000-9999人	10000人及以上	代码
1461	4831	2322	4618	15110			36
1253	1810	2835	2581	9047			37
3576	4440	1082	1420	6245			38
1616	2610	2381	1686	5667	7066	88750	39
932	2017	324					40
108	346		538				41
658	931	474					42
1507	3814	746	2387	1176			43
15332	**35345**	**17518**	**23003**	**35957**	**15064**		**D**
7529	23675	10877	17215	25828	6481		44
2837	6304	3587	2863	3534	8583		45
4966	5366	3054	2925	6595			46
56301	**100562**	**54408**	**68200**	**218159**	**43449**	**17783**	**E**
18602	43013	31446	34864	106990	19781	17783	47
17014	32906	13991	23023	94465	17935		48
10600	12419	5107	4315	5594			49
10085	12224	3864	5998	11110	5733		50
66864	**78029**	**28071**	**32831**	**42619**	**6128**		**F**
29757	39741	11608	11950	24493			51
37107	38288	16463	20881	18126	6128		52
40145	**47636**	**13175**	**20382**	**45800**	**7675**	**28101**	**G**
124	355		615				53
31182	34640	9897	14842	25046	7675	28101	54
							55
59	554	2123	559	1487			56
148							57
813	1943			1099			58
6136	6677	1155	759				59
1683	3467		3607	18168			60
20366	**33424**	**8140**	**7241**	**4777**			**H**
9074	14913	6053	3232				61
11292	18511	2087	4009	4777			62
6553	**12842**	**4753**	**8943**	**33252**			**I**
2560	5613	3083	7054	28720			63
660	236	856	573				64
3333	6993	814	1316	4532			65
633	**869**		**778**				**J**
			778				66
64	184						67
							68
569	685						69

1-18 续表 2

行　　业	代码	从业人员期末人数（人）			
			7人及以下	8-19人	20-49人
房地产业	K	**220865**	**24007**	**38178**	**57501**
房地产业	70	220865	24007	38178	57501
租赁和商务服务业	L	**341149**	**82163**	**44041**	**42569**
租赁业	71	33098	13136	6427	4816
商务服务业	72	308051	69027	37614	37753
科学研究和技术服务业	M	**178459**	**33852**	**28805**	**37136**
研究和试验发展	73	14798	2917	2278	2959
专业技术服务业	74	129757	17195	18973	27999
科技推广和应用服务业	75	33904	13740	7554	6178
水利、环境和公共设施管理业	N	**108073**	**7584**	**9396**	**14924**
水利管理业	76	15041	1072	2655	3321
生态保护和环境治理业	77	7381	861	976	2894
公共设施管理业	78	84140	5254	5298	8295
土地管理业	79	1511	397	467	414
居民服务、修理和其他服务业	O	**63282**	**21937**	**11724**	**10371**
居民服务业	80	26110	8468	4771	5085
机动车、电子产品和日用产品修理业	81	20054	10077	4765	2843
其他服务业	82	17118	3392	2188	2443
教育	P	**604639**	**15620**	**38072**	**89775**
教育	83	604639	15620	38072	89775
卫生和社会工作	Q	**276589**	**6981**	**17241**	**41340**
卫生	84	263836	4406	13096	38060
社会工作	85	12753	2575	4145	3280
文化、体育和娱乐业	R	**91453**	**24541**	**15200**	**20391**
新闻和出版业	86	8961	399	1117	1142
广播、电视、电影和录音制作业	87	14179	2246	2034	2937
文化艺术业	88	40879	8046	6916	11808
体育	89	5967	2012	1389	1479
娱乐业	90	21467	11838	3744	3025
公共管理、社会保障和社会组织	S	**849252**	**137513**	**137235**	**148171**
中国共产党机关	91	29538	1337	5717	9679
国家机构	92	570902	11052	38017	119027
人民政协、民主党派	93	3379	170	957	1726
社会保障	94	8102	704	2497	3735
群众团体、社会团体和其他成员组织	95	39685	16658	11249	7080
基层群众自治组织	96	197646	107592	78798	6924

50-99人	100-299人	300-499人	500-999人	1000-4999人	5000-9999人	10000人及以上	代码
40666	**34904**	**10050**	**7508**	**8051**			K
40666	34904	10050	7508	8051			70
27418	**39136**	**21667**	**24766**	**48835**	**10554**		L
2719	2301	380	600	2719			71
24699	36835	21287	24166	46116	10554		72
26397	**23926**	**9758**	**10573**	**8012**			M
1854	2353	1055	1382				73
21820	19210	8344	8204	8012			74
2723	2363	359	987				75
10778	**17581**	**8672**	**13086**	**19013**	**7039**		N
2350	2661	693	520	1769			76
1332	1318						77
6982	13483	7979	12566	17244	7039		78
114	119						79
5095	**5977**	**2778**	**1636**	**3764**			O
2517	2592	782		1895			80
650	724		995				81
1928	2661	1996	641	1869			82
122755	**231348**	**51583**	**25868**	**29618**			P
122755	231348	51583	25868	29618			83
33844	**45988**	**27635**	**38547**	**65013**			Q
32706	44373	27635	38547	65013			84
1138	1615						85
12631	**11011**	**4461**	**3218**				R
1994	2784	771	754				86
2032	1694	1618	1618				87
6539	5646	1078	846				88
861	226						89
1205	661	994					90
140116	**164641**	**56005**	**42053**	**23518**			S
7622	4550	633					91
126509	157046	55372	41503	22376			92
371	155						93
1166							94
1942	1064		550	1142			95
2506	1826						96

1-19 按行业门类分组的个体经营户数和从业人员期末人数

行业	个体经营户数(万户)	从业人员期末人数(万人)
总计	**103.53**	**210.14**
采矿业	0.03	0.17
制造业	4.41	10.30
电力、热力、燃气及水生产和供应业	0.09	0.07
建筑业	0.82	2.85
批发和零售业	57.40	98.39
交通运输、仓储和邮政业	9.44	20.27
住宿和餐饮业	14.35	39.71
信息传输、软件和信息技术服务业	0.34	0.82
金融业		
房地产业	0.16	0.62
租赁和商务服务业	1.63	3.80
科学研究和技术服务业	0.17	0.27
水利、环境和公共设施管理业	0.05	0.13
居民服务、修理和其他服务业	10.65	22.83
教育	0.71	3.21
卫生和社会工作	2.04	3.28
文化、体育和娱乐业	0.65	2.26
公共管理、社会保障和社会组织		

注：本表合计数含从事农、林、牧、渔专业及辅助性活动的个体经营户数据。

第2篇

企业篇

资料整理校对：张淑虹　柴晋飞　王彦威
李渔翔　宫　雪　张敏怡

2-1　按地区分组的企业法人单位数及从业人员期末人数

地　区	法人单位数(个)	单产业法人单位	多产业法人单位	从业人员期末人数(人)	#女性
全　省	**366030**	**356132**	**9898**	**5274041**	**1539371**
太原市	120506	117600	2906	1407170	437971
大同市	23153	22537	616	470306	138943
阳泉市	10734	10284	450	251956	74580
长治市	29212	28335	877	473784	139741
晋城市	23465	22552	913	440842	140492
朔州市	13313	12956	357	228713	63045
晋中市	33669	32636	1033	484701	125531
运城市	38751	37813	938	447254	139756
忻州市	16391	15891	500	253458	63120
临汾市	31072	30250	822	397602	118173
吕梁市	25764	25278	486	418255	98019

2-2 按控股情况、运营状态、开业(成立)时间分组的企业法人单位数及从业人员期末人数

分组	法人单位数(个)	单产业法人单位	多产业法人单位	从业人员期末人数(人)	#女性
总计	**366030**	**356132**	**9898**	**5274041**	**1539371**
按企业控股情况分组					
国有控股	9710	8190	1520	1810958	444005
集体控股	5706	4867	839	183386	55601
私人控股	347118	339897	7221	2995687	939015
港澳台商控股	211	188	23	91751	37179
外商控股	245	212	33	51305	18570
其他	3040	2778	262	140954	45001
按运营状态分组					
正常运营	260979	252082	8897	5071339	1481612
停业(歇业)	57313	56562	751	109942	32063
筹建	30702	30572	130	70345	18729
当年关闭	4320	4288	32	6431	1562
当年破产	273	266	7	1796	784
当年注销	10642	10587	55	10205	3532
当年吊销	730	724	6	93	27
其他	1071	1051	20	3890	1062
按开业(成立)时间分组					
1949年以前	78	47	31	150657	30430
1950-1977年	1028	775	253	332092	86084
1978-1991年	3668	2934	734	431270	109590
1992-2000年	10379	9155	1224	650000	184287
2001年	2582	2327	255	143605	40045
2002年	3101	2806	295	189918	54940
2003年	4264	3915	349	195434	52084
2004年	4847	4496	351	155846	40031
2005年	5439	5056	383	151822	42237
2006年	6481	6145	336	202780	59210
2007年	6372	6057	315	163742	44076
2008年	7198	6835	363	153272	46631
2009年	8371	7988	383	182072	56056
2010年	10228	9793	435	182041	52716
2011年	12153	11720	433	239732	64514
2012年	13849	13442	407	220235	60217
2013年	16121	15706	415	182128	58400
2014年	26350	25790	560	212722	71291
2015年	34597	33910	687	250478	87047
2016年	47938	47230	708	265110	88675
2017年	62764	62173	591	359598	118575
2018年	77721	77334	387	258790	92094
无开业年份	501	498	3	697	141

2-3 按行业(中类)分组的企业法人单位数及从业人员期末人数

行业	代码	法人单位数(个)	单产业法人单位	多产业法人单位	从业人员期末人数(人)	#女性
总 计	00	**366030**	**356132**	**9898**	**5274041**	**1539371**
农、林、牧、渔业	A	**1230**	**1195**	**35**	**5860**	**2171**
农业	01	14		14		
谷物种植	011	4		4		
豆类、油料和薯类种植	012					
棉、麻、糖、烟草种植	013					
蔬菜、食用菌及园艺作物种植	014	4		4		
水果种植	015	2		2		
坚果、含油果、香料和饮料作物种植	016					
中药材种植	017	4		4		
草种植及割草	018					
其他农业	019					
林业	02	1		1		
林木育种和育苗	021	1		1		
造林和更新	022					
森林经营、管护和改培	023					
木材和竹材采运	024					
林产品采集	025					
畜牧业	03	11		11		
牲畜饲养	031	9		9		
家禽饲养	032	2		2		
狩猎和捕捉动物	033					
其他畜牧业	039					
渔业	04					
水产养殖	041					
水产捕捞	042					
农、林、牧、渔专业及辅助性活动	05	1204	1195	9	5860	2171
农业专业及辅助性活动	051	1047	1042	5	5017	1950
林业专业及辅助性活动	052	80	79	1	460	125
畜牧专业及辅助性活动	053	56	53	3	352	88
渔业专业及辅助性活动	054	21	21		31	8
采矿业	B	**5942**	**5752**	**190**	**1064966**	**171010**
煤炭开采和洗选业	06	3377	3270	107	1007618	164182
烟煤和无烟煤开采洗选	061	3282	3178	104	1004075	163747
褐煤开采洗选	062	19	18	1	153	26
其他煤炭采选	069	76	74	2	3390	409
石油和天然气开采业	07	37	33	4	5839	1431
石油开采	071	2	2		9	3
天然气开采	072	35	31	4	5830	1428
黑色金属矿采选业	08	911	864	47	25588	2101
铁矿采选	081	883	837	46	23649	1925
锰矿、铬矿采选	082	26	25	1	1935	175
其他黑色金属矿采选	089	2	2		4	1

2-3 续表 1

行业	代码	法人单位数(个)	单产业法人单位	多产业法人单位	从业人员期末人数(人)	#女性
有色金属矿采选业	09	189	179	10	7310	753
常用有色金属矿采选	091	161	153	8	6017	614
贵金属矿采选	092	20	18	2	1286	138
稀有稀土金属矿采选	093	8	8		7	1
非金属矿采选业	10	1286	1267	19	10664	1253
土砂石开采	101	1172	1156	16	9659	1159
化学矿开采	102	16	15	1	209	17
采盐	103					
石棉及其他非金属矿采选	109	98	96	2	796	77
开采专业及辅助性活动	11	99	97	2	7665	1256
煤炭开采和洗选专业及辅助性活动	111	87	85	2	7397	1230
石油和天然气开采专业及辅助性活动	112	6	6		135	20
其他开采专业及辅助性活动	119	6	6		133	6
其他采矿业	12	43	42	1	282	34
其他采矿业	120	43	42	1	282	34
制造业	**C**	**35445**	**34631**	**814**	**1191584**	**365461**
农副食品加工业	13	2578	2508	70	41106	17770
谷物磨制	131	593	584	9	4075	1506
饲料加工	132	245	237	8	9199	2927
植物油加工	133	155	151	4	1442	500
制糖业	134	5	5		10	5
屠宰及肉类加工	135	408	380	28	13101	5926
水产品加工	136	13	12	1	110	32
蔬菜、菌类、水果和坚果加工	137	439	435	4	6241	3530
其他农副食品加工	139	720	704	16	6928	3344
食品制造业	14	1615	1570	45	30074	16566
焙烤食品制造	141	417	398	19	8740	6296
糖果、巧克力及蜜饯制造	142	161	161		2777	1744
方便食品制造	143	193	190	3	2759	1439
乳制品制造	144	36	33	3	3449	1393
罐头食品制造	145	63	60	3	1804	1049
调味品、发酵制品制造	146	414	404	10	6650	2800
其他食品制造	149	331	324	7	3895	1845
酒、饮料和精制茶制造业	15	1016	979	37	33344	12433
酒的制造	151	366	351	15	23650	8051
饮料制造	152	622	600	22	9513	4304
精制茶加工	153	28	28		181	78
烟草制品业	16	2	2		927	318
烟叶复烤	161					
卷烟制造	162	1	1		923	317
其他烟草制品制造	169	1	1		4	1
纺织业	17	361	352	9	10023	6531
棉纺织及印染精加工	171	145	142	3	6528	4237
毛纺织及染整精加工	172	19	19		49	36

2-3　续表 2

行　　业	代码	法人单位数（个）	单产业法人单位	多产业法人单位	从业人员期末人数（人）	#女性
麻纺织及染整精加工	173	4	4		717	479
丝绢纺织及印染精加工	174	9	8	1	269	186
化纤织造及印染精加工	175	11	11		256	187
针织或钩针编织物及其制品制造	176	38	36	2	757	486
家用纺织制成品制造	177	88	85	3	1015	695
产业用纺织制成品制造	178	47	47		432	225
纺织服装、服饰业	18	538	520	18	15134	9933
机织服装制造	181	232	226	6	8464	5317
针织或钩针编织服装制造	182	24	22	2	935	596
服饰制造	183	282	272	10	5735	4020
皮革、毛皮、羽毛及其制品和制鞋业	19	139	137	2	1575	1099
皮革鞣制加工	191	16	16		176	30
皮革制品制造	192	53	52	1	759	619
毛皮鞣制及制品加工	193	23	22	1	84	41
羽毛(绒)加工及制品制造	194	9	9		14	6
制鞋业	195	38	38		542	403
木材加工和木、竹、藤、棕、草制品业	20	655	653	2	4172	1351
木材加工	201	357	356	1	1523	408
人造板制造	202	48	48		1054	406
木质制品制造	203	228	227	1	1498	485
竹、藤、棕、草等制品制造	204	22	22		97	52
家具制造业	21	481	477	4	3194	995
木质家具制造	211	371	368	3	2622	802
竹、藤家具制造	212	2	2		22	14
金属家具制造	213	41	41		265	89
塑料家具制造	214	2	2		6	2
其他家具制造	219	65	64	1	279	88
造纸和纸制品业	22	470	464	6	6345	2672
纸浆制造	221	3	3		12	1
造纸	222	93	93		2157	778
纸制品制造	223	374	368	6	4176	1893
印刷和记录媒介复制业	23	1036	1010	26	11080	4880
印刷	231	830	809	21	9843	4268
装订及印刷相关服务	232	206	201	5	1237	612
记录媒介复制	233					
文教、工美、体育和娱乐用品制造业	24	661	654	7	7637	4255
文教办公用品制造	241	59	59		376	170
乐器制造	242	16	15	1	191	45
工艺美术及礼仪用品制造	243	523	517	6	5570	3499
体育用品制造	244	56	56		1487	534
玩具制造	245	3	3		11	6
游艺器材及娱乐用品制造	246	4	4		2	1
石油、煤炭及其他燃料加工业	25	774	749	25	111584	25549
精炼石油产品制造	251	53	53		748	184

2-3 续表 3

行业	代码	法人单位数(个)	单产业法人单位	多产业法人单位	从业人员期末人数(人)	#女性
煤炭加工	252	686	661	25	110527	25318
核燃料加工	253					
生物质燃料加工	254	35	35		309	47
化学原料和化学制品制造业	26	2080	2017	63	97094	26093
基础化学原料制造	261	393	379	14	26234	7058
肥料制造	262	586	569	17	28805	7650
农药制造	263	43	43		1457	508
涂料、油墨、颜料及类似产品制造	264	203	196	7	4300	1036
合成材料制造	265	105	100	5	10974	2799
专用化学产品制造	266	598	586	12	15248	3804
炸药、火工及焰火产品制造	267	29	24	5	6634	2106
日用化学产品制造	268	123	120	3	3442	1132
医药制造业	27	407	389	18	36193	17835
化学药品原料药制造	271	44	43	1	6919	2048
化学药品制剂制造	272	60	55	5	12105	6806
中药饮片加工	273	77	75	2	2120	1193
中成药生产	274	65	59	6	9875	5115
兽用药品制造	275	93	92	1	1505	812
生物药品制品制造	276	26	25	1	1548	711
卫生材料及医药用品制造	277	39	37	2	1848	984
药用辅料及包装材料制造	278	3	3		273	166
化学纤维制造业	28	37	37		1048	309
纤维素纤维原料及纤维制造	281	3	3			
合成纤维制造	282	18	18		866	254
生物基材料制造	283	16	16		182	55
橡胶和塑料制品业	29	1168	1150	18	20598	8693
橡胶制品业	291	249	247	2	6987	1996
塑料制品业	292	919	903	16	13611	6697
非金属矿物制品业	30	6888	6755	133	154248	43698
水泥、石灰和石膏制造	301	719	681	38	25418	5135
石膏、水泥制品及类似制品制造	302	1323	1286	37	27072	4686
砖瓦、石材等建筑材料制造	303	2537	2513	24	24341	5577
玻璃制造	304	73	71	2	3377	989
玻璃制品制造	305	343	340	3	14159	6566
玻璃纤维和玻璃纤维增强塑料制品制造	306	71	69	2	911	405
陶瓷制品制造	307	377	373	4	27831	14315
耐火材料制品制造	308	896	882	14	14288	2785
石墨及其他非金属矿物制品制造	309	549	540	9	16851	3240
黑色金属冶炼和压延加工业	31	437	424	13	136145	28586
炼铁	311	151	147	4	17029	3170
炼钢	312	13	13		10602	1822
钢压延加工	313	198	193	5	98242	21924
铁合金冶炼	314	75	71	4	10272	1670
有色金属冶炼和压延加工业	32	409	389	20	51672	9621

2-3　续表 4

行　　业	代码	法人单位数(个)	单产业法人单位	多产业法人单位	从业人员期末人数(人)	#女性
常用有色金属冶炼	321	135	124	11	40033	7185
贵金属冶炼	322	9	8	1	622	131
稀有稀土金属冶炼	323	21	20	1	344	64
有色金属合金制造	324	99	96	3	6410	1085
有色金属压延加工	325	145	141	4	4263	1156
金属制品业	33	3730	3662	68	76329	18476
结构性金属制品制造	331	1520	1502	18	15967	3164
金属工具制造	332	233	232	1	3337	968
集装箱及金属包装容器制造	333	57	57		1168	315
金属丝绳及其制品制造	334	115	112	3	2745	1088
建筑、安全用金属制品制造	335	297	286	11	11572	3764
金属表面处理及热处理加工	336	90	89	1	1169	219
搪瓷制品制造	337	4	3	1	97	25
金属制日用品制造	338	68	65	3	475	155
铸造及其他金属制品制造	339	1346	1316	30	39799	8778
通用设备制造业	34	3672	3600	72	56928	14362
锅炉及原动设备制造	341	269	260	9	5841	1243
金属加工机械制造	342	682	676	6	8449	1798
物料搬运设备制造	343	99	92	7	2298	494
泵、阀门、压缩机及类似机械制造	344	487	473	14	9820	2735
轴承、齿轮和传动部件制造	345	38	36	2	1353	287
烘炉、风机、包装等设备制造	346	175	171	4	4011	807
文化、办公用机械制造	347	5	5		191	63
通用零部件制造	348	1755	1731	24	23362	6558
其他通用设备制造业	349	162	156	6	1603	377
专用设备制造业	35	1972	1906	66	71606	23340
采矿、冶金、建筑专用设备制造	351	945	907	38	52098	17889
化工、木材、非金属加工专用设备制造	352	148	144	4	2932	647
食品、饮料、烟草及饲料生产专用设备制造	353	48	48		834	209
印刷、制药、日化及日用品生产专用设备制造	354	35	35		634	154
纺织、服装和皮革加工专用设备制造	355	86	85	1	4743	1351
电子和电工机械专用设备制造	356	67	66	1	953	264
农、林、牧、渔专用机械制造	357	128	126	2	1630	286
医疗仪器设备及器械制造	358	123	119	4	2004	1058
环保、邮政、社会公共服务及其他专用设备制造	359	392	376	16	5778	1482
汽车制造业	36	334	329	5	30300	6773
汽车整车制造	361	30	29	1	5046	1055
汽车用发动机制造	362	6	6		606	167
改装汽车制造	363	12	12		5061	816
低速汽车制造	364	4	4		143	14
电车制造	365	6	5	1	104	13
汽车车身、挂车制造	366	50	48	2	911	136
汽车零部件及配件制造	367	226	225	1	18429	4572
铁路、船舶、航空航天和其他运输设备制造业	37	144	138	6	18401	3922

2-3 续表 5

行　　业	代码	法人单位数（个）	单产业法人单位	多产业法人单位	从业人员期末人数（人）	#女性
铁路运输设备制造	371	103	99	4	16675	3450
城市轨道交通设备制造	372	2	2		46	16
船舶及相关装置制造	373	4	3	1	81	14
航空、航天器及设备制造	374	15	14	1	643	144
摩托车制造	375	10	10		799	236
自行车和残疾人座车制造	376	3	3		4	1
助动车制造	377	4	4		71	26
非公路休闲车及零配件制造	378	1	1			
潜水救捞及其他未列明运输设备制造	379	2	2		82	35
电气机械和器材制造业	38	885	858	27	23288	7362
电机制造	381	68	65	3	5395	1524
输配电及控制设备制造	382	383	375	8	10900	3226
电线、电缆、光缆及电工器材制造	383	160	153	7	3606	1309
电池制造	384	47	46	1	1132	434
家用电力器具制造	385	46	46		367	146
非电力家用器具制造	386	30	29	1	289	91
照明器具制造	387	78	77	1	954	454
其他电气机械及器材制造	389	73	67	6	645	178
计算机、通信和其他电子设备制造业	39	334	327	7	111890	44250
计算机制造	391	34	33	1	2339	960
通信设备制造	392	18	18		98116	38248
广播电视设备制造	393	5	5		53	12
雷达及配套设备制造	394					
非专业视听设备制造	395	7	7		211	93
智能消费设备制造	396	23	21	2	661	293
电子器件制造	397	51	50	1	5810	2786
电子元件及电子专用材料制造	398	157	156	1	3834	1596
其他电子设备制造	399	39	37	2	866	262
仪器仪表制造业	40	236	227	9	4695	1373
通用仪器仪表制造	401	143	140	3	2004	563
专用仪器仪表制造	402	42	39	3	1673	450
钟表与计时仪器制造	403	5	5		17	7
光学仪器制造	404	6	6		82	61
衡器制造	405	22	19	3	609	164
其他仪器仪表制造业	409	18	18		310	128
其他制造业	41	270	270		2257	764
日用杂品制造	411	36	36		761	332
核辐射加工	412	2	2			
其他未列明制造业	419	232	232		1496	432
废弃资源综合利用业	42	419	413	6	4011	798
金属废料和碎屑加工处理	421	183	179	4	2334	439
非金属废料和碎屑加工处理	422	236	234	2	1677	359
金属制品、机械和设备修理业	43	1697	1665	32	18686	4854
金属制品修理	431	20	20		169	45

2-3　续表 6

行　　业	代码	法人单位数（个）	单产业法人单位	多产业法人单位	从业人员期末人数（人）	#女性
通用设备修理	432	245	236	9	1979	394
专用设备修理	433	317	308	9	6040	1439
铁路、船舶、航空航天等运输设备修理	434	38	36	2	1193	382
电气设备修理	435	322	317	5	4083	1105
仪器仪表修理	436	17	17		80	25
其他机械和设备修理业	439	738	731	7	5142	1464
电力、热力、燃气及水生产和供应业	D	**4049**	**3888**	**161**	**158387**	**43345**
电力、热力生产和供应业	44	3028	2970	58	102554	25178
电力生产	441	2414	2384	30	57102	13502
电力供应	442	209	198	11	13308	2188
热力生产和供应	443	405	388	17	32144	9488
燃气生产和供应业	45	421	352	69	29489	8201
燃气生产和供应业	451	394	325	69	29136	8129
生物质燃气生产和供应业	452	27	27		353	72
水的生产和供应业	46	600	566	34	26344	9966
自来水生产和供应	461	336	304	32	20877	8262
污水处理及其再生利用	462	250	248	2	5375	1671
海水淡化处理	463					
其他水的处理、利用与分配	469	14	14		92	33
建筑业	E	**28707**	**28063**	**644**	**692001**	**104401**
房屋建筑业	47	5396	5137	259	300342	37653
住宅房屋建筑	471	4851	4609	242	276843	34786
体育场馆建筑	472	11	10	1	78	19
其他房屋建筑业	479	534	518	16	23421	2848
土木工程建筑业	48	5746	5551	195	230334	38315
铁路、道路、隧道和桥梁工程建筑	481	2159	2076	83	102734	16613
水利和水运工程建筑	482	491	481	10	12213	2060
海洋工程建筑	483					
工矿工程建筑	484	272	240	32	56946	7206
架线和管道工程建筑	485	609	574	35	32227	6268
节能环保工程施工	486	176	173	3	1420	333
电力工程施工	487	189	185	4	7827	2011
其他土木工程建筑	489	1850	1822	28	16967	3824
建筑安装业	49	4188	4092	96	60141	10875
电气安装	491	1104	1073	31	19740	3634
管道和设备安装	492	1598	1556	42	22591	4216
其他建筑安装业	499	1486	1463	23	17810	3025
建筑装饰、装修和其他建筑业	50	13377	13283	94	101184	17558
建筑装饰和装修业	501	9501	9448	53	46459	10701
建筑物拆除和场地准备活动	502	882	867	15	11398	1487
提供施工设备服务	503	298	295	3	9960	872
其他未列明建筑业	509	2696	2673	23	33367	4498
批发和零售业	F	**139471**	**135835**	**3636**	**725780**	**309009**
批发业	51	67092	65966	1126	355243	120550

2-3 续表 7

行　业	代码	法人单位数(个)	单产业法人单位	多产业法人单位	从业人员期末人数(人)	#女性
农、林、牧、渔产品批发	511	1929	1883	46	10691	3182
食品、饮料及烟草制品批发	512	5618	5489	129	36437	14470
纺织、服装及家庭用品批发	513	4110	4033	77	18554	9896
文化、体育用品及器材批发	514	1682	1660	22	5844	2602
医药及医疗器材批发	515	2156	2020	136	25985	12451
矿产品、建材及化工产品批发	516	28007	27556	451	166467	47428
机械设备、五金产品及电子产品批发	517	18798	18622	176	74847	24995
贸易经纪与代理	518	955	948	7	2772	1131
其他批发业	519	3837	3755	82	13646	4395
零售业	52	72379	69869	2510	370537	188459
综合零售	521	8019	7532	487	70170	44951
食品、饮料及烟草制品专门零售	522	7435	7230	205	29484	14080
纺织、服装及日用品专门零售	523	6070	5824	246	29812	19769
文化、体育用品及器材专门零售	524	4431	4323	108	15474	8002
医药及医疗器材专门零售	525	6021	5310	711	41117	30082
汽车、摩托车、零配件和燃料及其他动力销售	526	9737	9386	351	79280	31531
家用电器及电子产品专门零售	527	9354	9184	170	32725	13901
五金、家具及室内装饰材料专门零售	528	14658	14536	122	43744	15691
货摊、无店铺及其他零售业	529	6654	6544	110	28731	10452
交通运输、仓储和邮政业	**G**	**14229**	**13759**	**470**	**271921**	**67953**
铁路运输业	53	27	23	4	1160	257
铁路旅客运输	531	1	1			
铁路货物运输	532	19	15	4	24	4
铁路运输辅助活动	533	7	7		1136	253
道路运输业	54	10918	10682	236	201957	45702
城市公共交通运输	541	403	367	36	30963	9528
公路旅客运输	542	200	165	35	10080	3914
道路货物运输	543	9610	9474	136	116849	17693
道路运输辅助活动	544	705	676	29	44065	14567
水上运输业	55	26	24	2	145	36
水上旅客运输	551	18	17	1	98	23
水上货物运输	552	4	3	1	42	12
水上运输辅助活动	553	4	4		5	1
航空运输业	56	61	59	2	4582	1704
航空客货运输	561	16	16		438	225
通用航空服务	562	23	23		165	46
航空运输辅助活动	563	22	20	2	3979	1433
管道运输业	57	8	6	2	193	29
海底管道运输	571					
陆地管道运输	572	8	6	2	193	29
多式联运和运输代理业	58	775	754	21	6617	1667
多式联运	581	19	18	1	140	21
运输代理业	582	756	736	20	6477	1646
装卸搬运和仓储业	59	2007	1960	47	27172	6474

2-3　续表 8

行　　业	代码	法人单位数（个）	单产业法人单位	多产业法人单位	从业人员期末人数（人）	#女性
装卸搬运	591	1026	1010	16	14955	2603
通用仓储	592	258	249	9	2911	833
低温仓储	593	102	101	1	639	123
危险品仓储	594	18	17	1	215	69
谷物、棉花等农产品仓储	595	337	320	17	6466	2260
中药材仓储	596	4	4		5	
其他仓储业	599	262	259	3	1981	586
邮政业	60	407	251	156	30095	12084
邮政基本服务	601	15	5	10	14840	8431
快递服务	602	378	232	146	15207	3635
其他寄递服务	609	14	14		48	18
住宿和餐饮业	**H**	**8329**	**7968**	**361**	**124676**	**72150**
住宿业	61	2729	2630	99	52529	32011
旅游饭店	611	534	512	22	23623	13692
一般旅馆	612	1870	1801	69	26183	16588
民宿服务	613	27	26	1	171	103
露营地服务	614	4	4		60	34
其他住宿业	619	294	287	7	2492	1594
餐饮业	62	5600	5338	262	72147	40139
正餐服务	621	4952	4731	221	63074	34219
快餐服务	622	218	196	22	7166	4998
饮料及冷饮服务	623	65	59	6	234	106
餐饮配送及外卖送餐服务	624	68	64	4	440	161
其他餐饮业	629	297	288	9	1233	655
信息传输、软件和信息技术服务业	**I**	**17217**	**16992**	**225**	**114186**	**44116**
电信、广播电视和卫星传输服务	63	832	754	78	44704	20364
电信	631	700	636	64	39455	18470
广播电视传输服务	632	121	108	13	5071	1834
卫星传输服务	633	11	10	1	178	60
互联网和相关服务	64	2316	2293	23	8909	3602
互联网接入及相关服务	641	599	593	6	1958	620
互联网信息服务	642	958	950	8	3374	1502
互联网平台	643	132	131	1	477	188
互联网安全服务	644	14	12	2	135	28
互联网数据服务	645	57	55	2	1033	653
其他互联网服务	649	556	552	4	1932	611
软件和信息技术服务业	65	14069	13945	124	60573	20150
软件开发	651	9093	9016	77	34479	12013
集成电路设计	652	46	46		131	43
信息系统集成和物联网技术服务	653	1238	1225	13	6534	2085
运行维护服务	654	114	110	4	4742	687
信息处理和存储支持服务	655	61	60	1	319	97
信息技术咨询服务	656	2533	2510	23	9341	3659
数字内容服务	657	151	150	1	770	304
其他信息技术服务业	659	833	828	5	4257	1262

2-3 续表 9

行　　业	代码	法人单位数(个)	单产业法人单位	多产业法人单位	从业人员期末人数(人)	#女性
金融业	J	**2387**	**1778**	**609**	**9336**	**3965**
货币金融服务	66	1192	885	307	5388	2354
中央银行服务	661					
货币银行服务	662	388	94	294	778	445
非货币银行服务	663	804	791	13	4610	1909
银行理财服务	664					
银行监管服务	665					
资本市场服务	67	248	238	10	836	333
证券市场服务	671	2		2		
公开募集证券投资基金	672					
非公开募集证券投资基金	673	101	101			
期货市场服务	674	3		3		
证券期货监管服务	675					
资本投资服务	676	130	126	4	814	325
其他资本市场服务	679	12	11	1	22	8
保险业	68	514	232	282	97	39
人身保险	681	169	59	110		
财产保险	682	216	92	124		
再保险	683					
商业养老金	684	4	4			
保险中介服务	685	72	26	46		
保险资产管理	686					
保险监管服务	687					
其他保险活动	689	53	51	2	97	39
其他金融业	69	433	423	10	3015	1239
金融信托与管理服务	691	52	52		335	116
控股公司服务	692	9	9		209	102
非金融机构支付服务	693	3	3			
金融信息服务	694	130	125	5	574	207
金融资产管理公司	695	1	1		103	37
其他未列明金融业	699	238	233	5	1794	777
房地产业	K	**16649**	**15811**	**838**	**219234**	**91387**
房地产业	70	16649	15811	838	219234	91387
房地产开发经营	701	5149	4735	414	64645	23215
物业管理	702	6797	6620	177	113706	51291
房地产中介服务	703	2531	2420	111	15077	6133
房地产租赁经营	704	2045	1911	134	24911	10410
其他房地产业	709	127	125	2	895	338
租赁和商务服务业	L	**42258**	**41346**	**912**	**314419**	**105143**
租赁业	71	6552	6476	76	32821	6832
机械设备经营租赁	711	6421	6347	74	32182	6586

2-3 续表 10

行业	代码	法人单位数(个)	单产业法人单位	多产业法人单位	从业人员期末人数(人)	#女性
文体设备和用品出租	712	111	110	1	426	163
日用品出租	713	20	19	1	213	83
商务服务业	72	35706	34870	836	281598	98311
组织管理服务	721	3643	3517	126	55252	21534
综合管理服务	722	1022	978	44	14284	5921
法律服务	723	304	298	6	1043	443
咨询与调查	724	11872	11701	171	46010	22756
广告业	725	8044	7992	52	27382	11517
人力资源服务	726	3597	3525	72	55666	18229
安全保护服务	727	738	702	36	55367	5699
会议、展览及相关服务	728	1394	1387	7	4142	1846
其他商务服务业	729	5092	4770	322	22452	10366
科学研究和技术服务业	**M**	**17773**	**17348**	**425**	**137852**	**44543**
研究和试验发展	73	1215	1199	16	7932	2459
自然科学研究和试验发展	731	42	42		244	97
工程和技术研究和试验发展	732	784	774	10	6097	1706
农业科学研究和试验发展	733	184	180	4	638	198
医学研究和试验发展	734	197	195	2	937	453
社会人文科学研究	735	8	8		16	5
专业技术服务业	74	8826	8505	321	102268	32942
气象服务	741	26	26		106	51
地震服务	742	2	2		2	1
海洋服务	743	3	3		3	1
测绘地理信息服务	744	389	381	8	3940	1223
质检技术服务	745	1103	1055	48	16196	5304
环境与生态监测检测服务	746	336	323	13	3375	1445
地质勘查	747	303	290	13	5670	1443
工程技术与设计服务	748	3930	3720	210	60042	19028
工业与专业设计及其他专业技术服务	749	2734	2705	29	12934	4446
科技推广和应用服务业	75	7732	7644	88	27652	9142
技术推广服务	751	6261	6184	77	21554	7079
知识产权服务	752	143	142	1	588	326
科技中介服务	753	141	140	1	514	201
创业空间服务	754	178	176	2	869	366
其他科技推广服务业	759	1009	1002	7	4127	1170
水利、环境和公共设施管理业	**N**	**3968**	**3906**	**62**	**54484**	**17914**
水利管理业	76	263	251	12	4317	1300
防洪除涝设施管理	761	27	27		140	39
水资源管理	762	75	72	3	917	320
天然水收集与分配	763	22	16	6	2553	671
水文服务	764	12	12		105	68
其他水利管理业	769	127	124	3	602	202
生态保护和环境治理业	77	572	567	5	4361	1171

2-3 续表 11

行业	代码	法人单位数(个)	单产业法人单位	多产业法人单位	从业人员期末人数(人)	#女性
生态保护	771	64	64		735	267
环境治理业	772	508	503	5	3626	904
公共设施管理业	78	2943	2904	39	44885	15148
市政设施管理	781	181	179	2	1231	357
环境卫生管理	782	350	346	4	14531	6407
城乡市容管理	783	29	28	1	112	31
绿化管理	784	1560	1550	10	17546	3603
城市公园管理	785	17	17		128	42
游览景区管理	786	806	784	22	11337	4708
土地管理业	79	190	184	6	921	295
土地整治服务	791	145	143	2	565	155
土地调查评估服务	792	33	30	3	226	97
土地登记服务	793	1	1		6	6
土地登记代理服务	794	1	1		3	1
其他土地管理服务	799	10	9	1	121	36
居民服务、修理和其他服务业	**O**	**11152**	**10914**	**238**	**61664**	**26550**
居民服务业	80	4653	4520	133	24857	13014
家庭服务	801	1773	1754	19	9215	5521
托儿所服务	802	15	15		50	44
洗染服务	803	140	134	6	1066	665
理发及美容服务	804	670	635	35	2162	1362
洗浴和保健养生服务	805	629	592	37	4354	2508
摄影扩印服务	806	445	429	16	1734	894
婚姻服务	807	462	458	4	1274	607
殡葬服务	808	114	113	1	856	308
其他居民服务业	809	405	390	15	4146	1105
机动车、电子产品和日用产品修理业	81	4509	4421	88	19900	5304
汽车、摩托车等修理与维护	811	3298	3225	73	14285	3611
计算机和办公设备维修	812	598	592	6	3366	1040
家用电器修理	813	463	456	7	1572	487
其他日用产品修理业	819	150	148	2	677	166
其他服务业	82	1990	1973	17	16907	8232
清洁服务	821	1467	1455	12	14495	7610
宠物服务	822	51	50	1	119	51
其他未列明服务业	829	472	468	4	2293	571
教育	**P**	**3435**	**3390**	**45**	**23615**	**11927**
教育	83	3435	3390	45	23615	11927
学前教育	831	240	238	2	2484	2208
初等教育	832	17	17		59	45
中等教育	833	19	19		380	256
高等教育	834	1	1		15	9
特殊教育	835					
技能培训、教育辅助及其他教育	839	3158	3115	43	20677	9409

2-3　续表 12

行　业	代码	法人单位数(个)	单产业法人单位	多产业法人单位	从业人员期末人数(人)	#女性
卫生和社会工作	Q	**2203**	**2112**	**91**	**43755**	**30088**
卫生	84	1775	1686	89	41818	29121
医院	841	742	725	17	32204	22883
基层医疗卫生服务	842	875	817	58	5063	3277
专业公共卫生服务	843	48	47	1	1806	1183
其他卫生活动	849	110	97	13	2745	1778
社会工作	85	428	426	2	1937	967
提供住宿社会工作	851	394	392	2	1621	849
不提供住宿社会工作	852	34	34		316	118
文化、体育和娱乐业	R	**11586**	**11444**	**142**	**60321**	**28238**
新闻和出版业	86	130	124	6	4854	2765
新闻业	861	13	13		227	134
出版业	862	117	111	6	4627	2631
广播、电视、电影和录音制作业	87	1167	1146	21	7075	3169
广播	871	70	70		194	72
电视	872	22	22		206	79
影视节目制作	873	692	692		2302	904
广播电视集成播控	874	5	5		40	14
电影和广播电视节目发行	875	25	22	3	354	130
电影放映	876	307	289	18	3881	1927
录音制作	877	46	46		98	43
文化艺术业	88	3753	3726	27	23339	11253
文艺创作与表演	881	1654	1642	12	14610	6874
艺术表演场馆	882	24	24		213	85
图书馆与档案馆	883	37	37		209	146
文物及非物质文化遗产保护	884	84	80	4	2575	1385
博物馆	885	16	16		132	69
烈士陵园、纪念馆	886	7	7		14	4
群众文体活动	887	533	530	3	1690	828
其他文化艺术业	889	1398	1390	8	3896	1862
体育	89	897	865	32	4329	1892
体育组织	891	218	214	4	750	263
体育场地设施管理	892	60	58	2	365	160
健身休闲活动	893	580	554	26	3100	1418
其他体育	899	39	39		114	51
娱乐业	90	5639	5583	56	20724	9159
室内娱乐活动	901	3254	3221	33	10277	4588
游乐园	902	123	121	2	2264	951
休闲观光活动	903	190	186	4	1501	666
彩票活动	904	1	1		1	1
文化体育娱乐活动与经纪代理服务	905	2021	2004	17	6422	2850
其他娱乐业	909	50	50		259	103

2-4 按行业(大类)、地区

行业	代码	法人单位数(个)	太原市	大同市	阳泉市
总 计	00	**366030**	**120506**	**23153**	**10734**
农、林、牧、渔业	A	**1230**	**98**	**83**	**21**
农业	01	14		1	1
林业	02	1			
畜牧业	03	11			
渔业	04				
农、林、牧、渔专业及辅助性活动	05	1204	98	82	20
采矿业	B	**5942**	**374**	**408**	**195**
煤炭开采和洗选业	06	3377	249	197	126
石油和天然气开采业	07	37	8		
黑色金属矿采选业	08	911	50	87	5
有色金属矿采选业	09	189	2	7	1
非金属矿采选业	10	1286	53	86	63
开采专业及辅助性活动	11	99	6	30	
其他采矿业	12	43	6	1	
制造业	C	**35445**	**5828**	**2427**	**1347**
农副食品加工业	13	2578	189	205	33
食品制造业	14	1615	237	86	20
酒、饮料和精制茶制造业	15	1016	61	62	36
烟草制品业	16	2	1		
纺织业	17	361	39	30	9
纺织服装、服饰业	18	538	83	38	11
皮革、毛皮、羽毛及其制品和制鞋业	19	139	10	38	5
木材加工和木、竹、藤、棕、草制品业	20	655	60	34	8
家具制造业	21	481	107	24	11
造纸和纸制品业	22	470	69	19	7
印刷和记录媒介复制业	23	1036	276	90	34
文教、工美、体育和娱乐用品制造业	24	661	82	39	17
石油、煤炭及其他燃料加工业	25	774	103	71	22
化学原料和化学制品制造业	26	2080	217	115	66
医药制造业	27	407	61	53	1
化学纤维制造业	28	37	3	3	
橡胶和塑料制品业	29	1168	166	76	21
非金属矿物制品业	30	6888	584	416	597
黑色金属冶炼和压延加工业	31	437	70	44	12
有色金属冶炼和压延加工业	32	409	62	22	18
金属制品业	33	3730	596	171	114

分组的企业法人单位数

长治市	晋城市	朔州市	晋中市	运城市	忻州市	临汾市	吕梁市	代码
29212	**23465**	**13313**	**33669**	**38751**	**16391**	**31072**	**25764**	00
115	**94**	**70**	**152**	**153**	**103**	**188**	**153**	A
4			4	2	1	1		01
					1			02
2	4	1	1			2	1	03
								04
109	90	69	147	151	101	185	152	05
494	**379**	**310**	**750**	**366**	**804**	**783**	**1079**	B
316	282	237	610	92	202	373	693	06
1	21		2		1	1	3	07
48	4	4	21	35	380	194	83	08
7			14	34	39	10	75	09
114	66	46	87	198	170	196	207	10
7	6	21	6	1	7	5	10	11
1		2	10	6	5	4	8	12
2549	**1933**	**1308**	**4815**	**6090**	**2474**	**2589**	**4085**	C
214	139	168	319	408	201	269	433	13
106	53	54	264	416	113	138	128	14
64	48	51	143	120	75	91	265	15
				1				16
20	21	8	41	127	22	32	12	17
51	35	12	45	144	40	50	29	18
6	8	3	10	22	18	7	12	19
51	26	24	81	155	41	107	68	20
41	28	11	90	84	18	43	24	21
14	9	20	72	165	18	36	41	22
80	75	26	118	169	27	69	72	23
62	38	18	92	141	53	60	59	24
69	100	23	115	57	31	71	112	25
144	103	65	224	619	61	167	299	26
31	12	16	45	122	11	31	24	27
2	1	1	9	7		4	7	28
70	53	40	159	313	45	63	162	29
583	503	402	819	1072	393	584	935	30
23	23	9	38	58	57	51	52	31
27	9	5	36	134	20	13	63	32
194	256	91	515	500	624	169	500	33

2-4 续表 1

行业	代码	法人单位数（个）	太原市	大同市	阳泉市
通用设备制造业	34	3672	964	259	83
专用设备制造业	35	1972	564	122	76
汽车制造业	36	334	59	23	3
铁路、船舶、航空航天和其他运输设备制造业	37	144	51	28	1
电气机械和器材制造业	38	885	259	63	45
计算机、通信和其他电子设备制造业	39	334	123	11	13
仪器仪表制造业	40	236	133	18	14
其他制造业	41	270	42	16	5
废弃资源综合利用业	42	419	23	32	11
金属制品、机械和设备修理业	43	1697	534	219	54
电力、热力、燃气及水生产和供应业	D	**4049**	**405**	**280**	**234**
电力、热力生产和供应业	44	3028	265	226	172
燃气生产和供应业	45	421	70	17	15
水的生产和供应业	46	600	70	37	47
建筑业	E	**28707**	**11115**	**1510**	**755**
房屋建筑业	47	5396	1941	321	144
土木工程建筑业	48	5746	1944	305	204
建筑安装业	49	4188	1779	182	94
建筑装饰、装修和其他建筑业	50	13377	5451	702	313
批发和零售业	F	**139471**	**43429**	**9622**	**4316**
批发业	51	67092	22908	3225	1590
零售业	52	72379	20521	6397	2726
交通运输、仓储和邮政业	G	**14229**	**2537**	**957**	**438**
铁路运输业	53	27	8	3	1
道路运输业	54	10918	1786	749	370
水上运输业	55	26	3	1	1
航空运输业	56	61	21	4	4
管道运输业	57	8	1		
多式联运和运输代理业	58	775	232	55	8
装卸搬运和仓储业	59	2007	401	125	35
邮政业	60	407	85	20	19
住宿和餐饮业	H	**8329**	**3465**	**596**	**182**
住宿业	61	2729	923	218	60
餐饮业	62	5600	2542	378	122
信息传输、软件和信息技术服务业	I	**17217**	**9466**	**751**	**342**
电信、广播电视和卫星传输服务	63	832	200	93	20
互联网和相关服务	64	2316	759	126	53
软件和信息技术服务业	65	14069	8507	532	269

长治市	晋城市	朔州市	晋中市	运城市	忻州市	临汾市	吕梁市	代码
183	79	71	701	441	376	145	370	34
171	102	45	345	214	100	97	136	35
23	9	8	63	86	9	28	23	36
7	1		14	29	3	6	4	37
74	35	23	134	145	25	39	43	38
26	12	7	45	48	7	28	14	39
12	3		19	17	6	3	11	40
14	15	6	49	47	8	34	34	41
26	19	20	72	82	19	58	57	42
161	118	81	138	147	53	96	96	43
309	**314**	**262**	**317**	**312**	**351**	**943**	**322**	D
204	206	223	223	212	278	822	197	44
54	51	17	37	20	24	49	67	45
51	57	22	57	80	49	72	58	46
2572	**1346**	**939**	**3230**	**3037**	**890**	**2148**	**1165**	E
480	217	163	809	507	212	370	232	47
418	245	294	668	701	254	418	295	48
326	140	145	407	521	112	327	155	49
1348	744	337	1346	1308	312	1033	483	50
13221	**10471**	**5689**	**11443**	**13887**	**5572**	**12481**	**9340**	F
7227	4044	1954	4979	8011	2494	6739	3921	51
5994	6427	3735	6464	5876	3078	5742	5419	52
1065	**723**	**694**	**1626**	**1852**	**1081**	**1497**	**1759**	G
1	1	2	4	1	4		2	53
831	464	554	1298	1426	857	1133	1450	54
1	1		1	5	3	1	9	55
9	5	1	2	5	2	3	5	56
	3	1				2	1	57
30	26	36	78	67	32	96	115	58
153	200	80	200	308	154	224	127	59
40	23	20	43	40	29	38	50	60
618	**408**	**262**	**759**	**781**	**307**	**576**	**375**	H
186	142	81	335	230	166	250	138	61
432	266	181	424	551	141	326	237	62
698	**764**	**308**	**1152**	**1571**	**409**	**888**	**868**	I
38	48	40	79	77	71	87	79	63
105	171	61	196	245	95	215	290	64
555	545	207	877	1249	243	586	499	65

2-4 续表 2

行　业	代码	法人单位数（个）	太原市	大同市	阳泉市
金融业	J	**2387**	**837**	**178**	**105**
货币金融服务	66	1192	260	102	62
资本市场服务	67	248	142	15	5
保险业	68	514	141	44	28
其他金融业	69	433	294	17	10
房地产业	K	**16649**	**5823**	**1078**	**513**
房地产业	70	16649	5823	1078	513
租赁和商务服务业	L	**42258**	**18694**	**2346**	**980**
租赁业	71	6552	2132	391	160
商务服务业	72	35706	16562	1955	820
科学研究和技术服务业	M	**17773**	**8668**	**866**	**426**
研究和试验发展	73	1215	769	25	22
专业技术服务业	74	8826	4346	508	194
科技推广和应用服务业	75	7732	3553	333	210
水利、环境和公共设施管理业	N	**3968**	**764**	**254**	**100**
水利管理业	76	263	57	12	7
生态保护和环境治理业	77	572	195	21	9
公共设施管理业	78	2943	477	219	80
土地管理业	79	190	35	2	4
居民服务、修理和其他服务业	O	**11152**	**3960**	**670**	**309**
居民服务业	80	4653	1779	292	104
机动车、电子产品和日用产品修理业	81	4509	1509	256	164
其他服务业	82	1990	672	122	41
教育	P	**3435**	**841**	**201**	**125**
教育	83	3435	841	201	125
卫生和社会工作	Q	**2203**	**591**	**205**	**72**
卫生	84	1775	507	173	62
社会工作	85	428	84	32	10
文化、体育和娱乐业	R	**11586**	**3611**	**721**	**274**
新闻和出版业	86	130	107	5	
广播、电视、电影和录音制作业	87	1167	468	74	25
文化艺术业	88	3753	951	219	87
体育	89	897	337	40	25
娱乐业	90	5639	1748	383	137

长治市	晋城市	朔州市	晋中市	运城市	忻州市	临汾市	吕梁市	代码
151	**134**	**108**	**188**	**200**	**168**	**147**	**171**	J
91	74	81	112	96	127	76	111	66
5	16	4	13	16	11	14	7	67
40	36	22	46	47	27	45	38	68
15	8	1	17	41	3	12	15	69
1503	**902**	**545**	**1467**	**1541**	**738**	**1390**	**1149**	K
1503	902	545	1467	1541	738	1390	1149	70
2498	**2686**	**1271**	**2996**	**3612**	**1605**	**3245**	**2325**	L
373	551	251	625	645	392	554	478	71
2125	2135	1020	2371	2967	1213	2691	1847	72
1010	**790**	**395**	**1597**	**1628**	**454**	**1160**	**779**	M
84	27	14	110	86	18	30	30	73
600	438	210	666	652	252	546	414	74
326	325	171	821	890	184	584	335	75
367	**381**	**160**	**465**	**448**	**265**	**375**	**389**	N
14	21	29	29	16	32	20	26	76
28	28	11	77	56	22	60	65	77
309	316	116	341	302	202	287	294	78
16	16	4	18	74	9	8	4	79
867	**948**	**413**	**899**	**974**	**432**	**986**	**694**	O
397	429	128	337	410	138	401	238	80
348	326	197	401	396	206	378	328	81
122	193	88	161	168	88	207	128	82
171	**202**	**137**	**385**	**628**	**153**	**304**	**288**	P
171	202	137	385	628	153	304	288	83
100	**111**	**102**	**238**	**334**	**88**	**232**	**130**	Q
62	96	90	186	281	58	170	90	84
38	15	12	52	53	30	62	40	85
904	**879**	**340**	**1190**	**1337**	**497**	**1140**	**693**	R
3	1	1	1	2	3	2	5	86
72	49	29	96	145	48	101	60	87
342	370	120	424	501	164	382	193	88
62	73	27	89	89	29	86	40	89
425	386	163	580	600	253	569	395	90

2-5 按行业(大类)、地区分组的

行业	代码	从业人员期末人数(人)	太原市	大同市	阳泉市
总 计	00	**5274041**	**1407170**	**470306**	**251956**
农、林、牧、渔业	A	**5860**	**319**	**473**	**147**
农业	01				
林业	02				
畜牧业	03				
渔业	04				
农、林、牧、渔专业及辅助性活动	05	5860	319	473	147
采矿业	B	**1064966**	**94999**	**152183**	**96102**
煤炭开采和洗选业	06	1007618	93761	147508	95207
石油和天然气开采业	07	5839	259		
黑色金属矿采选业	08	25588	484	3074	25
有色金属矿采选业	09	7310	4	15	186
非金属矿采选业	10	10664	444	1239	684
开采专业及辅助性活动	11	7665	37	331	
其他采矿业	12	282	10	16	
制造业	C	**1191584**	**245152**	**71678**	**32560**
农副食品加工业	13	41106	2183	1794	772
食品制造业	14	30074	6389	1532	526
酒、饮料和精制茶制造业	15	33344	2580	862	403
烟草制品业	16	927	923		
纺织业	17	10023	646	166	140
纺织服装、服饰业	18	15134	1738	705	107
皮革、毛皮、羽毛及其制品和制鞋业	19	1575	43	134	52
木材加工和木、竹、藤、棕、草制品业	20	4172	353	92	48
家具制造业	21	3194	823	91	225
造纸和纸制品业	22	6345	651	127	42
印刷和记录媒介复制业	23	11080	4020	591	210
文教、工美、体育和娱乐用品制造业	24	7637	269	322	102
石油、煤炭及其他燃料加工业	25	111584	9979	1994	1315
化学原料和化学制品制造业	26	97094	8906	4272	2534
医药制造业	27	36193	2671	8796	92
化学纤维制造业	28	1048	363	387	
橡胶和塑料制品业	29	20598	2949	1035	655
非金属矿物制品业	30	154248	12532	9551	13383
黑色金属冶炼和压延加工业	31	136145	37126	1100	194
有色金属冶炼和压延加工业	32	51672	1703	1153	3172
金属制品业	33	76329	11334	2558	1693

企业法人单位从业人员期末人数

长治市	晋城市	朔州市	晋中市	运城市	忻州市	临汾市	吕梁市	代码
473784	**440842**	**228713**	**484701**	**447254**	**253458**	**397602**	**418255**	00
311	**377**	**447**	**501**	**1205**	**519**	**547**	**1014**	A
								01
								02
								03
								04
311	377	447	501	1205	519	547	1014	05
142392	**135140**	**64379**	**112588**	**13715**	**51114**	**86495**	**115859**	B
137249	129243	58145	111165	6687	37172	81914	109567	06
21	5176		315		1	1	66	07
3727	6		452	1962	10271	3116	2471	08
87			137	3620	1395	159	1707	09
1161	590	550	441	1405	1768	983	1399	10
146	125	5594	56		429	301	646	11
1		90	22	41	78	21	3	12
110880	**102005**	**42257**	**128581**	**189713**	**46278**	**93730**	**128750**	C
5513	2019	2666	5387	5497	2143	2391	10741	13
3663	1273	1641	5708	5295	893	1684	1470	14
1541	1150	1170	2383	1714	905	896	19740	15
				4				16
334	1670	249	989	4379	545	754	151	17
2307	1835	567	1271	4128	1240	972	264	18
17	223	151	121	307	295	171	61	19
174	79	63	524	1595	206	649	389	20
338	148	49	562	509	186	189	74	21
158	167	293	1377	2521	167	235	607	22
703	663	119	902	1890	241	398	1343	23
1735	459	72	1353	2411	339	377	198	24
18126	3622	206	13609	12346	2544	25431	22412	25
15794	11493	1990	9957	22709	1671	7704	10064	26
3858	1187	1163	6580	8465	622	1671	1088	27
3			176	36		27	56	28
3059	1726	767	3688	3926	449	871	1473	29
11908	11764	24197	20132	20057	7079	7574	16071	30
14910	13601	730	6677	24258	2831	20401	14317	31
1286	98	759	1531	28820	3278	115	9757	32
2449	7970	443	17813	8538	11860	4503	7168	33

2-5 续表 1

行业	代码	从业人员期末人数（人）	太原市	大同市	阳泉市
通用设备制造业	34	56928	13628	5661	2119
专用设备制造业	35	71606	22700	12280	2544
汽车制造业	36	30300	5153	2494	10
铁路、船舶、航空航天和其他运输设备制造业	37	18401	7659	8350	4
电气机械和器材制造业	38	23288	3694	1667	937
计算机、通信和其他电子设备制造业	39	111890	75051	66	223
仪器仪表制造业	40	4695	3545	112	105
其他制造业	41	2257	276	108	173
废弃资源综合利用业	42	4011	734	337	215
金属制品、机械和设备修理业	43	18686	4531	3341	565
电力、热力、燃气及水生产和供应业	**D**	**158387**	**40645**	**11716**	**10030**
电力、热力生产和供应业	44	102554	20782	8821	4890
燃气生产和供应业	45	29489	14808	280	2445
水的生产和供应业	46	26344	5055	2615	2695
建筑业	**E**	**692001**	**302442**	**44820**	**32662**
房屋建筑业	47	300342	107468	23921	15283
土木工程建筑业	48	230334	105323	12899	14364
建筑安装业	49	60141	37201	2402	888
建筑装饰、装修和其他建筑业	50	101184	52450	5598	2127
批发和零售业	**F**	**725780**	**215190**	**57331**	**25391**
批发业	51	355243	115446	19529	9784
零售业	52	370537	99744	37802	15607
交通运输、仓储和邮政业	**G**	**271921**	**77646**	**18388**	**10292**
铁路运输业	53	1160		199	193
道路运输业	54	201957	56781	13113	8099
水上运输业	55	145	6		1
航空运输业	56	4582	2599	306	11
管道运输业	57	193	40		
多式联运和运输代理业	58	6617	2479	923	63
装卸搬运和仓储业	59	27172	4485	1631	865
邮政业	60	30095	11256	2216	1060
住宿和餐饮业	**H**	**124676**	**42405**	**16935**	**4215**
住宿业	61	52529	15224	5030	1386
餐饮业	62	72147	27181	11905	2829
信息传输、软件和信息技术服务业	**I**	**114186**	**57775**	**6088**	**3099**
电信、广播电视和卫星传输服务	63	44704	13466	3364	1739
互联网和相关服务	64	8909	3998	378	254
软件和信息技术服务业	65	60573	40311	2346	1106

长治市	晋城市	朔州市	晋中市	运城市	忻州市	临汾市	吕梁市	代码
3650	2838	2393	9455	6104	4812	1822	4446	34
5934	4466	995	8588	3770	2348	5707	2274	35
2289	2260	215	4027	7549	82	5743	478	36
530			190	1565	68	20	15	37
3382	852	331	2550	5906	464	946	2559	38
5010	28265	33	1000	1354	119	646	123	39
188	81		319	229	18	65	33	40
186	71	5	278	773	37	247	103	41
449	134	203	305	636	98	388	512	42
1386	1891	787	1129	2422	738	1133	763	43
14367	**12205**	**9608**	**10612**	**9054**	**16047**	**12903**	**11200**	**D**
8586	8794	8075	7324	6393	12628	8233	8028	44
3012	1556	523	1602	680	937	2189	1457	45
2769	1855	1010	1686	1981	2482	2481	1715	46
46073	**25762**	**25501**	**58823**	**63482**	**33659**	**34540**	**24237**	**E**
23251	9856	7206	26639	42957	20800	12041	10920	47
12012	10865	12581	19478	11631	8631	13615	8935	48
1965	1390	3577	3900	2853	1600	2365	2000	49
8845	3651	2137	8806	6041	2628	6519	2382	50
64110	**71816**	**31824**	**55444**	**63526**	**36012**	**61575**	**43561**	**F**
35052	31273	12926	25941	31683	17918	33954	21737	51
29058	40543	18898	29503	31843	18094	27621	21824	52
17596	**15119**	**12692**	**24585**	**23149**	**20899**	**24547**	**27008**	**G**
	62	62	5		639			53
12730	10869	10777	19303	16469	15119	17411	21286	54
28	7			55	19	1	28	55
383	6	1	10	559	173	332	202	56
	76					3	74	57
87	56	177	513	372	169	641	1137	58
2123	2617	1370	2379	3220	3027	3459	1996	59
2245	1426	305	2375	2474	1753	2700	2285	60
9352	**7702**	**4966**	**9947**	**7268**	**6988**	**7643**	**7255**	**H**
4909	3225	1437	5914	3732	3879	4965	2828	61
4443	4477	3529	4033	3536	3109	2678	4427	62
4827	**4676**	**3266**	**7876**	**8798**	**4394**	**5751**	**7636**	**I**
2563	2432	1957	2953	4418	3125	3600	5087	63
430	376	568	454	662	279	601	909	64
1834	1868	741	4469	3718	990	1550	1640	65

2-5 续表 2

行业	代码	从业人员期末人数（人）	太原市	大同市	阳泉市
金融业	J	**9336**	**3453**	**687**	**412**
货币金融服务	66	5388	965	458	283
资本市场服务	67	836	583	44	2
保险业	68	97	34	5	7
其他金融业	69	3015	1871	180	120
房地产业	K	**219234**	**78225**	**25549**	**9714**
房地产业	70	219234	78225	25549	9714
租赁和商务服务业	L	**314419**	**113587**	**34515**	**13462**
租赁业	71	32821	9603	2649	845
商务服务业	72	281598	103984	31866	12617
科学研究和技术服务业	M	**137852**	**69301**	**7825**	**4843**
研究和试验发展	73	7932	5466	549	91
专业技术服务业	74	102268	51901	6054	3792
科技推广和应用服务业	75	27652	11934	1222	960
水利、环境和公共设施管理业	N	**54484**	**15463**	**4508**	**965**
水利管理业	76	4317	2093	199	30
生态保护和环境治理业	77	4361	1471	244	102
公共设施管理业	78	44885	11598	4056	757
土地管理业	79	921	301	9	76
居民服务、修理和其他服务业	O	**61664**	**18476**	**4002**	**1939**
居民服务业	80	24857	6689	1834	905
机动车、电子产品和日用产品修理业	81	19900	5586	1109	826
其他服务业	82	16907	6201	1059	208
教育	P	**23615**	**4198**	**1891**	**1057**
教育	83	23615	4198	1891	1057
卫生和社会工作	Q	**43755**	**9588**	**6502**	**3206**
卫生	84	41818	9107	6271	3146
社会工作	85	1937	481	231	60
文化、体育和娱乐业	R	**60321**	**18306**	**5215**	**1860**
新闻和出版业	86	4854	4301	304	
广播、电视、电影和录音制作业	87	7075	2621	662	203
文化艺术业	88	23339	4215	1508	888
体育	89	4329	1633	328	111
娱乐业	90	20724	5536	2413	658

长治市	晋城市	朔州市	晋中市	运城市	忻州市	临汾市	吕梁市	代码
619	**411**	**1070**	**748**	**442**	**589**	**356**	**549**	J
293	297	1053	575	219	556	219	470	66
5	51	10	42	26	20	12	41	67
1	6	2	21	11	6		4	68
320	57	5	110	186	7	125	34	69
17315	**14776**	**7990**	**16401**	**12011**	**9919**	**16594**	**10740**	K
17315	14776	7990	16401	12011	9919	16594	10740	70
21246	**21827**	**12424**	**26572**	**19635**	**12083**	**21404**	**17664**	L
1827	2637	952	2723	2405	1722	5500	1958	71
19419	19190	11472	23849	17230	10361	15904	15706	72
7994	**6093**	**2197**	**9999**	**9826**	**3622**	**8210**	**7942**	M
448	136	39	550	335	54	143	121	73
6391	4645	1497	6684	6937	3093	6059	5215	74
1155	1312	661	2765	2554	475	2008	2606	75
3214	**4654**	**1925**	**6083**	**4402**	**3260**	**4813**	**5197**	N
203	334	260	290	214	329	174	191	76
157	228	83	285	435	603	349	404	77
2805	4037	1560	5382	3550	2311	4232	4597	78
49	55	22	126	203	17	58	5	79
4054	**8750**	**2906**	**4839**	**4834**	**2417**	**6372**	**3075**	O
2196	3724	807	1660	1685	603	3712	1042	80
1308	1561	1040	1740	2491	1269	1592	1378	81
550	3465	1059	1439	658	545	1068	655	82
2727	**1500**	**984**	**2534**	**3129**	**1394**	**2311**	**1890**	P
2727	1500	984	2534	3129	1394	2311	1890	83
2029	**1844**	**2302**	**2633**	**7478**	**1345**	**5071**	**1757**	Q
1860	1768	2269	2307	7289	1226	4900	1675	84
169	76	33	326	189	119	171	82	85
4678	**6185**	**1975**	**5935**	**5587**	**2919**	**4740**	**2921**	R
10	143	3	2	60	6	2	23	86
532	540	131	569	526	263	608	420	87
2105	3382	974	2982	2608	1711	1980	986	88
331	317	190	365	423	173	302	156	89
1700	1803	677	2017	1970	766	1848	1336	90

2-6 按地区、登记注册

地 区	法人单位数（个）						
		内资企业					
			国有企业	集体企业	股份合作企业	联营企业	
							国有联营企业
全 省	**366030**	**365399**	**3250**	**3747**	**75**	**104**	**19**
太原市	120506	120258	773	828	22	13	2
大同市	23153	23105	290	402	5	10	1
阳泉市	10734	10717	191	256	3	6	
长治市	29212	29170	349	323	5	12	2
晋城市	23465	23434	190	375	3	8	1
朔州市	13313	13298	115	167	4	5	2
晋中市	33669	33588	208	218	3	10	1
运城市	38751	38704	265	284	4	10	3
忻州市	16391	16376	336	281	6	18	5
临汾市	31072	31030	242	260	8	11	1
吕梁市	25764	25719	291	353	12	1	1

2-6 续表

地 区	私营合伙企业	私营有限责任公司	私营股份有限公司	其他企业	港、澳、台商投资企业	合资经营企业(港或澳、台资)	合作经营企业(港或澳、台资)
全 省	**1104**	**290083**	**3963**	**7**	**219**	**108**	**8**
太原市	346	98159	1027	1	86	41	
大同市	25	17267	314	1	16	2	
阳泉市	48	6887	137		8	3	
长治市	22	22836	371		13	11	1
晋城市	110	18801	276		9	2	
朔州市	32	10998	246		3	2	
晋中市	101	26300	459		28	12	3
运城市	90	30599	504	2	11	8	1
忻州市	115	11648	294	1	7	3	
临汾市	66	24910	284	1	21	13	3
吕梁市	149	21678	51	1	17	11	

类型分组的企业法人单位数

集体联营企业	国有与集体联营企业	其他联营企业	有限责任公司	国有独资公司	其他有限责任公司	股份有限公司	私营企业	私营独资企业
55	**15**	**15**	**37962**	**1903**	**36059**	**3486**	**316768**	**21618**
6	1	4	14401	469	13932	1187	103033	3501
5	2	2	3457	184	3273	295	18645	1039
4	1	1	2136	78	2058	191	7934	862
7	2	1	4385	221	4164	377	23719	490
3	3	1	1596	120	1476	180	21082	1895
3			423	61	362	80	12504	1228
5	2	2	3598	148	3450	383	29168	2308
4	1	2	3233	111	3122	321	34585	3392
10	2	1	1135	167	968	225	14374	2317
8	1	1	2540	162	2378	188	27780	2520
			1058	182	876	59	23944	2066

港、澳、台商独资经营企业	港、澳、台商投资股份有限公司	其他港、澳、台商投资企业	外商投资企业	中外合资经营企业	中外合作经营企业	外资企业	外商投资股份有限公司	其他外商投资
98	**5**		**412**	**223**	**21**	**145**	**20**	**3**
43	2		162	75	7	72	7	1
13	1		32	19	3	7	2	1
5			9	7		1	1	
1			29	19	3	7		
6	1		22	11	2	8		1
1			12	7	1	4		
12	1		53	33	2	14	4	
2			36	23	1	12		
4			8	4		2	2	
5			21	12	1	7	1	
6			28	13	1	11	3	

2-7 按地区、登记注册类型

地区	从业人员期末人数(人)	内资企业	国有企业	集体企业	股份合作企业	联营企业	国有联营企业
全省	**5274041**	**5103321**	**183704**	**92851**	**1381**	**1506**	**771**
太原市	1407170	1336149	37554	19778	291	175	123
大同市	470306	463746	19440	23566	92	60	6
阳泉市	251956	248932	15159	4797	16	45	
长治市	473784	463812	23356	4800	33	186	34
晋城市	440842	402203	7500	5244	10	58	4
朔州市	228713	224001	12415	3586	207	50	29
晋中市	484701	473218	7322	4951	23	35	
运城市	447254	443076	14087	5026	63	68	35
忻州市	253458	252956	24068	7297	542	697	492
临汾市	397602	393315	11928	4804	84	132	48
吕梁市	418255	401913	10875	9002	20		

2-7 续表

地区	私营合伙企业	私营有限责任公司	私营股份有限公司	其他企业	港、澳、台商投资企业	合资经营企业(港或澳、台资)	合作经营企业(港或澳、台资)
全省	**8527**	**2282904**	**94359**		**94034**	**49846**	**1369**
太原市	1261	581871	39751		47392	39277	
大同市	250	163722	3748		2492	841	
阳泉市	705	59051	1428		1130	273	
长治市	148	171190	5491		1073	1044	
晋城市	965	156172	4824		28163	307	
朔州市	364	110676	4104		1157	107	
晋中市	596	246478	8478		2722	1587	
运城市	725	244139	8546		1836	446	1367
忻州市	1698	117518	3535		180	62	
临汾市	508	197116	11229		1402	1012	2
吕梁市	1307	234971	3225		6487	4890	

分组的企业法人单位从业人员期末人数

集体联营企业	国有与集体联营企业	其他联营企业	有限责任公司	国有独资公司	其他有限责任公司	股份有限公司	私营企业	私营独资企业
587	**100**	**48**	**2112061**	**352549**	**1759512**	**214049**	**2497769**	**111979**
38	3	11	614222	151954	462268	30408	633721	10838
36	11	7	238154	20018	218136	9601	172833	5113
37	3	5	158751	7464	151287	3891	66273	5089
113	33	6	205477	23607	181870	50776	179184	2355
40	13	1	178469	10969	167500	36966	173956	11995
21			71046	15414	55632	14726	121971	6827
22	13		179773	22113	157660	13330	267784	12232
27	2	4	128092	29916	98176	22317	273423	20013
186	15	4	76698	10457	66241	7398	136256	13505
67	7	10	130709	36177	94532	22006	223652	14799
			130670	24460	106210	2630	248716	9213

港、澳、台商独资经营企业	港、澳、台商投资股份有限公司	其他港、澳、台商投资企业	外商投资企业	中外合资经营企业	中外合作经营企业	外资企业	外商投资股份有限公司	其他外商投资
41822	**997**		**76686**	**35512**	**8720**	**27000**	**5340**	**114**
8024	91		23629	5333	27	18247	21	1
1631	20		4068	2446	195	291	1136	
857			1894	1394			500	
29			8899	3518	4210	1171		
27061	795		10476	5461	2883	2019		113
1050			3555	2635	3	917		
1044	91		8761	5481	1402	950	928	
23			2342	1965		377		
118			322	305		2	15	
388			2885	786		936	1163	
1597			9855	6188		2090	1577	

2-8 按行业(大类)、登记注册

行业	代码	法人单位数(个)	内资企业	国有企业	集体企业	股份合作企业	联营企业
总 计	00	**366030**	**365399**	**3250**	**3747**	**75**	**104**
农、林、牧、渔业	A	**1230**	**1230**	**23**	**24**		**1**
农业	01	14	14	1			
林业	02	1	1				
畜牧业	03	11	11				
渔业	04						
农、林、牧、渔专业及辅助性活动	05	1204	1204	22	24		1
采矿业	B	**5942**	**5913**	**37**	**113**	**5**	**2**
煤炭开采和洗选业	06	3377	3357	18	67	5	
石油和天然气开采业	07	37	34				
黑色金属矿采选业	08	911	909	5	4		
有色金属矿采选业	09	189	189	3	4		1
非金属矿采选业	10	1286	1282	5	33		1
开采专业及辅助性活动	11	99	99	6	5		
其他采矿业	12	43	43				
制造业	C	**35445**	**35228**	**304**	**703**	**13**	**11**
农副食品加工业	13	2578	2571	49	21	1	
食品制造业	14	1615	1607	20	11		
酒、饮料和精制茶制造业	15	1016	1001	1	14		
烟草制品业	16	2	2				
纺织业	17	361	359	4	14		
纺织服装、服饰业	18	538	536	5	30		1
皮革、毛皮、羽毛及其制品和制鞋业	19	139	139	2	7		
木材加工和木、竹、藤、棕、草制品业	20	655	655	1	10		
家具制造业	21	481	481	1	9		
造纸和纸制品业	22	470	470	3	16		
印刷和记录媒介复制业	23	1036	1033	40	69	1	
文教、工美、体育和娱乐用品制造业	24	661	657	4	11		
石油、煤炭及其他燃料加工业	25	774	758	7	13		
化学原料和化学制品制造业	26	2080	2052	16	28	3	1
医药制造业	27	407	403	5	3		
化学纤维制造业	28	37	36				
橡胶和塑料制品业	29	1168	1164	12	36		
非金属矿物制品业	30	6888	6869	35	106	1	5
黑色金属冶炼和压延加工业	31	437	434	6	6	2	
有色金属冶炼和压延加工业	32	409	396	3	4		
金属制品业	33	3730	3717	6	71	1	3

类型分组的企业法人单位数

国有联营企业	集体联营企业	国有与集体联营企业	其他联营企业	有限责任公司	国有独资公司	其他有限责任公司	股份有限公司	私营企业	私营独资企业	私营合伙企业	代码
19	**55**	**15**	**15**	**37962**	**1903**	**36059**	**3486**	**316768**	**21618**	**1104**	00
		1		**118**	**7**	**111**	**13**	**1051**	**97**	**2**	A
				5		5	1	7			01
								1			02
				3		3		8			03
											04
		1		110	7	103	12	1035	97	2	05
1	**1**			**1048**	**52**	**996**	**70**	**4638**	**991**	**76**	B
				888	43	845	52	2327	210	22	06
				19	2	17	2	13			07
				40		40	5	855	302	21	08
1				25	4	21	4	152	24	1	09
	1			54	2	52	7	1182	445	32	10
				15	1	14		73	4		11
				7		7		36	6		12
	7	**1**	**3**	**3104**	**126**	**2978**	**404**	**30689**	**3819**	**180**	C
				161	13	148	30	2309	296	5	13
				130	3	127	21	1425	213	1	14
				72	6	66	13	901	122	2	15
				1		1		1			16
				30	1	29	5	306	36		17
	1			49	7	42	4	447	56		18
				12		12	1	117	20		19
				24		24	4	616	105	4	20
				23		23	6	442	33	2	21
				21		21	4	426	95	6	22
				118	4	114	12	793	173	4	23
				38		38	4	600	75		24
				101	5	96	12	625	97	3	25
	1			201	9	192	28	1775	150	11	26
				68	1	67	11	316	5		27
				8		8		28	1		28
				87	1	86	9	1020	119	4	29
	3	1	1	437	16	421	68	6217	1220	52	30
				51	2	49	3	366	50	1	31
				67	4	63	7	315	19	1	32
	2		1	244	6	238	25	3367	325	31	33

2-8 续表 1

行业	代码	法人单位数（个）	内资企业				
				国有企业	集体企业	股份合作企业	联营企业
通用设备制造业	34	3672	3657	24	99	1	1
专用设备制造业	35	1972	1956	14	31	2	
汽车制造业	36	334	325	1	3		
铁路、船舶、航空航天和其他运输设备制造业	37	144	138	3	11	1	
电气机械和器材制造业	38	885	875	7	15		
计算机、通信和其他电子设备制造业	39	334	324	8	4		
仪器仪表制造业	40	236	234	5	6		
其他制造业	41	270	267	3	9		
废弃资源综合利用业	42	419	417	3	3		
金属制品、机械和设备修理业	43	1697	1695	16	43		
电力、热力、燃气及水生产和供应业	**D**	**4049**	**3988**	**164**	**167**	**2**	**3**
电力、热力生产和供应业	44	3028	2986	45	129		
燃气生产和供应业	45	421	412	9	3		
水的生产和供应业	46	600	590	110	35	2	3
建筑业	**E**	**28707**	**28694**	**135**	**145**		**2**
房屋建筑业	47	5396	5396	42	65		2
土木工程建筑业	48	5746	5738	72	30		
建筑安装业	49	4188	4185	8	32		
建筑装饰、装修和其他建筑业	50	13377	13375	13	18		
批发和零售业	**F**	**139471**	**139374**	**789**	**1381**	**20**	**43**
批发业	51	67092	67039	443	519	3	15
零售业	52	72379	72335	346	862	17	28
交通运输、仓储和邮政业	**G**	**14229**	**14219**	**276**	**145**		**8**
铁路运输业	53	27	27	3			
道路运输业	54	10918	10908	65	75		5
水上运输业	55	26	26	1			
航空运输业	56	61	61	1			
管道运输业	57	8	8				
多式联运和运输代理业	58	775	775	7	10		
装卸搬运和仓储业	59	2007	2007	188	59		3
邮政业	60	407	407	11	1		
住宿和餐饮业	**H**	**8329**	**8315**	**139**	**77**	**5**	**1**
住宿业	61	2729	2725	96	57	3	1
餐饮业	62	5600	5590	43	20	2	
信息传输、软件和信息技术服务业	**I**	**17217**	**17181**	**28**	**18**		
电信、广播电视和卫星传输服务	63	832	813	17	6		
互联网和相关服务	64	2316	2315	1	1		
软件和信息技术服务业	65	14069	14053	10	11		

国有联营企业	集体联营企业	国有与集体联营企业	其他联营企业	有限责任公司	国有独资公司	其他有限责任公司	股份有限公司	私营企业	私营独资企业	私营合伙企业	代码
			1	378	11	367	51	3103	340	38	34
				260	11	249	26	1623	83	6	35
				55		55	10	256	12	1	36
				37	4	33		86	7		37
				128	4	124	15	710	34	1	38
				61	6	55	8	243	2		39
				34	3	31	6	183	3	1	40
				13	1	12	1	241	24	1	41
				30		30	2	379	35	1	42
				165	8	157	18	1453	69	4	43
1	**1**	**1**		**1584**	**175**	**1409**	**58**	**2010**	**47**	**3**	**D**
				1286	120	1166	42	1484	10	1	44
				141	15	126	9	250	15	1	45
1	1	1		157	40	117	7	276	22	1	46
		1	**1**	**2897**	**111**	**2786**	**192**	**25323**	**657**	**23**	**E**
		1	1	619	26	593	36	4632	133	1	47
				685	59	626	44	4907	256	12	48
				442	12	430	24	3679	84	3	49
				1151	14	1137	88	12105	184	7	50
3	**31**	**6**	**3**	**11760**	**284**	**11476**	**885**	**124496**	**7714**	**169**	**F**
2	8	5		6217	220	5997	412	59430	1871	42	51
1	23	1	3	5543	64	5479	473	65066	5843	127	52
3	**4**		**1**	**1357**	**121**	**1236**	**110**	**12323**	**647**	**18**	**G**
				20	2	18	3	1			53
1	3		1	994	70	924	81	9688	428	14	54
				4	1	3		21			55
				25	6	19		35			56
				5		5		3			57
				68	6	62	4	686	37	2	58
2	1			204	36	168	16	1537	176	1	59
				37		37	6	352	6	1	60
1				**809**	**10**	**799**	**93**	**7191**	**801**	**24**	**H**
1				290	8	282	40	2238	394	8	61
				519	2	517	53	4953	407	16	62
				1839	**33**	**1806**	**144**	**15152**	**224**	**35**	**I**
				132	20	112	26	632	52		63
				184	4	180	18	2111	98	4	64
				1523	9	1514	100	12409	74	31	65

2-8 续表 2

行　　业	代码	法人单位数（个）					
			内资企业	国有企业	集体企业	股份合作企业	联营企业
金融业	**J**	**2387**	**2364**	**120**	**39**	**9**	
货币金融服务	66	1192	1188	60	38	9	
资本市场服务	67	248	247	5			
保险业	68	514	496	51	1		
其他金融业	69	433	433	4			
房地产业	**K**	**16649**	**16624**	**397**	**338**	**5**	**5**
房地产业	70	16649	16624	397	338	5	5
租赁和商务服务业	**L**	**42258**	**42206**	**235**	**351**	**8**	**12**
租赁业	71	6552	6548	23	14		
商务服务业	72	35706	35658	212	337	8	12
科学研究和技术服务业	**M**	**17773**	**17737**	**222**	**76**	**1**	**1**
研究和试验发展	73	1215	1208	11	3		
专业技术服务业	74	8826	8821	183	46		1
科技推广和应用服务业	75	7732	7708	28	27	1	
水利、环境和公共设施管理业	**N**	**3968**	**3962**	**100**	**39**		**5**
水利管理业	76	263	263	40	12		2
生态保护和环境治理业	77	572	571	12	1		
公共设施管理业	78	2943	2938	45	26		3
土地管理业	79	190	190	3			
居民服务、修理和其他服务业	**O**	**11152**	**11149**	**36**	**68**		**4**
居民服务业	80	4653	4652	20	30		2
机动车、电子产品和日用产品修理业	81	4509	4509	12	28		2
其他服务业	82	1990	1988	4	10		
教育	**P**	**3435**	**3433**	**39**	**17**	**1**	**2**
教育	83	3435	3433	39	17	1	2
卫生和社会工作	**Q**	**2203**	**2198**	**58**	**19**	**5**	**1**
卫生	84	1775	1775	38	11	5	1
社会工作	85	428	423	20	8		
文化、体育和娱乐业	**R**	**11586**	**11584**	**148**	**27**	**1**	**3**
新闻和出版业	86	130	130	39	1		
广播、电视、电影和录音制作业	87	1167	1166	52	5		
文化艺术业	88	3753	3752	46	18	1	1
体育	89	897	897	6	1		
娱乐业	90	5639	5639	5	2		2

国有联营企业	集体联营企业	国有与集体联营企业	其他联营企业	有限责任公司	国有独资公司	其他有限责任公司	股份有限公司	私营企业	私营独资企业	私营合伙企业	代码
				498	**49**	**449**	**539**	**1152**	**38**	**17**	**J**
				209	5	204	230	638	19		66
				96	13	83	3	143	2	16	67
				83	4	79	292	66	17		68
				110	27	83	14	305		1	69
3	**2**			**2695**	**162**	**2533**	**209**	**12975**	**107**	**19**	**K**
3	2			2695	162	2533	209	12975	107	19	70
4	**3**	**2**	**3**	**4931**	**462**	**4469**	**373**	**36296**	**1404**	**359**	**L**
				513	4	509	41	5957	179	2	71
4	3	2	3	4418	458	3960	332	30339	1225	357	72
1				**2278**	**95**	**2183**	**171**	**14988**	**216**	**43**	**M**
				197	8	189	15	982	17	2	73
1				1230	68	1162	86	7275	133	22	74
				851	19	832	70	6731	66	19	75
	3	**2**		**628**	**125**	**503**	**31**	**3159**	**155**	**15**	**N**
	1	1		64	19	45	1	144	35	7	76
				71	14	57	5	482	39	1	77
	2	1		465	88	377	25	2374	74	3	78
				28	4	24		159	7	4	79
	2		**2**	**880**	**8**	**872**	**76**	**10085**	**983**	**27**	**O**
	1		1	381	5	376	37	4182	401	10	80
	1		1	339	1	338	27	4101	492	13	81
				160	2	158	12	1802	90	4	82
2				**297**	**12**	**285**	**30**	**3047**	**236**	**20**	**P**
2				297	12	285	30	3047	236	20	83
		1		**199**	**14**	**185**	**22**	**1894**	**819**	**36**	**Q**
		1		158	11	147	17	1545	762	35	84
				41	3	38	5	349	57	1	85
	1		**2**	**1040**	**57**	**983**	**66**	**10299**	**2663**	**38**	**R**
				50	14	36		40	3		86
				160	19	141	5	944	33	1	87
	1			402	20	382	26	3258	255	4	88
				72	2	70	7	811	63		89
			2	356	2	354	28	5246	2309	33	90

2-8 续表 3

行业	代码	私营有限责任公司	私营股份有限公司	其他企业	港、澳、台商投资企业	合资经营企业(港或澳、台资)
总计	**00**	**290083**	**3963**	**7**	**219**	**108**
农、林、牧、渔业	**A**	**931**	**21**			
农业	01	7				
林业	02	1				
畜牧业	03	8				
渔业	04					
农、林、牧、渔专业及辅助性活动	05	915	21			
采矿业	**B**	**3505**	**66**		**8**	**5**
煤炭开采和洗选业	06	2058	37		4	4
石油和天然气开采业	07	13				
黑色金属矿采选业	08	520	12		1	
有色金属矿采选业	09	125	2			
非金属矿采选业	10	691	14		3	1
开采专业及辅助性活动	11	69				
其他采矿业	12	29	1			
制造业	**C**	**26124**	**566**		**58**	**39**
农副食品加工业	13	1962	46		1	1
食品制造业	14	1181	30		3	2
酒、饮料和精制茶制造业	15	755	22		3	1
烟草制品业	16	1				
纺织业	17	264	6			
纺织服装、服饰业	18	385	6		1	1
皮革、毛皮、羽毛及其制品和制鞋业	19	95	2			
木材加工和木、竹、藤、棕、草制品业	20	500	7			
家具制造业	21	401	6			
造纸和纸制品业	22	319	6			
印刷和记录媒介复制业	23	604	12			
文教、工美、体育和娱乐用品制造业	24	516	9			
石油、煤炭及其他燃料加工业	25	513	12		6	6
化学原料和化学制品制造业	26	1576	38		12	7
医药制造业	27	299	12		2	1
化学纤维制造业	28	26	1			
橡胶和塑料制品业	29	882	15		1	1
非金属矿物制品业	30	4836	109		4	4
黑色金属冶炼和压延加工业	31	306	9			
有色金属冶炼和压延加工业	32	291	4		6	6
金属制品业	33	2962	49		5	3

合作经营企业(港或澳、台资)	港、澳、台商独资经营企业	港、澳、台商投资股份有限公司	其他港、澳、台商投资企业	外商投资企业	中外合资经营企业	中外合作经营企业	外资企业	外商投资股份有限公司	其他外商投资	代码
8	**98**	**5**		**412**	**223**	**21**	**145**	**20**	**3**	**00**
										A
										01
										02
										03
										04
										05
1	**2**			**21**	**15**	**2**	**3**		**1**	**B**
				16	12	2	2			06
				3	1		1		1	07
1				1	1					08
										09
	2			1	1					10
										11
										12
3	**15**	**1**		**159**	**112**	**3**	**41**	**3**		**C**
				6	5		1			13
	1			5	3		2			14
	2			12	8		4			15
										16
				2	2					17
				1	1					18
										19
										20
										21
										22
				3	2		1			23
				4	3		1			24
				10	8		2			25
	5			16	10	1	5			26
	1			2			2			27
				1	1					28
				3	2		1			29
				15	7	1	7			30
				3		1	2			31
				7	5		2			32
1	1			8	8					33

2-8 续表 4

行业	代码	私营有限责任公司	私营股份有限公司	其他企业	港、澳、台商投资企业	合资经营企业(港或澳、台资)
通用设备制造业	34	2665	60		3	1
专用设备制造业	35	1507	27			
汽车制造业	36	233	10		2	2
铁路、船舶、航空航天和其他运输设备制造业	37	74	5			
电气机械和器材制造业	38	659	16		3	1
计算机、通信和其他电子设备制造业	39	231	10		4	1
仪器仪表制造业	40	174	5			
其他制造业	41	214	2			
废弃资源综合利用业	42	337	6		1	1
金属制品、机械和设备修理业	43	1356	24		1	
电力、热力、燃气及水生产和供应业	**D**	**1917**	**43**		**37**	**14**
电力、热力生产和供应业	44	1435	38		26	6
燃气生产和供应业	45	231	3		7	6
水的生产和供应业	46	251	2		4	2
建筑业	**E**	**24330**	**313**		**2**	**2**
房屋建筑业	47	4436	62			
土木工程建筑业	48	4562	77		1	1
建筑安装业	49	3545	47			
建筑装饰、装修和其他建筑业	50	11787	127		1	1
批发和零售业	**F**	**115201**	**1412**		**33**	**17**
批发业	51	56851	666		19	9
零售业	52	58350	746		14	8
交通运输、仓储和邮政业	**G**	**11503**	**155**			
铁路运输业	53	1				
道路运输业	54	9121	125			
水上运输业	55	21				
航空运输业	56	34	1			
管道运输业	57	3				
多式联运和运输代理业	58	641	6			
装卸搬运和仓储业	59	1338	22			
邮政业	60	344	1			
住宿和餐饮业	**H**	**6276**	**90**		**4**	
住宿业	61	1805	31		1	
餐饮业	62	4471	59		3	
信息传输、软件和信息技术服务业	**I**	**14753**	**140**		**15**	**5**
电信、广播电视和卫星传输服务	63	572	8		8	
互联网和相关服务	64	1982	27			
软件和信息技术服务业	65	12199	105		7	5

合作经营企业(港或澳、台资)	港、澳、台商独资经营企业	港、澳、台商投资股份有限公司	其他港、澳、台商投资企业	外商投资企业	中外合资经营企业	中外合作经营企业	外资企业	外商投资股份有限公司	其他外商投资	代码
	1	1		12	10		2			34
				16	12		4			35
				7	5		2			36
				6	6					37
2				7	5			2		38
	3			6	3		3			39
				2	2					40
				3	2			1		41
				1	1					42
	1			1	1					43
	22	**1**		**24**	**18**	**2**	**4**			D
	19	1		16	12	2	2			44
	1			2	2					45
	2			6	4		2			46
				11	**4**	**2**	**4**	**1**		E
										47
				7	2	2	3			48
				3	1		1	1		49
				1	1					50
	16			**64**	**24**	**1**	**37**	**2**		F
	10			34	14	1	18	1		51
	6			30	10		19	1		52
				10	**2**	**6**		**1**	**1**	G
										53
				10	2	6		1	1	54
										55
										56
										57
										58
										59
										60
	4			**10**	**2**		**8**			H
	1			3	1		2			61
	3			7	1		6			62
1	**8**	**1**		**21**	**3**	**1**	**13**	**4**		I
1	6	1		11		1	6	4		63
				1	1					64
	2			9	2		7			65

2-8 续表 5

行业	代码	私营有限责任公司	私营股份有限公司	其他企业	港、澳、台商投资企业	合资经营企业(港或澳、台资)
金融业	J	**1084**	**13**	**7**	**3**	
货币金融服务	66	609	10	4	3	
资本市场服务	67	124	1			
保险业	68	49		3		
其他金融业	69	302	2			
房地产业	K	**12651**	**198**		**11**	**6**
房地产业	70	12651	198		11	6
租赁和商务服务业	L	**34116**	**417**		**26**	**8**
租赁业	71	5699	77		2	1
商务服务业	72	28417	340		24	7
科学研究和技术服务业	M	**14520**	**209**		**14**	**10**
研究和试验发展	73	946	17		1	1
专业技术服务业	74	7011	109		3	2
科技推广和应用服务业	75	6563	83		10	7
水利、环境和公共设施管理业	N	**2930**	**59**		**5**	**1**
水利管理业	76	101	1			
生态保护和环境治理业	77	437	5			
公共设施管理业	78	2248	49		5	1
土地管理业	79	144	4			
居民服务、修理和其他服务业	O	**8957**	**118**		**1**	
居民服务业	80	3722	49			
机动车、电子产品和日用产品修理业	81	3541	55			
其他服务业	82	1694	14		1	
教育	P	**2754**	**37**			
教育	83	2754	37			
卫生和社会工作	Q	**1020**	**19**		**2**	**1**
卫生	84	732	16			
社会工作	85	288	3		2	1
文化、体育和娱乐业	R	**7511**	**87**			
新闻和出版业	86	37				
广播、电视、电影和录音制作业	87	903	7			
文化艺术业	88	2965	34			
体育	89	738	10			
娱乐业	90	2868	36			

合作经营企业(港或澳、台资)	港、澳、台商独资经营企业	港、澳、台商投资股份有限公司	其他港、澳、台商投资企业	外商投资企业	中外合资经营企业	中外合作经营企业	外资企业	外商投资股份有限公司	其他外商投资	代码
	3			**20**	**18**		**2**			J
	3			1			1			66
				1	1					67
				18	17		1			68
										69
	4	**1**		**14**	**5**		**7**	**2**		K
	4	1		14	5		7	2		70
2	**15**	**1**		**26**	**5**	**2**	**15**	**3**	**1**	L
	1			2			2			71
2	14	1		24	5	2	13	3	1	72
	4			**22**	**12**		**8**	**2**		M
				6	5		1			73
	1			2	1			1		74
	3			14	6		7	1		75
	4			**1**	**1**					N
										76
				1	1					77
	4									78
										79
	1			**2**	**1**		**1**			O
				1			1			80
										81
	1			1	1					82
				2	**1**		**1**			P
				2	1		1			83
1				**3**		**2**		**1**		Q
										84
1				3		2		1		85
				2			**1**	**1**		R
										86
				1				1		87
				1			1			88
										89
										90

2-9 按行业(大类)、登记注册类型

行业	代码	从业人员期末人数(人)	内资企业	国有企业	集体企业	股份合作企业
总计	00	**5274041**	**5103321**	**183704**	**92851**	**1381**
农、林、牧、渔业	A	**5860**	**5860**	**248**	**59**	
农业	01					
林业	02					
畜牧业	03					
渔业	04					
农、林、牧、渔专业及辅助性活动	05	5860	5860	248	59	
采矿业	B	**1064966**	**1043658**	**26022**	**5514**	**4**
煤炭开采和洗选业	06	1007618	987027	25448	5221	4
石油和天然气开采业	07	5839	5213			
黑色金属矿采选业	08	25588	25587	126	52	
有色金属矿采选业	09	7310	7310	130	9	
非金属矿采选业	10	10664	10574	238	228	
开采专业及辅助性活动	11	7665	7665	80	4	
其他采矿业	12	282	282			
制造业	C	**1191584**	**1082818**	**20081**	**29139**	**850**
农副食品加工业	13	41106	40824	959	160	2
食品制造业	14	30074	28723	165	107	
酒、饮料和精制茶制造业	15	33344	31197		229	
烟草制品业	16	927	927			
纺织业	17	10023	9823	71	457	
纺织服装、服饰业	18	15134	15032	354	441	
皮革、毛皮、羽毛及其制品和制鞋业	19	1575	1575	5	36	
木材加工和木、竹、藤、棕、草制品业	20	4172	4172		34	
家具制造业	21	3194	3194		127	
造纸和纸制品业	22	6345	6345	16	272	
印刷和记录媒介复制业	23	11080	10983	921	869	12
文教、工美、体育和娱乐用品制造业	24	7637	7535	51	72	
石油、煤炭及其他燃料加工业	25	111584	103197	219	1101	
化学原料和化学制品制造业	26	97094	93053	1609	328	17
医药制造业	27	36193	35033	345	20	
化学纤维制造业	28	1048	1048			
橡胶和塑料制品业	29	20598	20280	178	708	
非金属矿物制品业	30	154248	152708	1886	1294	485
黑色金属冶炼和压延加工业	31	136145	136077	6211	159	86
有色金属冶炼和压延加工业	32	51672	49677	20	186	
金属制品业	33	76329	74532	2631	3986	66

分组的企业法人单位从业人员期末人数

联营企业	国有联营企业	集体联营企业	国有与集体联营企业	其他联营企业	有限责任公司	国有独资公司	其他有限责任公司	股份有限公司	私营企业	私营独资企业	代码
1506	**771**	**587**	**100**	**48**	**2112061**	**352549**	**1759512**	**214049**	**2497769**	**111979**	00
					1061	**322**	**739**	**42**	**4450**	**328**	A
											01
											02
											03
											04
					1061	322	739	42	4450	328	05
					789095	**60246**	**728849**	**87890**	**135133**	**8155**	B
					771490	53840	717650	87104	97760	2731	06
					4281	279	4002	650	282		07
					3646		3646	69	21694	3244	08
					3992	1839	2153	32	3147	89	09
					695	67	628	35	9378	2036	10
					4962	4221	741		2619	33	11
					29		29		253	22	12
196		**188**	**3**	**5**	**400168**	**98555**	**301613**	**56022**	**576362**	**28361**	C
					11640	561	11079	913	27150	1808	13
					5410	205	5205	1587	21454	1669	14
					19637	14554	5083	1066	10265	543	15
					923		923		4		16
					2572	126	2446	51	6672	212	17
5		5			6280	2745	3535	90	7862	741	18
					115		115	20	1399	118	19
					124		124	54	3960	373	20
					228		228	37	2802	177	21
					598		598	138	5321	843	22
					3429	396	3033	89	5663	787	23
					574		574	594	6244	491	24
					40026	1692	38334	10580	51271	310	25
8		8			44376	6740	37636	14013	32702	1016	26
					13831	11	13820	7586	13251	15	27
					770		770		278	5	28
					6581		6581	32	12781	776	29
38		32	3	3	28895	3864	25031	3165	116945	10322	30
					52344	33347	18997	192	77085	762	31
					30821	12520	18301	2790	15860	72	32
145		143		2	12692	2662	10030	1211	53801	3957	33

2-9 续表 1

行　　业	代码	从业人员期末人数（人）	内资企业	国有企业	集体企业	股份合作企　业
通用设备制造业	34	56928	56124	1122	3368	
专用设备制造业	35	71606	70820	1186	9866	124
汽车制造业	36	30300	29577		78	
铁路、船舶、航空航天和其他运输设备制造业	37	18401	17363	447	2151	58
电气机械和器材制造业	38	23288	21220	40	199	
计算机、通信和其他电子设备制造业	39	111890	32655	809	129	
仪器仪表制造业	40	4695	4459	207	234	
其他制造业	41	2257	2220	231	45	
废弃资源综合利用业	42	4011	3850	32	617	
金属制品、机械和设备修理业	43	18686	18595	366	1866	
电力、热力、燃气及水生产和供应业	**D**	**158387**	**150825**	**19987**	**725**	**4**
电力、热力生产和供应业	44	102554	96959	7618	259	
燃气生产和供应业	45	29489	28221	2745	35	
水的生产和供应业	46	26344	25645	9624	431	4
建筑业	**E**	**692001**	**690921**	**22259**	**15041**	
房屋建筑业	47	300342	300342	13968	10964	
土木工程建筑业	48	230334	229602	6995	1347	
建筑安装业	49	60141	59840	266	2544	
建筑装饰、装修和其他建筑业	50	101184	101137	1030	186	
批发和零售业	**F**	**725780**	**720211**	**19746**	**18924**	**142**
批发业	51	355243	352990	13999	7895	17
零售业	52	370537	367221	5747	11029	125
交通运输、仓储和邮政业	**G**	**271921**	**271269**	**23559**	**4787**	
铁路运输业	53	1160	1160			
道路运输业	54	201957	201305	4091	1630	
水上运输业	55	145	145	23		
航空运输业	56	4582	4582	3		
管道运输业	57	193	193			
多式联运和运输代理业	58	6617	6617	325	241	
装卸搬运和仓储业	59	27172	27172	4320	2876	
邮政业	60	30095	30095	14797	40	
住宿和餐饮业	**H**	**124676**	**119816**	**7478**	**1253**	**102**
住宿业	61	52529	52506	6200	865	57
餐饮业	62	72147	67310	1278	388	45
信息传输、软件和信息技术服务业	**I**	**114186**	**96275**	**2904**	**213**	
电信、广播电视和卫星传输服务	63	44704	27084	2577	38	
互联网和相关服务	64	8909	8909	86	4	
软件和信息技术服务业	65	60573	60282	241	171	

联营企业	国有联营企业	集体联营企业	国有与集体联营企业	其他联营企业	有限责任公司	国有独资公司	其他有限责任公司	股份有限公司	私营企业	私营独资企业	代码
					17802	1889	15913	1993	31839	1908	34
					33549	10365	23184	2031	24064	460	35
					12352		12352	5234	11913	47	36
					12459	335	12124		2248	225	37
					10538	4784	5754	747	9696	247	38
					25635	446	25189	795	5287	34	39
					1087	123	964	750	2181	4	40
					187	5	182	26	1731	31	41
					303		303	115	2783	109	42
					4390	1185	3205	123	11850	299	43
62	**27**	**23**	**12**		**94573**	**27636**	**66937**	**12028**	**23446**	**245**	D
					59846	8440	51406	10741	18495	111	44
					22113	10630	11483	828	2500	31	45
62	27	23	12		12614	8566	4048	459	2451	103	46
11			**1**	**10**	**270143**	**36329**	**233814**	**6019**	**377448**	**3233**	E
11			1	10	100790	12254	88536	2790	171819	861	47
					135657	20140	115517	861	84742	1495	48
					16681	1997	14684	1353	38996	282	49
					17015	1938	15077	1015	81891	595	50
446	**137**	**246**	**57**	**6**	**153597**	**25275**	**128322**	**17184**	**510172**	**25523**	F
193	115	23	55		91172	19846	71326	5959	233755	4522	51
253	22	223	2	6	62425	5429	56996	11225	276417	21001	52
97	**69**	**22**		**6**	**100360**	**43128**	**57232**	**5212**	**137254**	**4349**	G
					1155	61	1094		5		53
18		12		6	84888	40413	44475	4259	106419	2674	54
					42	7	35		80		55
					4404	686	3718		175		56
					188		188		5		57
					2866	320	2546	30	3155	211	58
79	69	10			5349	1641	3708	260	14288	1455	59
					1468		1468	663	13127	9	60
4	**4**				**24393**	**1419**	**22974**	**1880**	**84706**	**7905**	H
4	4				12727	787	11940	1159	31494	3374	61
					11666	632	11034	721	53212	4531	62
					28545	**5452**	**23093**	**9202**	**55411**	**492**	I
					13978	4968	9010	7660	2831	103	63
					2230	114	2116	186	6403	257	64
					12337	370	11967	1356	46177	132	65

2-9 续表 2

行业	代码	从业人员期末人数(人)	内资企业	国有企业	集体企业	股份合作企业
金融业	J	**9336**	**9315**	**42**	**1**	
货币金融服务	66	5388	5370			
资本市场服务	67	836	833	19		
保险业	68	97	97		1	
其他金融业	69	3015	3015	23		
房地产业	K	**219234**	**218721**	**8664**	**5109**	**23**
房地产业	70	219234	218721	8664	5109	23
租赁和商务服务业	L	**314419**	**313603**	**11237**	**8517**	**37**
租赁业	71	32821	32735	619	141	
商务服务业	72	281598	280868	10618	8376	37
科学研究和技术服务业	M	**137852**	**137618**	**9855**	**780**	**3**
研究和试验发展	73	7932	7853	159	17	
专业技术服务业	74	102268	102234	9523	635	
科技推广和应用服务业	75	27652	27531	173	128	3
水利、环境和公共设施管理业	N	**54484**	**53091**	**1417**	**394**	
水利管理业	76	4317	4317	469	54	
生态保护和环境治理业	77	4361	4349	203	6	
公共设施管理业	78	44885	43504	705	334	
土地管理业	79	921	921	40		
居民服务、修理和其他服务业	O	**61664**	**61654**	**689**	**878**	
居民服务业	80	24857	24854	213	246	
机动车、电子产品和日用产品修理业	81	19900	19900	401	205	
其他服务业	82	16907	16900	75	427	
教育	P	**23615**	**23593**	**652**	**283**	**40**
教育	83	23615	23593	652	283	40
卫生和社会工作	Q	**43755**	**43755**	**4640**	**410**	**141**
卫生	84	41818	41818	4568	350	141
社会工作	85	1937	1937	72	60	
文化、体育和娱乐业	R	**60321**	**60318**	**4224**	**824**	**35**
新闻和出版业	86	4854	4854	2024	1	
广播、电视、电影和录音制作业	87	7075	7074	672	63	
文化艺术业	88	23339	23337	1430	752	35
体育	89	4329	4329	56		
娱乐业	90	20724	20724	42	8	

联营企业	国有联营企业	集体联营企业	国有与集体联营企业	其他联营企业	有限责任公司	国有独资公司	其他有限责任公司	股份有限公司	私营企业	私营独资企业	代码
					2661	**955**	**1706**	**1232**	**5379**	**47**	J
					897	142	755	902	3571	8	66
					561	364	197	14	239		67
									96	39	68
					1203	449	754	316	1473		69
446	**431**	**15**			**60699**	**6339**	**54360**	**3232**	**140548**	**304**	K
446	431	15			60699	6339	54360	3232	140548	304	70
66	**26**	**32**	**1**	**7**	**97598**	**34767**	**62831**	**5060**	**191088**	**2987**	L
					7178	2754	4424	291	24506	467	71
66	26	32	1	7	90420	32013	58407	4769	166582	2520	72
48	**48**				**39900**	**4104**	**35796**	**1855**	**85177**	**765**	M
					2665	197	2468	153	4859	35	73
48	48				32735	3743	28992	1323	57970	522	74
					4500	164	4336	379	22348	208	75
57		**41**	**16**		**15829**	**4568**	**11261**	**1601**	**33793**	**574**	N
3			3		3067	2033	1034	99	625	44	76
					1414	291	1123	60	2666	151	77
54		41	13		11078	2162	8916	1442	29891	366	78
					270	82	188		611	13	79
11		**10**		**1**	**9934**	**307**	**9627**	**2300**	**47842**	**4072**	O
10		10			5376	286	5090	195	18814	1835	80
1				1	1717	10	1707	168	17408	1775	81
					2841	11	2830	1937	11620	462	82
29	**29**				**3930**	**277**	**3653**	**311**	**18348**	**2132**	P
29	29				3930	277	3653	311	18348	2132	83
10			**10**		**7154**	**115**	**7039**	**1783**	**29617**	**12811**	Q
10			10		6800	85	6715	1749	28200	12543	84
					354	30	324	34	1417	268	85
23		**10**		**13**	**12421**	**2755**	**9666**	**1196**	**41595**	**9696**	R
					2491	646	1845		338	7	86
					1886	810	1076	105	4348	108	87
10		10			5283	1257	4026	533	15294	2845	88
					608	14	594	84	3581	217	89
13				13	2153	28	2125	474	18034	6519	90

2-9 续表 3

行　　业	代码	私营合伙企　　业	私营有限责任公司	私营股份有限公司	其他企业	港、澳、台商投资企业	合资经营企业(港或澳、台资)
总　计	00	**8527**	**2282904**	**94359**		**94034**	**49846**
农、林、牧、渔业	A	**3**	**4027**	**92**			
农业	01						
林业	02						
畜牧业	03						
渔业	04						
农、林、牧、渔专业及辅助性活动	05	3	4027	92			
采矿业	B	**1212**	**121101**	**4665**		**191**	**101**
煤炭开采和洗选业	06	261	90284	4484		101	101
石油和天然气开采业	07		282				
黑色金属矿采选业	08	711	17626	113			
有色金属矿采选业	09	4	3054				
非金属矿采选业	10	236	7043	63		90	
开采专业及辅助性活动	11		2586				
其他采矿业	12		226	5			
制造业	C	**1919**	**515820**	**30262**		**73412**	**45246**
农副食品加工业	13	208	24385	749			
食品制造业	14	5	18331	1449		352	214
酒、饮料和精制茶制造业	15	32	8618	1072		205	114
烟草制品业	16		4				
纺织业	17		6324	136			
纺织服装、服饰业	18		7035	86		35	35
皮革、毛皮、羽毛及其制品和制鞋业	19		1256	25			
木材加工和木、竹、藤、棕、草制品业	20	18	3536	33			
家具制造业	21		2601	24			
造纸和纸制品业	22	24	4428	26			
印刷和记录媒介复制业	23	21	4739	116			
文教、工美、体育和娱乐用品制造业	24		5254	499			
石油、煤炭及其他燃料加工业	25	1	49200	1760		3036	3036
化学原料和化学制品制造业	26	94	29202	2390		949	754
医药制造业	27		11790	1446		667	
化学纤维制造业	28		273				
橡胶和塑料制品业	29	9	11688	308			
非金属矿物制品业	30	466	101961	4196		462	462
黑色金属冶炼和压延加工业	31	80	70694	5549			
有色金属冶炼和压延加工业	32	2	15758	28		1760	1760
金属制品业	33	470	47762	1612		506	501

合作经营企业(港或澳、台资)	港、澳、台商独资经营企业	港、澳、台商投资股份有限公司	其他港、澳、台商投资企业	外商投资企业	中外合资经营企业	中外合作经营企业	外资企业	外商投资股份有限公司	其他外商投资	代码
1369	**41822**	**997**		**76686**	**35512**	**8720**	**27000**	**5340**	**114**	00
										A
										01
										02
										03
										04
										05
	90			**21117**	**14435**	**6239**	**330**		**113**	B
				20490	14244	6239	7			06
				626	190		323		113	07
				1	1					08
										09
	90									10
										11
										12
2	**28073**	**91**		**35354**	**15983**	**22**	**17772**	**1577**		C
				282	278		4			13
	138			999	300		699			14
	91			1942	1563		379			15
										16
				200	200					17
				67	67					18
										19
										20
										21
										22
				97	97					23
				102	100		2			24
				5351	5347		4			25
	195			3092	3043		49			26
	667			493			493			27
										28
				318	316		2			29
				1078	423	2	653			30
				68		20	48			31
				235	96		139			32
	5			1291	1291					33

2-9 续表 4

行业	代码	私营合伙企业	私营有限责任公司	私营股份有限公司	其他企业	港、澳、台商投资企业	合资经营企业(港或澳、台资)
通用设备制造业	34	348	27901	1682		335	52
专用设备制造业	35	46	22921	637			
汽车制造业	36	79	7269	4518		175	175
铁路、船舶、航空航天和其他运输设备制造业	37		1963	60			
电气机械和器材制造业	38		9199	250		170	168
计算机、通信和其他电子设备制造业	39		4266	987		64599	37825
仪器仪表制造业	40	16	1925	236			
其他制造业	41		1663	37			
废弃资源综合利用业	42		2521	153		150	150
金属制品、机械和设备修理业	43		11353	198		11	
电力、热力、燃气及水生产和供应业	**D**	**6**	**22568**	**627**		**3211**	**2599**
电力、热力生产和供应业	44		17868	516		1768	1317
燃气生产和供应业	45	3	2358	108		1044	953
水的生产和供应业	46	3	2342	3		399	329
建筑业	**E**	**185**	**346512**	**27518**		**58**	**58**
房屋建筑业	47	12	147829	23117			
土木工程建筑业	48	110	80291	2846		11	11
建筑安装业	49	9	38098	607			
建筑装饰、装修和其他建筑业	50	54	80294	948		47	47
批发和零售业	**F**	**939**	**468577**	**15133**		**3966**	**1477**
批发业	51	152	225660	3421		1825	377
零售业	52	787	242917	11712		2141	1100
交通运输、仓储和邮政业	**G**	**368**	**130973**	**1564**			
铁路运输业	53		5				
道路运输业	54	365	102054	1326			
水上运输业	55		80				
航空运输业	56		116	59			
管道运输业	57		5				
多式联运和运输代理业	58		2923	21			
装卸搬运和仓储业	59	3	12676	154			
邮政业	60		13114	4			
住宿和餐饮业	**H**	**367**	**74572**	**1862**		**1455**	
住宿业	61	99	27481	540			
餐饮业	62	268	47091	1322		1455	
信息传输、软件和信息技术服务业	**I**	**67**	**53649**	**1203**		**9604**	**13**
电信、广播电视和卫星传输服务	63		2714	14		9529	
互联网和相关服务	64	11	5991	144			
软件和信息技术服务业	65	56	44944	1045		75	13

合作经营企业(港或澳、台资)	港、澳、台商独资经营企业	港、澳、台商投资股份有限公司	其他港、澳、台商投资企业	外商投资企业	中外合资经营企业	中外合作经营企业	外资企业	外商投资股份有限公司	其他外商投资	代码
	192	91		469	322		147			34
				786	473		313			35
				548	321		227			36
				1038	1038					37
2				1898	321			1577		38
	26774			14636	23		14613			39
				236	236					40
				37	37					41
				11	11					42
	11			80	80					43
	592	**20**		**4351**	**3524**	**636**	**191**			**D**
	431	20		3827	3191	636				44
	91			224	224					45
	70			300	109		191			46
				1022	**735**	**71**	**211**	**5**		**E**
										47
				721	505	71	145			48
				301	230		66	5		49
										50
	2489			**1603**	**604**		**999**			**F**
	1448			428	367		61			51
	1041			1175	237		938			52
				652	**7**	**644**			**1**	**G**
										53
				652	7	644			1	54
										55
										56
										57
										58
										59
										60
	1455			**3405**	**3**		**3402**			**H**
				23	3		20			61
	1455			3382			3382			62
1367	**7429**	**795**		**8307**	**8**	**1108**	**3482**	**3709**		**I**
1367	7367	795		8091		1108	3274	3709		63
										64
	62			216	8		208			65

2-9 续表 5

行业	代码	私营合伙企业	私营有限责任公司	私营股份有限公司	其他企业	港、澳、台商投资企业	合资经营企业(港或澳、台资)
金融业	J	**40**	**5214**	**78**		**18**	
货币金融服务	66		3487	76		18	
资本市场服务	67	39	198	2			
保险业	68		57				
其他金融业	69	1	1472				
房地产业	K	**67**	**137479**	**2698**		**224**	**104**
房地产业	70	67	137479	2698		224	104
租赁和商务服务业	L	**1494**	**184044**	**2563**		**426**	**168**
租赁业	71	2	23709	328		63	61
商务服务业	72	1492	160335	2235		363	107
科学研究和技术服务业	M	**199**	**82134**	**2079**		**84**	**80**
研究和试验发展	73	2	4381	441		34	34
专业技术服务业	74	59	56224	1165		33	30
科技推广和应用服务业	75	138	21529	473		17	16
水利、环境和公共设施管理业	N	**110**	**31132**	**1977**		**1381**	
水利管理业	76	84	497				
生态保护和环境治理业	77	5	2433	77			
公共设施管理业	78	4	27693	1828		1381	
土地管理业	79	17	509	72			
居民服务、修理和其他服务业	O	**84**	**43174**	**512**		**4**	
居民服务业	80	52	16746	181			
机动车、电子产品和日用产品修理业	81	28	15400	205			
其他服务业	82	4	11028	126		4	
教育	P	**301**	**15620**	**295**			
教育	83	301	15620	295			
卫生和社会工作	Q	**971**	**15259**	**576**			
卫生	84	967	14131	559			
社会工作	85	4	1128	17			
文化、体育和娱乐业	R	**195**	**31049**	**655**			
新闻和出版业	86		331				
广播、电视、电影和录音制作业	87	1	4211	28			
文化艺术业	88	74	11901	474			
体育	89		3337	27			
娱乐业	90	120	11269	126			

合作经营企业(港或澳、台资)	港、澳、台商独资经营企业	港、澳、台商投资股份有限公司	其他港、澳、台商投资企业	外商投资企业	中外合资经营企业	中外合作经营企业	外资企业	外商投资股份有限公司	其他外商投资	代码
	18			**3**	**3**					J
	18									66
				3	3					67
										68
										69
	76	**44**		**289**	**68**		**219**	**2**		K
	76	44		289	68		219	2		70
	211	**47**		**390**	**15**		**340**	**35**		L
	2			23			23			71
	209	47		367	15		317	35		72
	4			**150**	**112**		**27**	**11**		M
				45	35		10			73
	3			1				1		74
	1			104	77		17	10		75
	1381			**12**	**12**					N
										76
				12	12					77
	1381									78
										79
	4			**6**	**3**		**3**			O
				3			3			80
										81
	4			3	3					82
				22			**22**			P
				22			22			83
										Q
										84
										85
				3			**2**	**1**		R
										86
				1				1		87
				2			2			88
										89
										90

2-10 按地区、控股情况分组的企业法人单位数

地区	法人单位数(个)	国有控股	集体控股	私人控股	港澳台商控股	外商控股	其他
全省	**366030**	**9710**	**5706**	**347118**	**211**	**245**	**3040**
太原市	120506	2539	1106	114153	89	105	2514
大同市	23153	803	494	21749	19	15	73
阳泉市	10734	574	460	9643	8	4	45
长治市	29212	1026	527	27562	12	14	71
晋城市	23465	822	642	21943	10	14	34
朔州市	13313	375	190	12708	2	7	31
晋中市	33669	742	383	32432	26	30	56
运城市	38751	574	363	37723	7	19	65
忻州市	16391	783	333	15196	6	8	65
临汾市	31072	810	805	29371	18	9	59
吕梁市	25764	662	403	24638	14	20	27

2-11　按地区、控股情况分组的企业法人单位从业人员期末人数

地　区	从业人员期末人数（人）						
		国有控股	集体控股	私人控股	港澳台商控股	外商控股	其他
全　省	**5274041**	**1810958**	**183386**	**2995687**	**91751**	**51305**	**140954**
太原市	1407170	485561	30016	758215	47313	20555	65510
大同市	470306	214911	28644	214368	1334	1725	9324
阳泉市	251956	142982	16097	87834	873	733	3437
长治市	473784	182683	18910	257727	1154	2151	11159
晋城市	440842	189953	17937	189516	30312	7219	5905
朔州市	228713	80142	5677	136447	1063	3285	2099
晋中市	484701	115583	23504	332708	2492	2489	7925
运城市	447254	86069	8312	327639	361	598	24275
忻州市	253458	81881	12816	152213	157	1389	5002
临汾市	397602	132159	10661	247120	1146	2139	4377
吕梁市	418255	99034	10812	291900	5546	9022	1941

2-12 按行业(大类)、控股情况分组的企业法人单位数

行业	代码	法人单位数(个)	国有控股	集体控股	私人控股	港澳台商控股	外商控股	其他
总计	00	**366030**	**9710**	**5706**	**347118**	**211**	**245**	**3040**
农、林、牧、渔业	A	**1230**	**40**	**42**	**1144**			**4**
农业	01	14	2	1	11			
林业	02	1			1			
畜牧业	03	11		1	10			
渔业	04							
农、林、牧、渔专业及辅助性活动	05	1204	38	40	1122			4
采矿业	B	**5942**	**643**	**190**	**5060**	**7**	**11**	**31**
煤炭开采和洗选业	06	3377	589	138	2609	3	9	29
石油和天然气开采业	07	37	14		19	1	2	1
黑色金属矿采选业	08	911	9	4	897			1
有色金属矿采选业	09	189	13	4	172			
非金属矿采选业	10	1286	10	34	1239	3		
开采专业及辅助性活动	11	99	8	9	82			
其他采矿业	12	43		1	42			
制造业	C	**35445**	**945**	**932**	**33222**	**41**	**81**	**224**
农副食品加工业	13	2578	76	36	2454	1	3	8
食品制造业	14	1615	36	20	1526	2	2	29
酒、饮料和精制茶制造业	15	1016	23	26	949	5	9	4
烟草制品业	16	2	1		1			
纺织业	17	361	11	18	329			3
纺织服装、服饰业	18	538	22	34	478	1		3
皮革、毛皮、羽毛及其制品和制鞋业	19	139	2	9	128			
木材加工和木、竹、藤、棕、草制品业	20	655	2	11	641			1
家具制造业	21	481	1	10	467			3
造纸和纸制品业	22	470	3	17	449			1
印刷和记录媒介复制业	23	1036	54	80	896		2	4
文教、工美、体育和娱乐用品制造业	24	661	6	15	637		2	1
石油、煤炭及其他燃料加工业	25	774	41	16	701	3	4	9
化学原料和化学制品制造业	26	2080	89	53	1915	6	6	11
医药制造业	27	407	14	4	370	1	3	15
化学纤维制造业	28	37	4	1	31	1		
橡胶和塑料制品业	29	1168	27	44	1089	1	2	5
非金属矿物制品业	30	6888	104	148	6596	5	9	26
黑色金属冶炼和压延加工业	31	437	18	9	403		3	4
有色金属冶炼和压延加工业	32	409	30	10	360	2	4	3
金属制品业	33	3730	27	93	3584	2	2	22

2-12　续表 1

行　　业	代码	法人单位数(个)	国有控股	集体控股	私人控股	港澳台商控股	外商控股	其他
通用设备制造业	34	3672	82	115	3452	2	4	17
专用设备制造业	35	1972	94	41	1812	1	9	15
汽车制造业	36	334	16	8	301		5	4
铁路、船舶、航空航天和其他运输设备制造业	37	144	24	15	102		2	1
电气机械和器材制造业	38	885	41	26	803	1	3	11
计算机、通信和其他电子设备制造业	39	334	28	6	287	4	5	4
仪器仪表制造业	40	236	16	7	210			3
其他制造业	41	270	5	10	251		2	2
废弃资源综合利用业	42	419	7	3	408	1		
金属制品、机械和设备修理业	43	1697	41	47	1592	2		15
电力、热力、燃气及水生产和供应业	**D**	**4049**	**752**	**734**	**2491**	**30**	**8**	**34**
电力、热力生产和供应业	44	3028	456	679	1840	22	5	26
燃气生产和供应业	45	421	94	9	307	4	1	6
水的生产和供应业	46	600	202	46	344	4	2	2
建筑业	**E**	**28707**	**531**	**236**	**27684**	**2**	**9**	**245**
房屋建筑业	47	5396	133	105	5100	1	1	56
土木工程建筑业	48	5746	273	58	5351		5	59
建筑安装业	49	4188	58	41	4047		3	39
建筑装饰、装修和其他建筑业	50	13377	67	32	13186	1		91
批发和零售业	**F**	**139471**	**1754**	**1673**	**135126**	**51**	**46**	**821**
批发业	51	67092	1123	650	64843	30	23	423
零售业	52	72379	631	1023	70283	21	23	398
交通运输、仓储和邮政业	**G**	**14229**	**623**	**195**	**13337**	**3**	**8**	**63**
铁路运输业	53	27	24	1	1			1
道路运输业	54	10918	273	111	10477	2	7	48
水上运输业	55	26	3	1	22			
航空运输业	56	61	17	2	41			1
管道运输业	57	8	1		6		1	
多式联运和运输代理业	58	775	31	12	729			3
装卸搬运和仓储业	59	2007	261	65	1672	1		8
邮政业	60	407	13	3	389			2
住宿和餐饮业	**H**	**8329**	**216**	**101**	**7899**	**5**	**8**	**100**
住宿业	61	2729	148	69	2475	1	2	34
餐饮业	62	5600	68	32	5424	4	6	66
信息传输、软件和信息技术服务业	**I**	**17217**	**190**	**32**	**16785**	**12**	**19**	**179**
电信、广播电视和卫星传输服务	63	832	100	9	696	7	11	9
互联网和相关服务	64	2316	21	3	2275			17
软件和信息技术服务业	65	14069	69	20	13814	5	8	153

2-12 续表 2

行　　业	代码	法人单位数(个)	国有控股	集体控股	私人控股	港澳台商控股	外商控股	其他
金融业	J	**2387**	**558**	**119**	**1468**	**3**	**2**	**237**
货币金融服务	66	1192	192	114	788	3	1	94
资本市场服务	67	248	55	3	178			12
保险业	68	514	262	1	129		1	121
其他金融业	69	433	49	1	373			10
房地产业	K	**16649**	**905**	**521**	**14908**	**10**	**13**	**292**
房地产业	70	16649	905	521	14908	10	13	292
租赁和商务服务业	L	**42258**	**1114**	**499**	**40212**	**22**	**18**	**393**
租赁业	71	6552	62	30	6416	1	2	41
商务服务业	72	35706	1052	469	33796	21	16	352
科学研究和技术服务业	M	**17773**	**582**	**126**	**16843**	**10**	**15**	**197**
研究和试验发展	73	1215	42	3	1143	1	3	23
专业技术服务业	74	8826	440	82	8202	3	2	97
科技推广和应用服务业	75	7732	100	41	7498	6	10	77
水利、环境和公共设施管理业	N	**3968**	**344**	**100**	**3490**	**7**	**1**	**26**
水利管理业	76	263	85	17	158			3
生态保护和环境治理业	77	572	43	4	518		1	6
公共设施管理业	78	2943	207	78	2635	7		16
土地管理业	79	190	9	1	179			1
居民服务、修理和其他服务业	O	**11152**	**67**	**93**	**10905**	**2**	**1**	**84**
居民服务业	80	4653	37	39	4539	1	1	36
机动车、电子产品和日用产品修理业	81	4509	19	35	4425			30
其他服务业	82	1990	11	19	1941	1		18
教育	P	**3435**	**71**	**24**	**3318**		**1**	**21**
教育	83	3435	71	24	3318		1	21
卫生和社会工作	Q	**2203**	**88**	**28**	**2071**	**2**	**1**	**13**
卫生	84	1775	62	18	1684			11
社会工作	85	428	26	10	387	2	1	2
文化、体育和娱乐业	R	**11586**	**287**	**61**	**11155**	**4**	**3**	**76**
新闻和出版业	86	130	69	3	54			4
广播、电视、电影和录音制作业	87	1167	94	9	1057		1	6
文化艺术业	88	3753	98	32	3597	1	1	24
体育	89	897	8	5	877	1		6
娱乐业	90	5639	18	12	5570	2	1	36

2-13　按行业(大类)、控股情况分组的企业法人单位从业人员期末人数

行　业	代码	从业人员期末人数(人)	国有控股	集体控股	私人控股	港澳台商控股	外商控股	其他
总　计	00	**5274041**	**1810958**	**183386**	**2995687**	**91751**	**51305**	**140954**
农、林、牧、渔业	A	**5860**	**1025**	**161**	**4671**			**3**
农业	01							
林业	02							
畜牧业	03							
渔业	04							
农、林、牧、渔专业及辅助性活动	05	5860	1025	161	4671			3
采矿业	B	**1064966**	**787915**	**39849**	**209029**	**2591**	**10794**	**14788**
煤炭开采和洗选业	06	1007618	773199	39552	167716	2311	10358	14482
石油和天然气开采业	07	5839	4694		411	190	436	108
黑色金属矿采选业	08	25588	1942	52	23396			198
有色金属矿采选业	09	7310	3280	9	4021			
非金属矿采选业	10	10664	400	228	9946	90		
开采专业及辅助性活动	11	7665	4400	8	3257			
其他采矿业	12	282			282			
制造业	C	**1191584**	**290144**	**44533**	**708291**	**71437**	**23150**	**54029**
农副食品加工业	13	41106	1962	597	36720	16	196	1615
食品制造业	14	30074	1405	926	26124	303	699	617
酒、饮料和精制茶制造业	15	33344	17440	1355	12088	225	1777	459
烟草制品业	16	927	923		4			
纺织业	17	10023	2253	503	6849			418
纺织服装、服饰业	18	15134	5529	613	8947	35		10
皮革、毛皮、羽毛及其制品和制鞋业	19	1575	5	96	1474			
木材加工和木、竹、藤、棕、草制品业	20	4172	5	34	4130			3
家具制造业	21	3194		132	3054			8
造纸和纸制品业	22	6345	16	276	6046			7
印刷和记录媒介复制业	23	11080	2204	1068	6476		10	1322
文教、工美、体育和娱乐用品制造业	24	7637	148	380	7066		42	1
石油、煤炭及其他燃料加工业	25	111584	28338	1449	76148	3012	112	2525
化学原料和化学制品制造业	26	97094	48606	3283	43140	727	349	989
医药制造业	27	36193	6235	268	20313	667	493	8217
化学纤维制造业	28	1048	750		298			
橡胶和塑料制品业	29	20598	5124	904	14203	2	305	60
非金属矿物制品业	30	154248	12589	3650	132813	468	788	3940
黑色金属冶炼和压延加工业	31	136145	41932	261	87037		68	6847
有色金属冶炼和压延加工业	32	51672	28248	352	22042	801	150	79
金属制品业	33	76329	8817	4639	60330	106	149	2288

2-13 续表 1

行业	代码	从业人员期末人数(人)	国有控股	集体控股	私人控股	港澳台商控股	外商控股	其他
通用设备制造业	34	56928	13567	4675	37356	283	289	758
专用设备制造业	35	71606	29850	10442	29634	24	665	991
汽车制造业	36	30300	4895	2281	20105		264	2755
铁路、船舶、航空航天和其他运输设备制造业	37	18401	11826	2507	2872		568	628
电气机械和器材制造业	38	23288	8628	672	11462	2	1577	947
计算机、通信和其他电子设备制造业	39	111890	3925	136	10579	64599	14614	18037
仪器仪表制造业	40	4695	941	249	3101			404
其他制造业	41	2257	249	74	1861		35	38
废弃资源综合利用业	42	4011	127	617	3117	150		
金属制品、机械和设备修理业	43	18686	3607	2094	12902	17		66
电力、热力、燃气及水生产和供应业	**D**	**158387**	**110413**	**7790**	**33783**	**1667**	**2609**	**2125**
电力、热力生产和供应业	44	102554	65563	6990	25903	613	2418	1067
燃气生产和供应业	45	29489	24091	65	4188	655		490
水的生产和供应业	46	26344	20759	735	3692	399	191	568
建筑业	**E**	**692001**	**205931**	**25991**	**439678**	**262**	**552**	**19587**
房屋建筑业	47	300342	60244	16326	211323	2	1	12446
土木工程建筑业	48	230334	123978	6399	94599		250	5108
建筑安装业	49	60141	11079	2791	44696		301	1274
建筑装饰、装修和其他建筑业	50	101184	10630	475	89060	260		759
批发和零售业	**F**	**725780**	**105781**	**26593**	**574322**	**4130**	**1304**	**13650**
批发业	51	355243	71390	11348	264513	1799	67	6126
零售业	52	370537	34391	15245	309809	2331	1237	7524
交通运输、仓储和邮政业	**G**	**271921**	**105634**	**7378**	**153082**	**47**	**428**	**5352**
铁路运输业	53	1160	1093	62	5			
道路运输业	54	201957	76069	3878	117039	44	354	4573
水上运输业	55	145	58	7	80			
航空运输业	56	4582	4065	6	177			334
管道运输业	57	193			119		74	
多式联运和运输代理业	58	6617	1604	269	4705			39
装卸搬运和仓储业	59	27172	7350	3087	16530	3		202
邮政业	60	30095	15395	69	14427			204
住宿和餐饮业	**H**	**124676**	**14789**	**2158**	**98802**	**1455**	**3402**	**4070**
住宿业	61	52529	11348	1378	37421		20	2362
餐饮业	62	72147	3441	780	61381	1455	3382	1708
信息传输、软件和信息技术服务业	**I**	**114186**	**26382**	**558**	**68503**	**8212**	**8271**	**2260**
电信、广播电视和卫星传输服务	63	44704	23729	178	3686	8145	8063	903
互联网和相关服务	64	8909	470	17	7784			638
软件和信息技术服务业	65	60573	2183	363	57033	67	208	719

2-13 续表 2

行 业	代码	从业人员期末人数（人）	国有控股	集体控股	私人控股	港澳台商控股	外商控股	其他
金融业	**J**	**9336**	**2395**	**61**	**6639**	**18**		**223**
货币金融服务	66	5388	989	22	4320	18		39
资本市场服务	67	836	430	34	355			17
保险业	68	97		1	96			
其他金融业	69	3015	976	4	1868			167
房地产业	**K**	**219234**	**29471**	**8799**	**171958**	**181**	**297**	**8528**
房地产业	70	219234	29471	8799	171958	181	297	8528
租赁和商务服务业	**L**	**314419**	**69850**	**10819**	**225925**	**281**	**375**	**7169**
租赁业	71	32821	4575	233	27412	2	23	576
商务服务业	72	281598	65275	10586	198513	279	352	6593
科学研究和技术服务业	**M**	**137852**	**28413**	**2246**	**102614**	**66**	**52**	**4461**
研究和试验发展	73	7932	1865	17	5799	34	11	206
专业技术服务业	74	102268	24983	1979	71335	24	7	3940
科技推广和应用服务业	75	27652	1565	250	25480	8	34	315
水利、环境和公共设施管理业	**N**	**54484**	**10301**	**1572**	**40272**	**1382**	**12**	**945**
水利管理业	76	4317	3310	241	761			5
生态保护和环境治理业	77	4361	1326	30	2959		12	34
公共设施管理业	78	44885	5496	1291	35820	1382		896
土地管理业	79	921	169	10	732			10
居民服务、修理和其他服务业	**O**	**61664**	**4112**	**1575**	**55044**	**11**	**3**	**919**
居民服务业	80	24857	2548	273	21415	7	3	611
机动车、电子产品和日用产品修理业	81	19900	492	243	19060			105
其他服务业	82	16907	1072	1059	14569	4		203
教育	**P**	**23615**	**2445**	**447**	**19933**		**22**	**768**
教育	83	23615	2445	447	19933		22	768
卫生和社会工作	**Q**	**43755**	**5200**	**700**	**36480**			**1375**
卫生	84	41818	5088	467	34898			1365
社会工作	85	1937	112	233	1582			10
文化、体育和娱乐业	**R**	**60321**	**10757**	**2156**	**46661**	**11**	**34**	**702**
新闻和出版业	86	4854	4085	26	517			226
广播、电视、电影和录音制作业	87	7075	1778	126	5133		1	37
文化艺术业	88	23339	4462	1876	16918	4	2	77
体育	89	4329	70	60	4040			159
娱乐业	90	20724	362	68	20053	7	31	203

2-14 按地区、开业(成立)时间

地 区	法 人单位数(个)	1949年以 前	1950-1977年	1978-1991年	1992-2000年	2001年	2002年	2003年	2004年	2005年	2006年
全 省	**366030**	**78**	**1028**	**3668**	**10379**	**2582**	**3101**	**4264**	**4847**	**5439**	**6481**
太原市	120506	21	233	915	4018	822	1004	1458	1591	1733	2085
大同市	23153	5	68	258	729	185	215	267	309	322	393
阳泉市	10734	4	77	202	480	113	93	144	190	245	230
长治市	29212	10	121	470	660	212	299	372	439	492	497
晋城市	23465	8	64	286	573	142	155	287	293	307	322
朔州市	13313	6	43	90	266	79	86	102	138	146	228
晋中市	33669	5	82	285	1028	322	369	385	519	599	803
运城市	38751	7	119	356	841	212	314	432	469	546	627
忻州市	16391	6	97	277	460	123	169	205	247	327	336
临汾市	31072	5	57	286	723	206	233	380	363	407	500
吕梁市	25764	1	67	243	601	166	164	232	289	315	460

2-15 按地区、开业(成立)时间分组的

地 区	从业人员期末人数(人)	1949年以 前	1950-1977年	1978-1991年	1992-2000年	2001年	2002年	2003年	2004年	2005年	2006年
全 省	**5274041**	**150657**	**332092**	**431270**	**650000**	**143605**	**189918**	**195434**	**155846**	**151822**	**202780**
太原市	1407170	15534	125715	120759	192534	29696	48970	43551	28203	38242	76216
大同市	470306	120125	26928	19581	44175	12284	9777	13019	11875	9029	9135
阳泉市	251956	1148	23356	72889	36123	5477	3357	6255	4573	3844	6334
长治市	473784	7404	11855	41853	69334	11156	10350	17911	11423	12969	22727
晋城市	440842	2102	26976	26486	61577	15558	32647	25132	14364	8037	13180
朔州市	228713	22	10886	28096	21628	5606	4121	5159	9113	3997	8237
晋中市	484701	224	26036	30831	59756	23091	9845	20080	25957	17285	17092
运城市	447254	1828	31342	23019	69418	6413	11632	25552	11762	13767	12628
忻州市	253458	228	13626	18043	19054	5175	19757	8038	8811	6610	8158
临汾市	397602	2042	22090	21284	43464	12288	22407	17669	6088	9678	12753
吕梁市	418255		13282	28429	32937	16861	17055	13068	23677	28364	16320

分组的企业法人单位数

2007年	2008年	2009年	2010年	2011年	2012年	2013年	2014年	2015年	2016年	2017年	2018年	无开业年份
6372	**7198**	**8371**	**10228**	**12153**	**13849**	**16121**	**26350**	**34597**	**47938**	**62764**	**77721**	**501**
2060	2279	2820	3294	4061	4593	5247	8746	10162	16141	20612	26568	43
349	445	539	617	791	844	983	1486	2237	2965	4166	4933	47
203	263	303	334	393	397	483	754	1059	1267	1776	1713	11
479	619	714	831	1088	1267	1426	2378	2764	3517	4847	5696	14
403	443	469	628	783	969	1023	1748	2462	3113	3738	5238	11
184	261	281	409	420	529	601	1006	1369	1921	2459	2684	5
662	761	843	978	1037	1234	1491	2499	3366	4073	5483	6813	32
695	640	688	1013	1167	1384	1655	2802	4023	5008	6708	8960	85
389	388	444	531	645	642	721	1165	1716	2213	2599	2657	34
525	582	705	898	941	1093	1347	2153	3077	4282	5509	6735	65
423	517	565	695	827	897	1144	1613	2362	3438	4867	5724	154

企业法人单位从业人员期末人数

2007年	2008年	2009年	2010年	2011年	2012年	2013年	2014年	2015年	2016年	2017年	2018年	无开业年份
163742	**153272**	**182072**	**182041**	**239732**	**220235**	**182128**	**212722**	**250478**	**265110**	**359598**	**258790**	**697**
39523	35796	41176	46356	44278	47240	44463	61418	53405	70531	129801	73737	26
9561	16024	12157	11812	16236	16016	11139	14084	20653	21569	25761	19311	55
5323	5454	10497	4637	7308	7724	9354	5993	6847	7559	10884	6966	54
20634	10848	21562	23799	45053	18998	13457	20545	15150	18968	28245	19542	1
15594	11169	11420	14728	22684	21102	12292	14478	35689	20278	17618	17718	13
3465	16255	11307	8960	7330	14042	8530	14834	9978	13612	13825	9704	6
14708	16843	17741	20574	20508	16294	20087	18721	24957	26709	32692	24633	37
19777	9558	15005	14756	15372	13346	20656	19116	27133	27568	29867	27638	101
11493	8768	9768	9910	14099	11172	10720	11385	15282	14707	16707	11915	32
11636	8957	18457	12427	22332	23883	17281	16723	21110	21254	26779	26892	108
12028	13600	12982	14082	24532	30418	14149	15425	20274	22355	27419	20734	264

2-16 按行业(大类)、运营状态

行业	代码	法人单位数(个)	正常运营	停业(歇业)
总计	**00**	**366030**	**260979**	**57313**
农、林、牧、渔业	**A**	**1230**	**674**	**348**
农业	01	14	14	
林业	02	1	1	
畜牧业	03	11	10	1
渔业	04			
农、林、牧、渔专业及辅助性活动	05	1204	649	347
采矿业	**B**	**5942**	**3155**	**2024**
煤炭开采和洗选业	06	3377	2074	887
石油和天然气开采业	07	37	29	4
黑色金属矿采选业	08	911	380	461
有色金属矿采选业	09	189	76	77
非金属矿采选业	10	1286	536	545
开采专业及辅助性活动	11	99	48	36
其他采矿业	12	43	12	14
制造业	**C**	**35445**	**23078**	**7602**
农副食品加工业	13	2578	1569	615
食品制造业	14	1615	1033	333
酒、饮料和精制茶制造业	15	1016	645	200
烟草制品业	16	2	2	
纺织业	17	361	211	96
纺织服装、服饰业	18	538	414	72
皮革、毛皮、羽毛及其制品和制鞋业	19	139	67	47
木材加工和木、竹、藤、棕、草制品业	20	655	373	152
家具制造业	21	481	336	79
造纸和纸制品业	22	470	315	102
印刷和记录媒介复制业	23	1036	858	106
文教、工美、体育和娱乐用品制造业	24	661	443	109
石油、煤炭及其他燃料加工业	25	774	413	242
化学原料和化学制品制造业	26	2080	1235	524
医药制造业	27	407	298	57
化学纤维制造业	28	37	18	9
橡胶和塑料制品业	29	1168	730	228
非金属矿物制品业	30	6888	3780	2070
黑色金属冶炼和压延加工业	31	437	277	123
有色金属冶炼和压延加工业	32	409	242	123
金属制品业	33	3730	2608	726

分组的企业法人单位数

筹建	当年关闭	当年破产	当年注销	当年吊销	其他	代码
30702	**4320**	**273**	**10642**	**730**	**1071**	**00**
151	**25**	**1**	**28**	**2**	**1**	**A**
						01
						02
						03
						04
151	25	1	28	2	1	05
452	**210**	**14**	**59**	**16**	**12**	**B**
249	117	5	26	9	10	06
4						07
38	19	3	6	2	2	08
25	8		3			09
108	65	6	21	5		10
13	1		1			11
15			2			12
3230	**628**	**75**	**652**	**120**	**60**	**C**
289	51	5	40	8	1	13
192	19	2	27	7	2	14
131	18		18	4		15
						16
24	11		15	3	1	17
33	10		5	3	1	18
14	5	2	3	1		19
86	18		21	4	1	20
48	6		10		2	21
32	7	3	5	2	4	22
35	9		21	5	2	23
73	17	2	15	1	1	24
70	28	4	14	2	1	25
235	43	3	32	3	5	26
40	4		6	2		27
6	2		2			28
155	26	5	20	4		29
683	180	21	131	14	9	30
15	9		10	2	1	31
32	6	1	4		1	32
258	50	11	61	12	4	33

2-16 续表 1

行 业	代码	法人单位数(个)	正常运营	停业(歇业)
通用设备制造业	34	3672	2655	675
专用设备制造业	35	1972	1487	276
汽车制造业	36	334	226	59
铁路、船舶、航空航天和其他运输设备制造业	37	144	114	8
电气机械和器材制造业	38	885	651	129
计算机、通信和其他电子设备制造业	39	334	242	51
仪器仪表制造业	40	236	187	33
其他制造业	41	270	122	66
废弃资源综合利用业	42	419	166	102
金属制品、机械和设备修理业	43	1697	1361	190
电力、热力、燃气及水生产和供应业	D	**4049**	**2728**	**515**
电力、热力生产和供应业	44	3028	2004	398
燃气生产和供应业	45	421	258	59
水的生产和供应业	46	600	466	58
建筑业	E	**28707**	**22816**	**2773**
房屋建筑业	47	5396	4401	507
土木工程建筑业	48	5746	4513	580
建筑安装业	49	4188	3422	377
建筑装饰、装修和其他建筑业	50	13377	10480	1309
批发和零售业	F	**139471**	**97184**	**24850**
批发业	51	67092	45956	12660
零售业	52	72379	51228	12190
交通运输、仓储和邮政业	G	**14229**	**9955**	**2457**
铁路运输业	53	27	27	
道路运输业	54	10918	7645	1952
水上运输业	55	26	16	8
航空运输业	56	61	35	5
管道运输业	57	8	6	1
多式联运和运输代理业	58	775	460	118
装卸搬运和仓储业	59	2007	1434	336
邮政业	60	407	332	37
住宿和餐饮业	H	**8329**	**5775**	**1278**
住宿业	61	2729	2177	227
餐饮业	62	5600	3598	1051
信息传输、软件和信息技术服务业	I	**17217**	**12762**	**2091**
电信、广播电视和卫星传输服务	63	832	729	58
互联网和相关服务	64	2316	1585	355
软件和信息技术服务业	65	14069	10448	1678

筹建	当年关闭	当年破产	当年注销	当年吊销	其他	代码
183	45	6	76	23	9	34
145	15	5	33	7	4	35
32	3	2	8	4		36
16	2		2	1	1	37
79	9	2	13	1	1	38
26	3		7	3	2	39
10	2		4			40
68	1		8	3	2	41
131	13	1	5	1		42
89	16		36		5	43
698	**33**	**3**	**68**	**2**	**2**	D
539	29	3	51	2	2	44
95	3		6			45
64	1		11			46
2182	**198**	**9**	**610**	**38**	**81**	E
331	30	1	103	6	17	47
498	32	4	103	5	11	48
265	32	3	72	5	12	49
1088	104	1	332	22	41	50
10656	**1668**	**96**	**4391**	**275**	**351**	F
5366	738	52	2010	132	178	51
5290	930	44	2381	143	173	52
1171	**234**	**13**	**360**	**25**	**14**	G
						53
812	200	10	270	19	10	54
2						55
20			1			56
1						57
154	16	1	24	1	1	58
161	12	2	54	5	3	59
21	6		11			60
770	**124**	**6**	**334**	**14**	**28**	H
238	27	1	50	4	5	61
532	97	5	284	10	23	62
1463	**153**	**4**	**653**	**23**	**68**	I
23	6	2	14			63
227	52		89	2	6	64
1213	95	2	550	21	62	65

2-16 续表 2

行　业	代码	法人单位数(个)	正常运营	停业(歇业)
金融业	**J**	**2387**	**2003**	**251**
货币金融服务	66	1192	1007	143
资本市场服务	67	248	202	31
保险业	68	514	494	9
其他金融业	69	433	300	68
房地产业	**K**	**16649**	**12516**	**2118**
房地产业	70	16649	12516	2118
租赁和商务服务业	**L**	**42258**	**31503**	**4973**
租赁业	71	6552	4983	867
商务服务业	72	35706	26520	4106
科学研究和技术服务业	**M**	**17773**	**12966**	**2000**
研究和试验发展	73	1215	925	142
专业技术服务业	74	8826	7135	780
科技推广和应用服务业	75	7732	4906	1078
水利、环境和公共设施管理业	**N**	**3968**	**2640**	**643**
水利管理业	76	263	191	43
生态保护和环境治理业	77	572	310	92
公共设施管理业	78	2943	2011	468
土地管理业	79	190	128	40
居民服务、修理和其他服务业	**O**	**11152**	**8355**	**1413**
居民服务业	80	4653	3337	655
机动车、电子产品和日用产品修理业	81	4509	3639	492
其他服务业	82	1990	1379	266
教育	**P**	**3435**	**2617**	**350**
教育	83	3435	2617	350
卫生和社会工作	**Q**	**2203**	**1595**	**205**
卫生	84	1775	1407	121
社会工作	85	428	188	84
文化、体育和娱乐业	**R**	**11586**	**8657**	**1422**
新闻和出版业	86	130	118	8
广播、电视、电影和录音制作业	87	1167	921	108
文化艺术业	88	3753	2645	488
体育	89	897	646	107
娱乐业	90	5639	4327	711

筹建	当年关闭	当年破产	当年注销	当年吊销	其他	代码
72	**16**	**1**	**27**	**4**	**13**	J
15	13		10		4	66
8	1		3	1	2	67
4			4	2	1	68
45	2	1	10	1	6	69
1374	**147**	**14**	**365**	**30**	**85**	K
1374	147	14	365	30	85	70
3590	**396**	**13**	**1527**	**81**	**175**	L
419	72		178	13	20	71
3171	324	13	1349	68	155	72
1969	**130**	**11**	**579**	**35**	**83**	M
95	9		31	2	11	73
531	51	4	272	18	35	74
1343	70	7	276	15	37	75
565	**38**	**1**	**68**	**6**	**7**	N
18	3		7	1		76
154	4	1	8	2	1	77
384	28		43	3	6	78
9	3		10			79
839	**106**	**7**	**371**	**28**	**33**	O
395	44	4	182	17	19	80
203	40	2	118	7	8	81
241	22	1	71	4	6	82
305	**35**		**108**	**6**	**14**	P
305	35		108	6	14	83
315	**20**		**58**	**3**	**7**	Q
183	13		46	2	3	84
132	7		12	1	4	85
900	**159**	**5**	**384**	**22**	**37**	R
1			3			86
99	9	1	24	1	4	87
414	33	1	155	7	10	88
110	10		20		4	89
276	107	3	182	14	19	90

2-17 按行业(大类)、运营状态分组的

行业	代码	从业人员期末人数(人)		
			正常运营	停业(歇业)
总　计	00	**5274041**	**5071339**	**109942**
农、林、牧、渔业	A	**5860**	**5381**	**200**
农业	01			
林业	02			
畜牧业	03			
渔业	04			
农、林、牧、渔专业及辅助性活动	05	5860	5381	200
采矿业	B	**1064966**	**1031134**	**15419**
煤炭开采和洗选业	06	1007618	978570	11816
石油和天然气开采业	07	5839	5810	2
黑色金属矿采选业	08	25588	23883	1516
有色金属矿采选业	09	7310	6828	305
非金属矿采选业	10	10664	8649	1317
开采专业及辅助性活动	11	7665	7169	422
其他采矿业	12	282	225	41
制造业	C	**1191584**	**1141301**	**31196**
农副食品加工业	13	41106	38538	1467
食品制造业	14	30074	29041	661
酒、饮料和精制茶制造业	15	33344	32473	564
烟草制品业	16	927	927	
纺织业	17	10023	8285	1622
纺织服装、服饰业	18	15134	14659	392
皮革、毛皮、羽毛及其制品和制鞋业	19	1575	1325	177
木材加工和木、竹、藤、棕、草制品业	20	4172	3773	249
家具制造业	21	3194	2958	111
造纸和纸制品业	22	6345	6014	281
印刷和记录媒介复制业	23	11080	10771	187
文教、工美、体育和娱乐用品制造业	24	7637	7326	99
石油、煤炭及其他燃料加工业	25	111584	107235	2683
化学原料和化学制品制造业	26	97094	88048	6615
医药制造业	27	36193	34958	253
化学纤维制造业	28	1048	1035	5
橡胶和塑料制品业	29	20598	19709	646
非金属矿物制品业	30	154248	141327	7221
黑色金属冶炼和压延加工业	31	136145	134794	1172
有色金属冶炼和压延加工业	32	51672	51157	352
金属制品业	33	76329	73379	2089

企业法人单位从业人员期末人数

筹建	当年关闭	当年破产	当年注销	当年吊销	其他	代码
70345	**6431**	**1796**	**10205**	**93**	**3890**	00
262	**11**		**6**			A
						01
						02
						03
						04
262	11		6			05
15785	**1062**	**1**	**156**		**1409**	B
14726	965		132		1409	06
27						07
172	15	1	1			08
150	26		1			09
621	55		22			10
73	1					11
16						12
13715	**935**	**1577**	**2460**	**10**	**390**	C
903	27	41	20		110	13
343	1		22		6	14
299			8			15
						16
95	11		2	4	4	17
80	1		1	1		18
69	1		3			19
139	5		6			20
105	6				14	21
48		2				22
68	6		2		46	23
135	18	53	1	2	3	24
1650	9		7			25
1628	12	710	2	1	78	26
362	4		616			27
8						28
202	24	8	9			29
4261	648	641	112	1	37	30
155	19		5			31
69	25		50		19	32
808	17	1	29	1	5	33

2-17 续表 1

行业	代码	从业人员期末人数（人）		
			正常运营	停业(歇业)
通用设备制造业	34	56928	54409	1707
专用设备制造业	35	71606	70183	910
汽车制造业	36	30300	30116	49
铁路、船舶、航空航天和其他运输设备制造业	37	18401	18328	8
电气机械和器材制造业	38	23288	22257	692
计算机、通信和其他电子设备制造业	39	111890	111565	63
仪器仪表制造业	40	4695	4628	44
其他制造业	41	2257	1996	104
废弃资源综合利用业	42	4011	3536	129
金属制品、机械和设备修理业	43	18686	16551	644
电力、热力、燃气及水生产和供应业	D	**158387**	**151385**	**2606**
电力、热力生产和供应业	44	102554	97044	2472
燃气生产和供应业	45	29489	28912	48
水的生产和供应业	46	26344	25429	86
建筑业	E	**692001**	**682663**	**3448**
房屋建筑业	47	300342	298235	732
土木工程建筑业	48	230334	227246	580
建筑安装业	49	60141	59365	366
建筑装饰、装修和其他建筑业	50	101184	97817	1770
批发和零售业	F	**725780**	**677653**	**31279**
批发业	51	355243	328813	17755
零售业	52	370537	348840	13524
交通运输、仓储和邮政业	G	**271921**	**266542**	**3276**
铁路运输业	53	1160	1160	
道路运输业	54	201957	198091	2527
水上运输业	55	145	113	32
航空运输业	56	4582	4533	7
管道运输业	57	193	193	
多式联运和运输代理业	58	6617	6291	114
装卸搬运和仓储业	59	27172	26294	540
邮政业	60	30095	29867	56
住宿和餐饮业	H	**124676**	**119925**	**2412**
住宿业	61	52529	50771	831
餐饮业	62	72147	69154	1581
信息传输、软件和信息技术服务业	I	**114186**	**109751**	**1883**
电信、广播电视和卫星传输服务	63	44704	44625	53
互联网和相关服务	64	8909	8266	231
软件和信息技术服务业	65	60573	56860	1599

筹建	当年关闭	当年破产	当年注销	当年吊销	其他	代码
549	20	10	215		18	34
370	30	101	8		4	35
86	36	10	3			36
63	2					37
332	5				2	38
199			25		38	39
23						40
152			3		2	41
339	7					42
175	1		1311		4	43
4032	**40**		**250**		**74**	D
2714	30		220		74	44
497	10		22			45
821			8			46
2637	**1756**	**14**	**1408**		**75**	E
483	776		105		11	47
635	788	8	1069		8	48
295	15	6	79		15	49
1224	177		155		41	50
12509	**1213**	**95**	**2581**	**38**	**412**	F
6957	510	78	939	25	166	51
5552	703	17	1642	13	246	52
1675	**202**	**32**	**183**	**3**	**8**	G
						53
1035	147	32	117	3	5	54
						55
42						56
						57
179	21		10		2	58
261	28		48		1	59
158	6		8			60
1433	**210**	**12**	**643**		**41**	H
591	50		272		14	61
842	160	12	371		27	62
2011	**93**		**342**	**1**	**105**	I
25			1			63
298	49		56		9	64
1688	44		285	1	96	65

2-17 续表 2

行 业	代码	从业人员期末人数(人)	正常运营	停业(歇业)
金融业	J	**9336**	**8818**	**293**
货币金融服务	66	5388	5181	167
资本市场服务	67	836	743	40
保险业	68	97	83	7
其他金融业	69	3015	2811	79
房地产业	K	**219234**	**210647**	**5266**
房地产业	70	219234	210647	5266
租赁和商务服务业	L	**314419**	**301552**	**6240**
租赁业	71	32821	31197	1022
商务服务业	72	281598	270355	5218
科学研究和技术服务业	M	**137852**	**131824**	**1983**
研究和试验发展	73	7932	7502	195
专业技术服务业	74	102268	99708	792
科技推广和应用服务业	75	27652	24614	996
水利、环境和公共设施管理业	N	**54484**	**52014**	**810**
水利管理业	76	4317	4226	30
生态保护和环境治理业	77	4361	3815	152
公共设施管理业	78	44885	43212	506
土地管理业	79	921	761	122
居民服务、修理和其他服务业	O	**61664**	**58613**	**1489**
居民服务业	80	24857	23293	714
机动车、电子产品和日用产品修理业	81	19900	18999	565
其他服务业	82	16907	16321	210
教育	P	**23615**	**22787**	**282**
教育	83	23615	22787	282
卫生和社会工作	Q	**43755**	**42449**	**417**
卫生	84	41818	40893	357
社会工作	85	1937	1556	60
文化、体育和娱乐业	R	**60321**	**56900**	**1443**
新闻和出版业	86	4854	4837	10
广播、电视、电影和录音制作业	87	7075	6786	112
文化艺术业	88	23339	21893	499
体育	89	4329	4034	115
娱乐业	90	20724	19350	707

筹建	当年关闭	当年破产	当年注销	当年吊销	其他	代码
178	**5**		**22**		**20**	J
14	5		10		11	66
53						67
			6		1	68
111			6		8	69
2029	**326**	**48**	**314**		**604**	K
2029	326	48	314		604	70
5081	**280**	**3**	**860**	**18**	**385**	L
411	58		108	8	17	71
4670	222	3	752	10	368	72
3472	**77**	**8**	**367**	**6**	**115**	M
208	8		10		9	73
1434	32	2	244	5	51	74
1830	37	6	113	1	55	75
1572	**22**		**27**	**1**	**38**	N
59	2					76
391			3			77
1094	20		14	1	38	78
28			10			79
1083	**45**	**6**	**338**	**6**	**84**	O
638	19	5	164	3	21	80
241	23	1	62	2	7	81
204	3		112	1	56	82
463	**21**		**39**	**3**	**20**	P
463	21		39	3	20	83
825	**13**		**38**	**2**	**11**	Q
526	7		35			84
299	6		3	2	11	85
1583	**120**		**171**	**5**	**99**	R
			7			86
151	11		13		2	87
798	66		61		22	88
171	5		1		3	89
463	38		89	5	72	90

2-18 按地区、运营状态分组的企业法人单位数

地 区	法 人 单位数 (个)	正常运营	停业(歇业)	筹建	当年关闭	当年破产	当年注销	当年吊销	其他
全 省	**366030**	**260979**	**57313**	**30702**	**4320**	**273**	**10642**	**730**	**1071**
太原市	120506	89424	15501	9603	489	29	4311	162	987
大同市	23153	15876	4155	2160	313	24	605	11	9
阳泉市	10734	8431	1492	620	59	3	126		3
长治市	29212	21146	4659	2465	356	25	549	9	3
晋城市	23465	17735	3157	1971	176	8	414	2	2
朔州市	13313	9495	2339	913	190	20	350	4	2
晋中市	33669	22082	5797	3159	674	43	1555	338	21
运城市	38751	28221	6169	2911	404	33	952	45	16
忻州市	16391	11550	3079	1238	243	18	247	11	5
临汾市	31072	22219	5116	2353	490	44	812	34	4
吕梁市	25764	14800	5849	3309	926	26	721	114	19

2-19 按地区、运营状态分组的企业法人单位从业人员期末人数

地 区	从业人员 期末人数 (人)	正常运营	停业(歇业)	筹建	当年关闭	当年破产	当年注销	当年吊销	其他
全 省	**5274041**	**5071339**	**109942**	**70345**	**6431**	**1796**	**10205**	**93**	**3890**
太原市	1407170	1359589	27095	15546	343	13	2817	15	1752
大同市	470306	454374	9164	4364	1032	30	1280	1	61
阳泉市	251956	244897	3730	3124	93		70		42
长治市	473784	458328	8412	5055	299	180	1395		115
晋城市	440842	424992	5743	9408	336	4	359		
朔州市	228713	220629	3787	2283	966	18	997	3	30
晋中市	484701	465852	9553	6945	418	749	271	6	907
运城市	447254	429571	8639	5966	367	723	1898	6	84
忻州市	253458	239610	8765	3736	1140	8	76		123
临汾市	397602	373236	16163	6895	525	51	695	27	10
吕梁市	418255	400261	8891	7023	912	20	347	35	766

2-20　按地区、单位规模分组的企业法人单位数

地　区	法人单位数（个）	大型	中型	小型	微型
全　省	**357870**	**585**	**4158**	**30669**	**322458**
太原市	118118	185	1127	9152	107654
大同市	22640	30	305	2340	19965
阳泉市	10381	22	183	1165	9011
长治市	28625	57	388	2396	25784
晋城市	22919	55	353	2191	20320
朔州市	13019	27	207	1155	11630
晋中市	32892	48	419	3195	29230
运城市	37688	43	313	2665	34667
忻州市	16026	16	236	1794	13980
临汾市	30352	46	305	2328	27673
吕梁市	25210	56	322	2288	22544

注：1.本表不含无单位规模标识的单位数据。表2-21、2-22、2-23同。
2.本表不含人民银行、银保监会、证监会监管的金融业以及铁路运输部门单位数据。表2-22、2-24、2-26、2-28、2-30、2-34同。

2-21　按地区、单位规模分组的企业法人单位从业人员期末人数

地　区	从业人员期末人数（人）	大型	中型	小型	微型
全　省	**5193852**	**1490179**	**1175107**	**1299957**	**1228609**
太原市	1389874	487004	248286	305711	348873
大同市	462889	166072	93029	108696	95092
阳泉市	246200	87313	61506	53100	44281
长治市	466558	132757	121283	107590	104928
晋城市	435049	148898	102569	94529	89053
朔州市	225249	56131	54924	65795	48399
晋中市	479011	84323	124108	157879	112701
运城市	438104	96133	98723	119278	123970
忻州市	248198	24045	66520	84288	73345
临汾市	389323	93351	94907	91175	109890
吕梁市	413397	114152	109252	111916	78077

2-22 按行业(大类)、单位规模分组的企业法人单位数

行业	代码	法人单位数(个)	大型	中型	小型	微型
总 计	00	**357870**	**585**	**4158**	**30669**	**322458**
农、林、牧、渔业	A	**1230**		**45**	**144**	**1041**
农业	01	14				14
林业	02	1				1
畜牧业	03	11				11
渔业	04					
农、林、牧、渔专业及辅助性活动	05	1204		45	144	1015
采矿业	B	**5942**	**135**	**414**	**1301**	**4092**
煤炭开采和洗选业	06	3377	131	394	962	1890
石油和天然气开采业	07	37	1	2	18	16
黑色金属矿采选业	08	911	2	10	190	709
有色金属矿采选业	09	189		5	27	157
非金属矿采选业	10	1286		1	85	1200
开采专业及辅助性活动	11	99	1	2	19	77
其他采矿业	12	43				43
制造业	C	**35445**	**119**	**429**	**4745**	**30152**
农副食品加工业	13	2578	4	9	247	2318
食品制造业	14	1615	1	15	140	1459
酒、饮料和精制茶制造业	15	1016	1	12	88	915
烟草制品业	16	2		1		1
纺织业	17	361		4	47	310
纺织服装、服饰业	18	538	2	4	49	483
皮革、毛皮、羽毛及其制品和制鞋业	19	139			4	135
木材加工和木、竹、藤、棕、草制品业	20	655		1	25	629
家具制造业	21	481			19	462
造纸和纸制品业	22	470		1	64	405
印刷和记录媒介复制业	23	1036		4	60	972
文教、工美、体育和娱乐用品制造业	24	661		2	34	625
石油、煤炭及其他燃料加工业	25	774	27	71	81	595
化学原料和化学制品制造业	26	2080	14	44	334	1688
医药制造业	27	407	5	19	115	268
化学纤维制造业	28	37		1	6	30
橡胶和塑料制品业	29	1168	2	6	149	1011
非金属矿物制品业	30	6888	2	69	1210	5607
黑色金属冶炼和压延加工业	31	437	27	24	111	275

2-22　续表 1

行　　业	代码	法　人 单位数 （个）	大型	中型	小型	微型
有色金属冶炼和压延加工业	32	409	9	22	87	291
金属制品业	33	3730	2	34	559	3135
通用设备制造业	34	3672	3	11	437	3221
专用设备制造业	35	1972	4	25	355	1588
汽车制造业	36	334	6	12	72	244
铁路、船舶、航空航天和其他运输设备制造业	37	144	2	12	40	90
电气机械和器材制造业	38	885	3	5	153	724
计算机、通信和其他电子设备制造业	39	334	5	12	64	253
仪器仪表制造业	40	236		1	37	198
其他制造业	41	270		1	17	252
废弃资源综合利用业	42	419		1	36	382
金属制品、机械和设备修理业	43	1697		6	105	1586
电力、热力、燃气及水生产和供应业	**D**	**4049**	**14**	**76**	**552**	**3407**
电力、热力生产和供应业	44	3028	11	50	315	2652
燃气生产和供应业	45	421	2	14	109	296
水的生产和供应业	46	600	1	12	128	459
建筑业	**E**	**28707**	**67**	**532**	**3316**	**24792**
房屋建筑业	47	5396	27	241	883	4245
土木工程建筑业	48	5746	36	186	948	4576
建筑安装业	49	4188	2	45	613	3528
建筑装饰、装修和其他建筑业	50	13377	2	60	872	12443
批发和零售业	**F**	**139471**	**124**	**1561**	**7469**	**130317**
批发业	51	67092	71	839	4216	61966
零售业	52	72379	53	722	3253	68351
交通运输、仓储和邮政业	**G**	**14202**	**14**	**81**	**1674**	**12433**
道路运输业	54	10918	6	43	1332	9537
水上运输业	55	26				26
航空运输业	56	61	1	5	8	47
管道运输业	57	8			2	6
多式联运和运输代理业	58	775		1	43	731
装卸搬运和仓储业	59	2007	1	24	205	1777
邮政业	60	407	6	8	84	309
住宿和餐饮业	**H**	**8329**	**4**	**89**	**1495**	**6741**
住宿业	61	2729	1	39	708	1981
餐饮业	62	5600	3	50	787	4760

2-22 续表 2

行　业	代码	法人单位数(个)	大型	中型	小型	微型
信息传输、软件和信息技术服务业	I	**17217**	**4**	**89**	**804**	**16320**
电信、广播电视和卫星传输服务	63	832		54	88	690
互联网和相关服务	64	2316		3	58	2255
软件和信息技术服务业	65	14069	4	32	658	13375
金融业	J	**1418**		**3**	**11**	**1404**
货币金融服务	66	797				797
资本市场服务	67	139		1	9	129
保险业	68	53				53
其他金融业	69	429		2	2	425
房地产业	K	**14604**	**11**	**507**	**759**	**13327**
房地产业	70	14604	11	507	759	13327
租赁和商务服务业	L	**42258**	**16**	**78**	**2819**	**39345**
租赁业	71	6552	1	5	437	6109
商务服务业	72	35706	15	73	2382	33236
科学研究和技术服务业	M	**17773**	**31**	**100**	**2648**	**14994**
研究和试验发展	73	1215	3	3	150	1059
专业技术服务业	74	8826	26	87	1960	6753
科技推广和应用服务业	75	7732	2	10	538	7182
水利、环境和公共设施管理业	N	**3968**	**19**	**50**	**679**	**3220**
水利管理业	76	263	1	3	64	195
生态保护和环境治理业	77	572		4	106	462
公共设施管理业	78	2943	18	43	483	2399
土地管理业	79	190			26	164
居民服务、修理和其他服务业	O	**11152**	**11**	**36**	**1076**	**10029**
居民服务业	80	4653	3	16	450	4184
机动车、电子产品和日用产品修理业	81	4509	1	4	388	4116
其他服务业	82	1990	7	16	238	1729
卫生和社会工作	Q	**519**	**6**	**33**	**89**	**391**
卫生	84	91	6	32	48	5
社会工作	85	428		1	41	386
文化、体育和娱乐业	R	**11586**	**10**	**35**	**1088**	**10453**
新闻和出版业	86	130	3	8	50	69
广播、电视、电影和录音制作业	87	1167	1	2	177	987
文化艺术业	88	3753	3	18	433	3299
体育	89	897		2	106	789
娱乐业	90	5639	3	5	322	5309

2-23 按行业(大类)、单位规模分组的企业法人单位从业人员期末人数

行业	代码	从业人员期末人数(人)	大型	中型	小型	微型
总 计	00	**5193852**	**1490179**	**1175107**	**1299957**	**1228609**
农、林、牧、渔业	A	**5860**		**1685**	**1325**	**2850**
农业	01					
林业	02					
畜牧业	03					
渔业	04					
农、林、牧、渔专业及辅助性活动	05	5860		1685	1325	2850
采矿业	B	**1064966**	**628202**	**289164**	**95077**	**52523**
煤炭开采和洗选业	06	1007618	617180	277603	73133	39702
石油和天然气开采业	07	5839	2604	968	2183	84
黑色金属矿采选业	08	25588	4197	5429	11856	4106
有色金属矿采选业	09	7310		4135	2078	1097
非金属矿采选业	10	10664		340	3851	6473
开采专业及辅助性活动	11	7665	4221	689	1976	779
其他采矿业	12	282				282
制造业	C	**1191584**	**425247**	**241898**	**340810**	**183629**
农副食品加工业	13	41106	8738	5117	14581	12670
食品制造业	14	30074	2028	8168	11518	8360
酒、饮料和精制茶制造业	15	33344	13152	5913	8904	5375
烟草制品业	16	927		923		4
纺织业	17	10023		3095	3700	3228
纺织服装、服饰业	18	15134	2456	1890	5954	4834
皮革、毛皮、羽毛及其制品和制鞋业	19	1575			276	1299
木材加工和木、竹、藤、棕、草制品业	20	4172		353	1311	2508
家具制造业	21	3194			844	2350
造纸和纸制品业	22	6345		548	3438	2359
印刷和记录媒介复制业	23	11080		2168	3804	5108
文教、工美、体育和娱乐用品制造业	24	7637		851	3229	3557
石油、煤炭及其他燃料加工业	25	111584	52595	41920	7944	9125
化学原料和化学制品制造业	26	97094	32680	28497	25105	10812
医药制造业	27	36193	10771	11303	11800	2319
化学纤维制造业	28	1048		387	553	108
橡胶和塑料制品业	29	20598	2429	2796	9675	5698
非金属矿物制品业	30	154248	2731	33083	83194	35240
黑色金属冶炼和压延加工业	31	136145	112969	12417	9519	1240

2-23 续表 1

行业	代码	从业人员期末人数（人）				
			大型	中型	小型	微型
有色金属冶炼和压延加工业	32	51672	29749	12980	7667	1276
金属制品业	33	76329	3330	16331	39719	16949
通用设备制造业	34	56928	5224	6018	26673	19013
专用设备制造业	35	71606	21620	15460	23842	10684
汽车制造业	36	30300	15110	6940	6606	1644
铁路、船舶、航空航天和其他运输设备制造业	37	18401	7604	6859	3386	552
电气机械和器材制造业	38	23288	6245	2502	10078	4463
计算机、通信和其他电子设备制造业	39	111890	95816	9734	4689	1651
仪器仪表制造业	40	4695		324	3288	1083
其他制造业	41	2257		538	696	1023
废弃资源综合利用业	42	4011		474	2239	1298
金属制品、机械和设备修理业	43	18686		4309	6578	7799
电力、热力、燃气及水生产和供应业	**D**	**158387**	**37875**	**48687**	**50983**	**20842**
电力、热力生产和供应业	44	102554	25189	32624	31120	13621
燃气生产和供应业	45	29489	9893	8314	9360	1922
水的生产和供应业	46	26344	2793	7749	10503	5299
建筑业	**E**	**692001**	**164097**	**224889**	**174463**	**128552**
房屋建筑业	47	300342	74336	130312	64326	31368
土木工程建筑业	48	230334	83578	68726	50169	27861
建筑安装业	49	60141	4471	11274	28584	15812
建筑装饰、装修和其他建筑业	50	101184	1712	14577	31384	53511
批发和零售业	**F**	**725780**	**90995**	**139124**	**127108**	**368553**
批发业	51	355243	44300	58264	59249	193430
零售业	52	370537	46695	80860	67859	175123
交通运输、仓储和邮政业	**G**	**270761**	**48785**	**56233**	**105698**	**60045**
道路运输业	54	201957	34848	40175	82504	44430
水上运输业	55	145				145
航空运输业	56	4582	1487	1923	1049	123
管道运输业	57	193			114	79
多式联运和运输代理业	58	6617		1099	2962	2556
装卸搬运和仓储业	59	27172	242	4049	12445	10436
邮政业	60	30095	12208	8987	6624	2276
住宿和餐饮业	**H**	**124676**	**6176**	**23914**	**63432**	**31154**
住宿业	61	52529	496	11237	29027	11769
餐饮业	62	72147	5680	12677	34405	19385

2-23　续表 2

行　业	代码	从业人员期末人数（人）	大型	中型	小型	微型
信息传输、软件和信息技术服务业	I	**114186**	**4294**	**46370**	**21068**	**42454**
电信、广播电视和卫星传输服务	63	44704		37838	3793	3073
互联网和相关服务	64	8909		1429	1743	5737
软件和信息技术服务业	65	60573	4294	7103	15532	33644
金融业	J	**9336**		**196**	**183**	**8957**
货币金融服务	66	5388				5388
资本市场服务	67	836		14	140	682
保险业	68	97				97
其他金融业	69	3015		182	43	2790
房地产业	K	**194323**	**8180**	**30592**	**31536**	**124015**
房地产业	70	194323	8180	30592	31536	124015
租赁和商务服务业	L	**314419**	**18767**	**30342**	**151763**	**113547**
租赁业	71	32821	2719	1269	11203	17630
商务服务业	72	281598	16048	29073	140560	95917
科学研究和技术服务业	M	**137852**	**21072**	**16207**	**66341**	**34232**
研究和试验发展	73	7932	1551	406	3363	2612
专业技术服务业	74	102268	18175	14145	52366	17582
科技推广和应用服务业	75	27652	1346	1656	10612	14038
水利、环境和公共设施管理业	N	**54484**	**20915**	**8620**	**17508**	**7441**
水利管理业	76	4317	1769	376	1706	466
生态保护和环境治理业	77	4361		693	2779	889
公共设施管理业	78	44885	19146	7551	12489	5699
土地管理业	79	921			534	387
居民服务、修理和其他服务业	O	**61664**	**8178**	**5863**	**22981**	**24642**
居民服务业	80	24857	2677	2478	10225	9477
机动车、电子产品和日用产品修理业	81	19900	995	724	6887	11294
其他服务业	82	16907	4506	2661	5869	3871
卫生和社会工作	Q	**13252**	**2783**	**5604**	**4075**	**790**
卫生	84	11315	2783	5431	3101	
社会工作	85	1937		173	974	790
文化、体育和娱乐业	R	**60321**	**4613**	**5719**	**25606**	**24383**
新闻和出版业	86	4854	1525	1630	1463	236
广播、电视、电影和录音制作业	87	7075	494	262	3785	2534
文化艺术业	88	23339	1600	2940	11791	7008
体育	89	4329		226	2207	1896
娱乐业	90	20724	994	661	6360	12709

2-24 按地区、营业收入组距分组的企业法人单位数

地区	法人单位数(个)	100万元及以下	100-200万元	200-500万元	500-1000万元	1000-2000万元	2000-5000万元	5000万元-1亿元	1亿元以上
全省	**365042**	**278407**	**23471**	**26780**	**12233**	**8484**	**7248**	**3299**	**5120**
太原市	120211	90804	8220	9604	4310	2932	2151	887	1303
大同市	23077	17272	1474	1861	853	587	504	229	297
阳泉市	10687	7759	745	894	445	277	284	119	164
长治市	29135	22032	1959	2254	971	624	541	283	471
晋城市	23402	17463	1665	1870	810	538	475	221	360
朔州市	13269	10155	798	942	409	277	261	158	269
晋中市	33589	26040	1933	2139	1012	747	731	375	612
运城市	38668	30204	2453	2507	1224	841	689	332	418
忻州市	16330	11917	1073	1238	588	485	503	218	308
临汾市	30982	24476	1863	2023	861	586	529	224	420
吕梁市	25692	20285	1288	1448	750	590	580	253	498

2-25 按地区、营业收入组距分组的企业法人单位从业人员期末人数

地 区	从业人员期末人数(人)	100万元及以下	100-200万元	200-500万元	500-1000万元	1000-2000万元	2000-5000万元	5000万元-1亿元	1亿元以上
全 省	**5274041**	**916131**	**208610**	**342763**	**261361**	**289205**	**415500**	**315348**	**2525123**
太原市	1407170	248809	56051	89286	68968	73291	108087	82709	679969
大同市	470306	70599	16692	31382	26409	24303	33973	21314	245634
阳泉市	251956	32778	7787	14411	10859	12597	22730	14006	136788
长治市	473784	78323	18221	30509	19048	23133	27232	26846	250472
晋城市	440842	68857	17532	25570	23130	20382	31823	21739	231809
朔州市	228713	36934	7850	15165	11636	14637	21134	21165	100192
晋中市	484701	84607	20430	33765	24053	33844	45346	37372	205284
运城市	447254	96007	19755	29616	24121	25979	36061	28838	186877
忻州市	253458	53506	12665	21561	13308	16863	26028	19275	90252
临汾市	397602	85161	18360	29472	19709	20732	25650	18257	180261
吕梁市	418255	60550	13267	22026	20120	23444	37436	23827	217585

2-26 按行业(大类)、营业收入

行 业	代码	法人单位数(个)		
			100万元及以下	100-200万元
总 计	00	**365042**	**278407**	**23471**
农、林、牧、渔业	A	**1230**	**1109**	**37**
农业	01	14	14	
林业	02	1	1	
畜牧业	03	11	11	
渔业	04			
农、林、牧、渔专业及辅助性活动	05	1204	1083	37
采矿业	B	**5942**	**3177**	**235**
煤炭开采和洗选业	06	3377	1393	71
石油和天然气开采业	07	37	12	1
黑色金属矿采选业	08	911	566	44
有色金属矿采选业	09	189	137	5
非金属矿采选业	10	1286	974	105
开采专业及辅助性活动	11	99	58	4
其他采矿业	12	43	37	5
制造业	C	**35445**	**22958**	**2485**
农副食品加工业	13	2578	1951	145
食品制造业	14	1615	1276	96
酒、饮料和精制茶制造业	15	1016	844	34
烟草制品业	16	2	1	
纺织业	17	361	256	29
纺织服装、服饰业	18	538	419	42
皮革、毛皮、羽毛及其制品和制鞋业	19	139	114	8
木材加工和木、竹、藤、棕、草制品业	20	655	510	42
家具制造业	21	481	398	34
造纸和纸制品业	22	470	289	34
印刷和记录媒介复制业	23	1036	738	94
文教、工美、体育和娱乐用品制造业	24	661	552	35
石油、煤炭及其他燃料加工业	25	774	467	26
化学原料和化学制品制造业	26	2080	1283	126
医药制造业	27	407	198	29
化学纤维制造业	28	37	25	3
橡胶和塑料制品业	29	1168	748	91
非金属矿物制品业	30	6888	4414	384
黑色金属冶炼和压延加工业	31	437	204	13
有色金属冶炼和压延加工业	32	409	213	11
金属制品业	33	3730	2190	324

组距分组的企业法人单位数

200-500万元	500-1000万元	1000-2000万元	2000-5000万元	5000万元-1亿元	1亿元以上	代码
26780	**12233**	**8484**	**7248**	**3299**	**5120**	**00**
40	**16**	**15**	**9**	**3**	**1**	**A**
						01
						02
						03
						04
40	16	15	9	3	1	05
300	**231**	**286**	**341**	**275**	**1097**	**B**
141	112	186	218	234	1022	06
3	2		2	3	14	07
53	51	51	86	25	35	08
6	4	7	11	3	16	09
92	51	38	18	6	2	10
5	10	4	6	4	8	11
	1					12
3252	**2012**	**1626**	**1547**	**588**	**977**	**C**
145	80	79	109	29	40	13
78	44	40	44	19	18	14
36	25	16	20	11	30	15
					1	16
22	11	14	17	5	7	17
28	15	11	16	3	4	18
11	3	2			1	19
54	26	14	5	2	2	20
28	9	6	5	1		21
68	35	15	19	5	5	22
106	51	18	17	5	7	23
28	23	12	6	2	3	24
40	35	34	24	13	135	25
162	100	96	137	47	129	26
39	16	23	39	26	37	27
1	2	3	3			28
133	78	46	46	12	14	29
608	408	394	386	139	155	30
22	30	35	35	16	82	31
26	23	16	36	30	54	32
408	272	235	170	66	65	33

2-26 续表 1

行　　业	代码	法人单位数（个）		
			100万元及以下	100-200万元
通用设备制造业	34	3672	2086	378
专用设备制造业	35	1972	1035	163
汽车制造业	36	334	202	10
铁路、船舶、航空航天和其他运输设备制造业	37	144	61	8
电气机械和器材制造业	38	885	468	80
计算机、通信和其他电子设备制造业	39	334	188	26
仪器仪表制造业	40	236	135	21
其他制造业	41	270	220	12
废弃资源综合利用业	42	419	347	10
金属制品、机械和设备修理业	43	1697	1126	177
电力、热力、燃气及水生产和供应业	**D**	**4049**	**2886**	**110**
电力、热力生产和供应业	44	3028	2302	55
燃气生产和供应业	45	421	230	13
水的生产和供应业	46	600	354	42
建筑业	**E**	**28707**	**20364**	**2356**
房屋建筑业	47	5396	3306	459
土木工程建筑业	48	5746	3609	494
建筑安装业	49	4188	2814	388
建筑装饰、装修和其他建筑业	50	13377	10635	1015
批发和零售业	**F**	**139471**	**103834**	**9598**
批发业	51	67092	45640	4965
零售业	52	72379	58194	4633
交通运输、仓储和邮政业	**G**	**14210**	**9185**	**1056**
铁路运输业	53	8	2	
道路运输业	54	10918	6844	783
水上运输业	55	26	24	1
航空运输业	56	61	45	
管道运输业	57	8	5	
多式联运和运输代理业	58	775	634	23
装卸搬运和仓储业	59	2007	1383	187
邮政业	60	407	248	62
住宿和餐饮业	**H**	**8329**	**6462**	**635**
住宿业	61	2729	1877	300
餐饮业	62	5600	4585	335
信息传输、软件和信息技术服务业	**I**	**17217**	**15009**	**826**
电信、广播电视和卫星传输服务	63	832	637	47
互联网和相关服务	64	2316	2120	77
软件和信息技术服务业	65	14069	12252	702

200-500万元	500-1000万元	1000-2000万元	2000-5000万元	5000万元-1亿元	1亿元以上	代码
522	315	192	114	45	20	34
249	170	121	137	37	60	35
28	13	26	21	10	24	36
11	14	16	10	10	14	37
99	75	48	60	26	29	38
25	25	19	18	12	21	39
27	10	17	14	4	8	40
11	14	9	1	1	2	41
27	7	12	11	2	3	42
210	83	57	27	10	7	43
207	**133**	**149**	**187**	**145**	**232**	D
112	67	75	133	112	172	44
27	11	33	31	25	51	45
68	55	41	23	8	9	46
2681	**896**	**793**	**780**	**366**	**471**	E
602	192	218	235	166	218	47
612	257	243	248	110	173	48
448	185	143	141	41	28	49
1019	262	189	156	49	52	50
10983	**5476**	**3620**	**2814**	**1381**	**1765**	F
6162	3491	2522	1989	989	1334	51
4821	1985	1098	825	392	431	52
1470	**884**	**679**	**594**	**182**	**160**	G
		1	2		3	53
1162	744	595	526	148	116	54
	1					55
1	1	5	3	3	3	56
		1		1	1	57
49	22	17	14	7	9	58
220	93	51	39	20	14	59
38	23	9	10	3	14	60
723	**259**	**143**	**82**	**19**	**6**	H
323	116	68	34	9	2	61
400	143	75	48	10	4	62
785	**328**	**108**	**71**	**34**	**56**	I
50	24	9	17	11	37	63
74	26	11	3	2	3	64
661	278	88	51	21	16	65

2-26 续表 2

行业	代码	法人单位数(个)		
			100万元及以下	100-200万元
金融业	J	**1418**	**1214**	**54**
货币金融服务	66	797	668	36
资本市场服务	67	139	127	1
保险业	68	53	48	3
其他金融业	69	429	371	14
房地产业	K	**16649**	**13541**	**935**
房地产业	70	16649	13541	935
租赁和商务服务业	L	**42258**	**35633**	**2616**
租赁业	71	6552	5078	594
商务服务业	72	35706	30555	2022
科学研究和技术服务业	M	**17773**	**14212**	**1144**
研究和试验发展	73	1215	980	86
专业技术服务业	74	8826	6293	758
科技推广和应用服务业	75	7732	6939	300
水利、环境和公共设施管理业	N	**3968**	**3173**	**279**
水利管理业	76	263	203	14
生态保护和环境治理业	77	572	466	26
公共设施管理业	78	2943	2350	222
土地管理业	79	190	154	17
居民服务、修理和其他服务业	O	**11152**	**10006**	**527**
居民服务业	80	4653	4379	120
机动车、电子产品和日用产品修理业	81	4509	3886	281
其他服务业	82	1990	1741	126
教育	P	**3435**	**3188**	**112**
教育	83	3435	3188	112
卫生和社会工作	Q	**2203**	**1624**	**124**
卫生	84	1775	1218	116
社会工作	85	428	406	8
文化、体育和娱乐业	R	**11586**	**10832**	**342**
新闻和出版业	86	130	70	14
广播、电视、电影和录音制作业	87	1167	1005	67
文化艺术业	88	3753	3510	123
体育	89	897	850	19
娱乐业	90	5639	5397	119

						代码
200-500万元	500-1000万元	1000-2000万元	2000-5000万元	5000万元-1亿元	1亿元以上	
66	**35**	**25**	**11**	**8**	**5**	J
47	26	12	4	2	2	66
5	1	3	1	1		67
2						68
12	8	10	6	5	3	69
1011	**374**	**221**	**248**	**118**	**201**	K
1011	374	221	248	118	201	70
2566	**696**	**330**	**250**	**85**	**82**	L
686	117	44	21	6	6	71
1880	579	286	229	79	76	72
1367	**521**	**254**	**180**	**57**	**38**	M
78	45	10	10	3	3	73
993	365	210	133	44	30	74
296	111	34	37	10	5	75
307	**103**	**53**	**32**	**13**	**8**	N
26	9	3	5	2	1	76
32	22	12	6	7	1	77
235	71	37	19	4	5	78
14	1	1	2		1	79
456	**79**	**52**	**23**	**4**	**5**	O
123	13	11	6		1	80
249	44	33	13	2	1	81
84	22	8	4	2	3	82
98	**28**	**8**	**1**			P
98	28	8	1			83
195	**105**	**81**	**54**	**14**	**6**	Q
183	103	81	54	14	6	84
12	2					85
273	**57**	**41**	**24**	**7**	**10**	R
17	8	5	6	4	6	86
50	18	14	10	3		87
87	15	12	3		3	88
19	4	5				89
100	12	5	5		1	90

2-27 按行业(大类)、营业收入组距

行　业	代码	从业人员期末人数(人)	100万元及以下	100-200万元
总　计	**00**	**5274041**	**916131**	**208610**
农、林、牧、渔业	**A**	**5860**	**3400**	**339**
农业	01			
林业	02			
畜牧业	03			
渔业	04			
农、林、牧、渔专业及辅助性活动	05	5860	3400	339
采矿业	**B**	**1064966**	**38713**	**6289**
煤炭开采和洗选业	06	1007618	31316	4173
石油和天然气开采业	07	5839	50	21
黑色金属矿采选业	08	25588	2110	690
有色金属矿采选业	09	7310	616	50
非金属矿采选业	10	10664	3813	1257
开采专业及辅助性活动	11	7665	612	22
其他采矿业	12	282	196	76
制造业	**C**	**1191584**	**100793**	**28612**
农副食品加工业	13	41106	8635	1629
食品制造业	14	30074	5623	1472
酒、饮料和精制茶制造业	15	33344	4174	647
烟草制品业	16	927	4	
纺织业	17	10023	1744	1275
纺织服装、服饰业	18	15134	3686	668
皮革、毛皮、羽毛及其制品和制鞋业	19	1575	863	200
木材加工和木、竹、藤、棕、草制品业	20	4172	1349	436
家具制造业	21	3194	1654	380
造纸和纸制品业	22	6345	1033	431
印刷和记录媒介复制业	23	11080	2892	815
文教、工美、体育和娱乐用品制造业	24	7637	2325	657
石油、煤炭及其他燃料加工业	25	111584	5971	249
化学原料和化学制品制造业	26	97094	6670	1217
医药制造业	27	36193	1189	445
化学纤维制造业	28	1048	44	33
橡胶和塑料制品业	29	20598	2882	929
非金属矿物制品业	30	154248	20022	5273
黑色金属冶炼和压延加工业	31	136145	536	98
有色金属冶炼和压延加工业	32	51672	523	161
金属制品业	33	76329	7036	3162

分组的企业法人单位从业人员期末人数

200-500万元	500-1000万元	1000-2000万元	2000-5000万元	5000万元-1亿元	1亿元以上	代码
342763	**261361**	**289205**	**415500**	**315348**	**2525123**	00
536	**298**	**316**	**490**	**389**	**92**	A
						01
						02
						03
						04
536	298	316	490	389	92	05
8459	**7336**	**14348**	**23719**	**28226**	**937876**	B
5175	4830	10976	16882	22939	911327	06
31	32		135	341	5229	07
1311	975	1586	4396	3818	10702	08
317	88	154	967	420	4698	09
1296	1112	1271	1049	621	245	10
329	289	361	290	87	5675	11
	10					12
52941	**51659**	**68007**	**111089**	**75039**	**703444**	C
2960	2191	2428	4737	1793	16733	13
1816	1693	2353	4145	3494	9478	14
744	2105	896	1597	2328	20853	15
					923	16
487	290	892	1383	731	3221	17
821	2287	964	2422	705	3581	18
263	92	17			140	19
591	496	279	363	93	565	20
410	148	89	331	182		21
949	669	843	997	436	987	22
1317	1020	583	1468	430	2555	23
1379	808	576	761	448	683	24
578	885	1507	876	1178	100340	25
2123	2119	3362	7709	4242	69652	26
1037	845	1016	3496	4517	23648	27
15	86	120	750			28
2150	1622	2059	3554	1937	5465	29
11804	12200	18453	29364	16823	40309	30
764	621	1140	1927	1989	129070	31
287	650	236	2404	3803	43608	32
5823	5969	10305	13781	8591	21662	33

2-27 续表 1

行业	代码	从业人员期末人数（人）		
			100万元及以下	100-200万元
通用设备制造业	34	56928	7653	3899
专用设备制造业	35	71606	4015	1603
汽车制造业	36	30300	1067	191
铁路、船舶、航空航天和其他运输设备制造业	37	18401	227	72
电气机械和器材制造业	38	23288	1947	706
计算机、通信和其他电子设备制造业	39	111890	917	301
仪器仪表制造业	40	4695	538	152
其他制造业	41	2257	678	111
废弃资源综合利用业	42	4011	892	147
金属制品、机械和设备修理业	43	18686	4004	1253
电力、热力、燃气及水生产和供应业	**D**	**158387**	**13408**	**2196**
电力、热力生产和供应业	44	102554	9483	662
燃气生产和供应业	45	29489	1061	300
水的生产和供应业	46	26344	2864	1234
建筑业	**E**	**692001**	**67133**	**20884**
房屋建筑业	47	300342	13086	5257
土木工程建筑业	48	230334	13279	4570
建筑安装业	49	60141	8783	3306
建筑装饰、装修和其他建筑业	50	101184	31985	7751
批发和零售业	**F**	**725780**	**234629**	**48057**
批发业	51	355243	100696	23869
零售业	52	370537	133933	24188
交通运输、仓储和邮政业	**G**	**271921**	**33112**	**12539**
铁路运输业	53	1160	61	
道路运输业	54	201957	22595	8289
水上运输业	55	145	127	15
航空运输业	56	4582	106	
管道运输业	57	193	79	
多式联运和运输代理业	58	6617	1915	169
装卸搬运和仓储业	59	27172	6505	2733
邮政业	60	30095	1724	1333
住宿和餐饮业	**H**	**124676**	**29724**	**10782**
住宿业	61	52529	11222	4891
餐饮业	62	72147	18502	5891
信息传输、软件和信息技术服务业	**I**	**114186**	**38778**	**6066**
电信、广播电视和卫星传输服务	63	44704	2905	585
互联网和相关服务	64	8909	5206	531
软件和信息技术服务业	65	60573	30667	4950

200-500万元	500-1000万元	1000-2000万元	2000-5000万元	5000万元-1亿元	1亿元以上	代码
6321	6312	7522	7522	7024	10675	34
4417	3446	4128	9230	4977	39790	35
541	287	1587	2039	1827	22761	36
181	525	750	1111	1245	14290	37
1368	1528	1605	3248	1542	11344	38
356	703	933	1492	1606	105582	39
296	169	487	828	611	1614	40
208	311	279	5	13	652	41
656	183	349	1210	93	481	42
2279	1399	2249	2339	2381	2782	43
5475	**5648**	**7341**	**14806**	**18722**	**90791**	D
2532	1711	2888	9844	12413	63021	44
334	192	1486	1934	4780	19402	45
2609	3745	2967	3028	1529	8368	46
34872	**25681**	**39651**	**68024**	**61056**	**374700**	E
10122	7856	11384	23914	35301	193422	47
8480	6691	13530	23433	13932	146419	48
5659	5430	7580	10881	5930	12572	49
10611	5704	7157	9796	5893	22287	50
68697	**52251**	**46627**	**54037**	**43012**	**178470**	F
35743	28351	25122	27082	20357	94023	51
32954	23900	21505	26955	22655	84447	52
25530	**23060**	**26033**	**33643**	**22650**	**95354**	G
		5	255		839	53
18195	16954	20838	27995	17986	69105	54
	3					55
3	14	759	406	1048	2246	56
		40			74	57
833	545	459	914	416	1366	58
5191	3568	2902	3004	1523	1746	59
1308	1976	1030	1069	1677	19978	60
21317	**15322**	**16511**	**16167**	**8421**	**6432**	H
9113	6704	8378	7427	4160	634	61
12204	8618	8133	8740	4261	5798	62
7878	**6300**	**4725**	**9649**	**5667**	**35123**	I
1289	1641	1973	5730	1941	28640	63
565	621	309	472	671	534	64
6024	4038	2443	3447	3055	5949	65

2-27 续表 2

行　业	代码	从业人员期末人数（人）		
			100万元及以下	100-200万元
金融业	J	**9336**	**4289**	**629**
货币金融服务	66	5388	2766	394
资本市场服务	67	836	460	6
保险业	68	97	85	5
其他金融业	69	3015	978	224
房地产业	K	**219234**	**92132**	**20084**
房地产业	70	219234	92132	20084
租赁和商务服务业	L	**314419**	**108844**	**21668**
租赁业	71	32821	14274	4149
商务服务业	72	281598	94570	17519
科学研究和技术服务业	M	**137852**	**41963**	**11377**
研究和试验发展	73	7932	3111	737
专业技术服务业	74	102268	22649	8003
科技推广和应用服务业	75	27652	16203	2637
水利、环境和公共设施管理业	N	**54484**	**14723**	**3361**
水利管理业	76	4317	882	147
生态保护和环境治理业	77	4361	2024	290
公共设施管理业	78	44885	11337	2804
土地管理业	79	921	480	120
居民服务、修理和其他服务业	O	**61664**	**33232**	**6273**
居民服务业	80	24857	15044	2236
机动车、电子产品和日用产品修理业	81	19900	12017	1987
其他服务业	82	16907	6171	2050
教育	P	**23615**	**14529**	**2107**
教育	83	23615	14529	2107
卫生和社会工作	Q	**43755**	**9193**	**3036**
卫生	84	41818	7939	2867
社会工作	85	1937	1254	169
文化、体育和娱乐业	R	**60321**	**37536**	**4311**
新闻和出版业	86	4854	325	255
广播、电视、电影和录音制作业	87	7075	3703	700
文化艺术业	88	23339	14834	1970
体育	89	4329	2967	248
娱乐业	90	20724	15707	1138

200-500万元	500-1000万元	1000-2000万元	2000-5000万元	5000万元-1亿元	1亿元以上	代码
903	**583**	**950**	**582**	**459**	**941**	J
646	375	237	101	74	795	66
80	6	206	14	64		67
7						68
170	202	507	467	321	146	69
32382	**18425**	**13766**	**19349**	**11055**	**12041**	K
32382	18425	13766	19349	11055	12041	70
33932	**24264**	**20206**	**30927**	**21226**	**53352**	L
5970	2098	1604	1276	389	3061	71
27962	22166	18602	29651	20837	50291	72
20932	**13602**	**11244**	**13651**	**9974**	**15109**	M
1126	625	240	1256	518	319	73
16980	11138	10288	11241	7605	14364	74
2826	1839	716	1154	1851	426	75
5586	**4782**	**5698**	**7804**	**1924**	**10606**	N
366	303	178	500	172	1769	76
382	770	261	219	412	3	77
4660	3697	5229	7024	1340	8794	78
178	12	30	61		40	79
8255	**2885**	**2877**	**1921**	**2882**	**3339**	O
3299	587	1185	611		1895	80
2498	907	932	549	1005	5	81
2458	1391	760	761	1877	1439	82
3431	**1773**	**1704**	**71**			P
3431	1773	1704	71			83
6029	**5201**	**5961**	**6873**	**3160**	**4302**	Q
5728	4988	5961	6873	3160	4302	84
301	213					85
5608	**2291**	**3240**	**2698**	**1486**	**3151**	R
282	240	404	786	874	1688	86
746	456	499	359	612		87
2057	1189	1581	589		1119	88
554	163	397				89
1969	243	359	964		344	90

2-28 按地区、资产总计组距分组的企业法人单位数

地 区	法 人 单位数 (个)	50万元 及以下	50-100 万元	100- 500万元	500- 1000万元	1000- 5000万元	5000万元- 1亿元	1亿元以上
全 省	**365042**	**207400**	**32252**	**64954**	**21558**	**23999**	**5542**	**9337**
太原市	120211	66374	10133	24125	8103	7368	1576	2532
大同市	23077	13481	1814	3858	1343	1553	367	661
阳泉市	10687	5359	941	1983	788	980	235	401
长治市	29135	14590	3026	5889	2041	2184	564	841
晋城市	23402	12742	2340	4380	1411	1563	328	638
朔州市	13269	8032	1058	1962	668	897	238	414
晋中市	33589	20947	2431	4840	1593	2179	566	1033
运城市	38668	23512	3857	6172	1782	2164	482	699
忻州市	16330	8863	1385	2794	1051	1383	305	549
临汾市	30982	18303	3103	5089	1419	1908	433	727
吕梁市	25692	15197	2164	3862	1359	1820	448	842

2-29 按地区、资产总计组距分组的企业法人单位从业人员期末人数

地 区	从业人员期末人数(人)	50万元及以下	50-100万元	100-500万元	500-1000万元	1000-5000万元	5000万元-1亿元	1亿元以上
全 省	**5274041**	**505607**	**171889**	**518592**	**293330**	**695043**	**334826**	**2754754**
太原市	1407170	151526	43791	144890	83272	173010	91968	718713
大同市	470306	37717	13923	42122	26936	62275	25150	262183
阳泉市	251956	14963	6721	17381	14773	26337	12045	159736
长治市	473784	34267	15423	42926	22166	55617	30773	272612
晋城市	440842	35916	12928	39256	21758	45677	23717	261590
朔州市	228713	19710	6911	19997	11958	37455	20468	112214
晋中市	484701	48575	16298	51664	25499	78853	28948	234864
运城市	447254	59396	19392	49848	25284	65879	28712	198743
忻州市	253458	25437	9183	30182	17763	46499	22601	101793
临汾市	397602	47936	16150	45630	21731	47353	23901	194901
吕梁市	418255	30164	11169	34696	22190	56088	26543	237405

2-30 按行业(大类)、资产总计组距

行业	代码	法人单位数(个)	50万元及以下
总 计	**00**	**365042**	**207400**
农、林、牧、渔业	**A**	**1230**	**816**
农业	01	14	14
林业	02	1	1
畜牧业	03	11	11
渔业	04		
农、林、牧、渔专业及辅助性活动	05	1204	790
采矿业	**B**	**5942**	**1534**
煤炭开采和洗选业	06	3377	642
石油和天然气开采业	07	37	5
黑色金属矿采选业	08	911	213
有色金属矿采选业	09	189	66
非金属矿采选业	10	1286	541
开采专业及辅助性活动	11	99	43
其他采矿业	12	43	24
制造业	**C**	**35445**	**14108**
农副食品加工业	13	2578	1205
食品制造业	14	1615	774
酒、饮料和精制茶制造业	15	1016	470
烟草制品业	16	2	1
纺织业	17	361	174
纺织服装、服饰业	18	538	287
皮革、毛皮、羽毛及其制品和制鞋业	19	139	90
木材加工和木、竹、藤、棕、草制品业	20	655	384
家具制造业	21	481	253
造纸和纸制品业	22	470	182
印刷和记录媒介复制业	23	1036	442
文教、工美、体育和娱乐用品制造业	24	661	362
石油、煤炭及其他燃料加工业	25	774	281
化学原料和化学制品制造业	26	2080	776
医药制造业	27	407	96
化学纤维制造业	28	37	17
橡胶和塑料制品业	29	1168	448
非金属矿物制品业	30	6888	2523
黑色金属冶炼和压延加工业	31	437	114
有色金属冶炼和压延加工业	32	409	118
金属制品业	33	3730	1475

分组的企业法人单位数

50-100万元	100-500万元	500-1000万元	1000-5000万元	5000万元-1亿元	1亿元以上	代码
32252	**64954**	**21558**	**23999**	**5542**	**9337**	00
88	**181**	**51**	**71**	**14**	**9**	A
						01
						02
						03
						04
88	181	51	71	14	9	05
186	**758**	**505**	**1233**	**416**	**1310**	B
39	228	233	767	311	1157	06
1	3		6	1	21	07
44	198	90	219	63	84	08
9	36	15	22	13	28	09
88	273	151	198	21	14	10
2	12	13	17	6	6	11
3	8	3	4	1		12
2925	**7607**	**3170**	**4819**	**1144**	**1672**	C
223	536	168	297	73	76	13
161	337	109	149	41	44	14
97	199	54	115	25	56	15
					1	16
26	63	33	39	8	18	17
62	113	22	37	6	11	18
11	23	6	8		1	19
59	132	35	32	7	6	20
60	104	24	30	1	9	21
51	127	37	48	12	13	22
162	280	67	59	13	13	23
83	125	46	31	3	11	24
29	104	73	106	19	162	25
124	384	213	306	96	181	26
22	73	37	76	33	70	27
4	4	2	4	1	5	28
134	289	122	114	32	29	29
457	1325	637	1322	325	299	30
19	52	44	82	26	100	31
15	64	29	77	35	71	32
297	860	392	518	93	95	33

2-30 续表 1

行　业	代码	法人单位数（个）	
			50万元及以下
通用设备制造业	34	3672	1233
专用设备制造业	35	1972	624
汽车制造业	36	334	129
铁路、船舶、航空航天和其他运输设备制造业	37	144	35
电气机械和器材制造业	38	885	280
计算机、通信和其他电子设备制造业	39	334	128
仪器仪表制造业	40	236	68
其他制造业	41	270	156
废弃资源综合利用业	42	419	236
金属制品、机械和设备修理业	43	1697	747
电力、热力、燃气及水生产和供应业	**D**	**4049**	**1660**
电力、热力生产和供应业	44	3028	1297
燃气生产和供应业	45	421	151
水的生产和供应业	46	600	212
建筑业	**E**	**28707**	**15692**
房屋建筑业	47	5396	2640
土木工程建筑业	48	5746	2717
建筑安装业	49	4188	2082
建筑装饰、装修和其他建筑业	50	13377	8253
批发和零售业	**F**	**139471**	**78890**
批发业	51	67092	33249
零售业	52	72379	45641
交通运输、仓储和邮政业	**G**	**14210**	**6781**
铁路运输业	53	8	
道路运输业	54	10918	5069
水上运输业	55	26	14
航空运输业	56	61	31
管道运输业	57	8	3
多式联运和运输代理业	58	775	494
装卸搬运和仓储业	59	2007	949
邮政业	60	407	221
住宿和餐饮业	**H**	**8329**	**5311**
住宿业	61	2729	1331
餐饮业	62	5600	3980
信息传输、软件和信息技术服务业	**I**	**17217**	**12419**
电信、广播电视和卫星传输服务	63	832	527
互联网和相关服务	64	2316	1837
软件和信息技术服务业	65	14069	10055

50-100万元	100-500万元	500-1000万元	1000-5000万元	5000万元-1亿元	1亿元以上	代码
336	1056	432	471	72	72	34
136	444	216	359	93	100	35
13	47	21	64	17	43	36
5	21	16	34	8	25	37
60	185	85	152	48	75	38
17	55	26	49	15	44	39
19	59	29	39	9	13	40
21	51	10	25	3	4	41
29	70	19	46	12	7	42
193	425	166	130	18	18	43
481	**475**	**145**	**404**	**175**	**709**	**D**
445	342	79	206	106	553	44
12	34	24	78	24	98	45
24	99	42	120	45	58	46
2667	**5105**	**1833**	**2204**	**583**	**623**	**E**
429	857	376	602	225	267	47
461	1041	427	656	195	249	48
377	846	345	410	86	42	49
1400	2361	685	536	77	65	50
13249	**27765**	**9099**	**7854**	**1319**	**1295**	**F**
6039	14925	5759	5244	883	993	51
7210	12840	3340	2610	436	302	52
1157	**2901**	**1238**	**1617**	**239**	**277**	**G**
			1	1	6	53
855	2254	1041	1368	166	165	54
4	4	3	1			55
2	11	2	4	3	8	56
	1		1		3	57
39	117	40	45	14	26	58
190	436	139	185	49	59	59
67	78	13	12	6	10	60
660	**1395**	**399**	**389**	**99**	**76**	**H**
236	635	212	216	56	43	61
424	760	187	173	43	33	62
1403	**2243**	**584**	**389**	**62**	**117**	**I**
54	104	44	37	7	59	63
171	198	59	39	5	7	64
1178	1941	481	313	50	51	65

2-30 续表 2

行　业	代码	法人单位数(个)	50万元及以下
金融业	J	**1418**	**547**
货币金融服务	66	797	178
资本市场服务	67	139	41
保险业	68	53	44
其他金融业	69	429	284
房地产业	K	**16649**	**8073**
房地产业	70	16649	8073
租赁和商务服务业	L	**42258**	**27740**
租赁业	71	6552	3598
商务服务业	72	35706	24142
科学研究和技术服务业	M	**17773**	**10613**
研究和试验发展	73	1215	646
专业技术服务业	74	8826	4487
科技推广和应用服务业	75	7732	5480
水利、环境和公共设施管理业	N	**3968**	**2155**
水利管理业	76	263	131
生态保护和环境治理业	77	572	320
公共设施管理业	78	2943	1591
土地管理业	79	190	113
居民服务、修理和其他服务业	O	**11152**	**8305**
居民服务业	80	4653	3793
机动车、电子产品和日用产品修理业	81	4509	2978
其他服务业	82	1990	1534
教育	P	**3435**	**2596**
教育	83	3435	2596
卫生和社会工作	Q	**2203**	**1276**
卫生	84	1775	991
社会工作	85	428	285
文化、体育和娱乐业	R	**11586**	**8884**
新闻和出版业	86	130	55
广播、电视、电影和录音制作业	87	1167	745
文化艺术业	88	3753	3029
体育	89	897	677
娱乐业	90	5639	4378

50-100万元	100-500万元	500-1000万元	1000-5000万元	5000万元-1亿元	1亿元以上	代码
24	**87**	**125**	**296**	**168**	**171**	J
9	40	90	240	146	94	66
1	12	15	26	7	37	67
3	5		1			68
11	30	20	29	15	40	69
1341	**2218**	**971**	**1544**	**621**	**1881**	K
1341	2218	971	1544	621	1881	70
3746	**6913**	**1475**	**1308**	**333**	**743**	L
790	1543	348	218	21	34	71
2956	5370	1127	1090	312	709	72
1536	**3242**	**1053**	**954**	**184**	**191**	M
114	221	80	101	24	29	73
873	2050	671	554	91	100	74
549	971	302	299	69	62	75
341	**704**	**221**	**293**	**88**	**166**	N
20	53	8	25	8	18	76
37	89	37	51	21	17	77
258	528	173	211	56	126	78
26	34	3	6	3	5	79
969	**1400**	**253**	**180**	**30**	**15**	O
316	412	60	48	17	7	80
500	763	149	104	12	3	81
153	225	44	28	1	5	82
239	**428**	**82**	**77**	**7**	**6**	P
239	428	82	77	7	6	83
152	**429**	**133**	**161**	**28**	**24**	Q
118	375	116	137	21	17	84
34	54	17	24	7	7	85
1088	**1103**	**221**	**206**	**32**	**52**	R
14	29	7	14	3	8	86
107	197	54	56	5	3	87
291	319	52	38	6	18	88
68	97	22	21	5	7	89
608	461	86	77	13	16	90

2-31　按行业(大类)、资产总计组距

行　业	代码	从业人员期末人数(人)	50万元及以下
总　计	00	**5274041**	**505607**
农、林、牧、渔业	A	**5860**	**1614**
农业	01		
林业	02		
畜牧业	03		
渔业	04		
农、林、牧、渔专业及辅助性活动	05	5860	1614
采矿业	B	**1064966**	**1722**
煤炭开采和洗选业	06	1007618	550
石油和天然气开采业	07	5839	7
黑色金属矿采选业	08	25588	139
有色金属矿采选业	09	7310	137
非金属矿采选业	10	10664	812
开采专业及辅助性活动	11	7665	48
其他采矿业	12	282	29
制造业	C	**1191584**	**33236**
农副食品加工业	13	41106	2722
食品制造业	14	30074	1949
酒、饮料和精制茶制造业	15	33344	947
烟草制品业	16	927	4
纺织业	17	10023	431
纺织服装、服饰业	18	15134	1969
皮革、毛皮、羽毛及其制品和制鞋业	19	1575	376
木材加工和木、竹、藤、棕、草制品业	20	4172	822
家具制造业	21	3194	668
造纸和纸制品业	22	6345	373
印刷和记录媒介复制业	23	11080	1174
文教、工美、体育和娱乐用品制造业	24	7637	1194
石油、煤炭及其他燃料加工业	25	111584	2214
化学原料和化学制品制造业	26	97094	1297
医药制造业	27	36193	195
化学纤维制造业	28	1048	10
橡胶和塑料制品业	29	20598	974
非金属矿物制品业	30	154248	4795
黑色金属冶炼和压延加工业	31	136145	89
有色金属冶炼和压延加工业	32	51672	180
金属制品业	33	76329	3033

分组的企业法人单位从业人员期末人数

50-100万元	100-500万元	500-1000万元	1000-5000万元	5000万元-1亿元	1亿元以上	代码
171889	**518592**	**293330**	**695043**	**334826**	**2754754**	00
333	**1162**	**521**	**988**	**512**	**730**	A
						01
						02
						03
						04
333	1162	521	988	512	730	05
866	**5866**	**6009**	**27388**	**17805**	**1005310**	B
318	1526	2366	17210	13512	972136	06
14	15		43	21	5739	07
110	1639	1355	4553	2314	15478	08
24	240	138	612	721	5438	09
368	2308	1597	3818	609	1152	10
25	80	512	1095	538	5367	11
7	58	41	57	90		12
16408	**70261**	**52394**	**171592**	**85744**	**761949**	C
1108	5363	2234	7870	3875	17934	13
1055	3135	1863	6592	3161	12319	14
515	1566	599	3678	1833	24206	15
					923	16
130	1010	889	2290	1169	4104	17
893	2071	1587	2719	1263	4632	18
104	593	82	280		140	19
294	912	467	497	572	608	20
296	881	325	494	20	510	21
271	1409	784	1490	604	1414	22
837	2364	1008	2046	738	2913	23
531	1223	1494	997	221	1977	24
117	702	1757	1769	752	104273	25
646	2737	2773	9311	6008	74322	26
91	812	783	3068	2551	28693	27
44	22	19	153	50	750	28
731	2970	1721	4746	2707	6749	29
2352	13304	10482	48627	23498	51190	30
81	400	956	2884	2054	129681	31
84	442	292	2846	2549	45279	32
1612	8219	6803	24396	9426	22840	33

2-31 续表 1

行业	代码	从业人员期末人数（人）	
			50万元及以下
通用设备制造业	34	56928	2643
专用设备制造业	35	71606	1363
汽车制造业	36	30300	314
铁路、船舶、航空航天和其他运输设备制造业	37	18401	84
电气机械和器材制造业	38	23288	544
计算机、通信和其他电子设备制造业	39	111890	296
仪器仪表制造业	40	4695	152
其他制造业	41	2257	194
废弃资源综合利用业	42	4011	276
金属制品、机械和设备修理业	43	18686	1954
电力、热力、燃气及水生产和供应业	**D**	**158387**	**4478**
电力、热力生产和供应业	44	102554	3046
燃气生产和供应业	45	29489	193
水的生产和供应业	46	26344	1239
建筑业	**E**	**692001**	**52613**
房屋建筑业	47	300342	9623
土木工程建筑业	48	230334	8253
建筑安装业	49	60141	5714
建筑装饰、装修和其他建筑业	50	101184	29023
批发和零售业	**F**	**725780**	**145868**
批发业	51	355243	57045
零售业	52	370537	88823
交通运输、仓储和邮政业	**G**	**271921**	**17947**
铁路运输业	53	1160	
道路运输业	54	201957	10910
水上运输业	55	145	27
航空运输业	56	4582	47
管道运输业	57	193	74
多式联运和运输代理业	58	6617	948
装卸搬运和仓储业	59	27172	3925
邮政业	60	30095	2016
住宿和餐饮业	**H**	**124676**	**21546**
住宿业	61	52529	6446
餐饮业	62	72147	15100
信息传输、软件和信息技术服务业	**I**	**114186**	**29422**
电信、广播电视和卫星传输服务	63	44704	2478
互联网和相关服务	64	8909	4127
软件和信息技术服务业	65	60573	22817

50-100万元	100-500万元	500-1000万元	1000-5000万元	5000万元-1亿元	1亿元以上	代码
2069	8646	5933	15191	4919	17527	34
664	3901	2984	11786	7736	43172	35
78	594	717	2941	950	24706	36
32	343	214	1903	586	15239	37
357	1403	1451	3743	2444	13346	38
62	632	573	1343	3135	105849	39
101	414	486	949	614	1979	40
106	460	124	535	39	799	41
106	687	452	1456	429	605	42
1041	3046	2542	4992	1841	3270	43
1611	**2953**	**4705**	**16916**	**8165**	**119559**	D
1333	1556	3250	8318	4667	80384	44
39	168	139	1240	1327	26383	45
239	1229	1316	7358	2171	12792	46
15895	**42666**	**31750**	**100621**	**76879**	**371577**	E
3162	9297	10007	38420	41057	188776	47
3649	10615	6623	25495	20849	154850	48
2192	6081	5670	17580	9471	13433	49
6892	16673	9450	19126	5502	14518	50
48192	**138930**	**67670**	**118499**	**49058**	**157563**	F
20781	67227	37346	59501	20298	93045	51
27411	71703	30324	58998	28760	64518	52
8360	**33427**	**23641**	**56950**	**21682**	**109914**	G
			193	62	905	53
4953	22270	19421	47975	15108	81320	54
26	66	11	15			55
5	107	29	194	413	3787	56
	2		3		114	57
112	728	769	2270	285	1505	58
1988	6356	2780	4892	2578	4653	59
1276	3898	631	1408	3236	17630	60
8102	**25218**	**13723**	**27376**	**11092**	**17619**	H
2764	9662	6173	12414	6380	8690	61
5338	15556	7550	14962	4712	8929	62
6876	**13360**	**8324**	**11633**	**2674**	**41897**	I
490	1022	1649	2718	470	35877	63
729	1063	801	1286	73	830	64
5657	11275	5874	7629	2131	5190	65

2-31 续表 2

行业	代码	从业人员期末人数（人）	
			50万元及以下
金融业	J	**9336**	**950**
货币金融服务	66	5388	160
资本市场服务	67	836	51
保险业	68	97	74
其他金融业	69	3015	665
房地产业	K	**219234**	**32287**
房地产业	70	219234	32287
租赁和商务服务业	L	**314419**	**69090**
租赁业	71	32821	8456
商务服务业	72	281598	60634
科学研究和技术服务业	M	**137852**	**23316**
研究和试验发展	73	7932	1321
专业技术服务业	74	102268	11794
科技推广和应用服务业	75	27652	10201
水利、环境和公共设施管理业	N	**54484**	**6322**
水利管理业	76	4317	450
生态保护和环境治理业	77	4361	581
公共设施管理业	78	44885	5087
土地管理业	79	921	204
居民服务、修理和其他服务业	O	**61664**	**24904**
居民服务业	80	24857	11525
机动车、电子产品和日用产品修理业	81	19900	7763
其他服务业	82	16907	5616
教育	P	**23615**	**8611**
教育	83	23615	8611
卫生和社会工作	Q	**43755**	**5519**
卫生	84	41818	5026
社会工作	85	1937	493
文化、体育和娱乐业	R	**60321**	**26162**
新闻和出版业	86	4854	382
广播、电视、电影和录音制作业	87	7075	2052
文化艺术业	88	23339	11348
体育	89	4329	1886
娱乐业	90	20724	10494

50-100万元	100-500万元	500-1000万元	1000-5000万元	5000万元-1亿元	1亿元以上	代码
106	**361**	**812**	**1985**	**2145**	**2977**	J
22	187	394	1482	1921	1222	66
5	35	66	109	17	553	67
9	13		1			68
70	126	352	393	207	1202	69
16302	**40116**	**19981**	**40781**	**15002**	**54765**	K
16302	40116	19981	40781	15002	54765	70
19250	**66672**	**26334**	**53060**	**21523**	**58490**	L
3177	9545	3137	3231	565	4710	71
16073	57127	23197	49829	20958	53780	72
9029	**29290**	**18242**	**30260**	**10700**	**17015**	M
672	1337	628	1228	342	2404	73
5869	22573	15289	24592	9444	12707	74
2488	5380	2325	4440	914	1904	75
2501	**6932**	**4998**	**10407**	**4416**	**18908**	N
104	338	157	530	190	2548	76
222	515	689	1048	642	664	77
2019	5741	4143	8773	3535	15587	78
156	338	9	56	49	109	79
6743	**15216**	**4156**	**5374**	**1648**	**3623**	O
2952	6413	1314	1558	884	211	80
2369	5146	1568	2674	281	99	81
1422	3657	1274	1142	483	3313	82
2962	**5949**	**1880**	**3533**	**273**	**407**	P
2962	5949	1880	3533	273	407	83
1497	**10052**	**5783**	**10908**	**4043**	**5953**	Q
1328	9641	5516	10646	3774	5887	84
169	411	267	262	269	66	85
6856	**10161**	**2407**	**6772**	**1465**	**6498**	R
200	338	95	1364	311	2164	86
550	1530	657	1434	264	588	87
2922	4117	525	1985	183	2259	88
432	831	294	533	138	215	89
2752	3345	836	1456	569	1272	90

2-32 按行业(大类)、地区分组的

行业	代码	法人单位数(个)	太原市	大同市	阳泉市
总 计	00	**9710**	**2539**	**803**	**574**
农、林、牧、渔业	A	**40**	**2**	**8**	
农业	01	2		1	
林业	02				
畜牧业	03				
渔业	04				
农、林、牧、渔专业及辅助性活动	05	38	2	7	
采矿业	B	**643**	**31**	**63**	**36**
煤炭开采和洗选业	06	589	27	51	35
石油和天然气开采业	07	14	3		
黑色金属矿采选业	08	9		1	
有色金属矿采选业	09	13	1	2	1
非金属矿采选业	10	10		4	
开采专业及辅助性活动	11	8		5	
其他采矿业	12				
制造业	C	**945**	**248**	**94**	**60**
农副食品加工业	13	76	10	12	3
食品制造业	14	36	11	3	2
酒、饮料和精制茶制造业	15	23	3	1	1
烟草制品业	16	1	1		
纺织业	17	11	2		2
纺织服装、服饰业	18	22	5	1	1
皮革、毛皮、羽毛及其制品和制鞋业	19	2			
木材加工和木、竹、藤、棕、草制品业	20	2		1	
家具制造业	21	1			
造纸和纸制品业	22	3	1		
印刷和记录媒介复制业	23	54	27	1	3
文教、工美、体育和娱乐用品制造业	24	6	2	2	
石油、煤炭及其他燃料加工业	25	41	1	5	1
化学原料和化学制品制造业	26	89	11	6	3
医药制造业	27	14	3	3	
化学纤维制造业	28	4	2	1	
橡胶和塑料制品业	29	27	5	2	3
非金属矿物制品业	30	104	24	15	9
黑色金属冶炼和压延加工业	31	18	5	2	
有色金属冶炼和压延加工业	32	30	6	1	4
金属制品业	33	27	9	1	5

国有控股企业法人单位数

长治市	晋城市	朔州市	晋中市	运城市	忻州市	临汾市	吕梁市	代码
1026	**822**	**375**	**742**	**574**	**783**	**810**	**662**	**00**
2	**3**	**1**	**6**	**3**	**7**	**4**	**4**	**A**
					1			01
								02
								03
								04
2	3	1	6	3	6	4	4	05
68	**120**	**48**	**58**	**12**	**65**	**92**	**50**	**B**
66	110	46	55	10	58	88	43	06
	8		2				1	07
1					2	3	2	08
1				2	1	1	4	09
	1	1	1		3			10
	1	1			1			11
								12
123	**75**	**32**	**80**	**76**	**57**	**58**	**42**	**C**
10	3	4	5	6	10	9	4	13
3	5		3	4	3	1	1	14
3	1		2	4	2		6	15
								16
	2		2	2		1		17
1	2	1	3	3	1	2	2	18
1					1			19
					1			20
1								21
					2			22
4	2	1	4	1	5	2	4	23
			1				1	24
13	4		9			6	2	25
20	11	2	9	11	3	11	2	26
2	2			1	2		1	27
			1					28
5	3	4	3	1	1			29
11	7	12	8	7	5	3	3	30
2	1	2	2	1	1	1	1	31
2		1		6	3	2	5	32
1	2			3	3	2	1	33

2-32 续表 1

行 业	代码	法人单位数（个）	太原市	大同市	阳泉市
通用设备制造业	34	82	26	11	4
专用设备制造业	35	94	26	3	10
汽车制造业	36	16	5	2	
铁路、船舶、航空航天和其他运输设备制造业	37	24	16	3	
电气机械和器材制造业	38	41	12	4	2
计算机、通信和其他电子设备制造业	39	28	14		3
仪器仪表制造业	40	16	10		3
其他制造业	41	5	1	1	1
废弃资源综合利用业	42	7	1		
金属制品、机械和设备修理业	43	41	9	13	
电力、热力、燃气及水生产和供应业	**D**	**752**	**93**	**60**	**48**
电力、热力生产和供应业	44	456	53	42	30
燃气生产和供应业	45	94	27	3	8
水的生产和供应业	46	202	13	15	10
建筑业	**E**	**531**	**185**	**33**	**32**
房屋建筑业	47	133	45	11	10
土木工程建筑业	48	273	80	16	13
建筑安装业	49	58	26	2	3
建筑装饰、装修和其他建筑业	50	67	34	4	6
批发和零售业	**F**	**1754**	**472**	**149**	**104**
批发业	51	1123	329	92	48
零售业	52	631	143	57	56
交通运输、仓储和邮政业	**G**	**623**	**114**	**55**	**30**
铁路运输业	53	24	8	3	1
道路运输业	54	273	45	26	17
水上运输业	55	3			
航空运输业	56	17	7	1	1
管道运输业	57	1			
多式联运和运输代理业	58	31	11	5	1
装卸搬运和仓储业	59	261	41	19	9
邮政业	60	13	2	1	1
住宿和餐饮业	**H**	**216**	**79**	**6**	**11**
住宿业	61	148	53	1	5
餐饮业	62	68	26	5	6
信息传输、软件和信息技术服务业	**I**	**190**	**54**	**17**	**15**
电信、广播电视和卫星传输服务	63	100	17	8	6
互联网和相关服务	64	21	6	4	4
软件和信息技术服务业	65	69	31	5	5

长治市	晋城市	朔州市	晋中市	运城市	忻州市	临汾市	吕梁市	代码
12	3	3	5	9	5	2	2	34
15	11		6	5	6	10	2	35
2	1		2	2		2		36
1			2	2				37
7	5	1	7	2			1	38
3	2	1	2	2		1		39
	1		1	1				40
						2		41
1	1		1	1	1		1	42
3	6		2	2	2	1	3	43
79	**61**	**64**	**61**	**54**	**97**	**69**	**66**	D
46	33	48	42	29	69	28	36	44
10	10	5	5	2	7	11	6	45
23	18	11	14	23	21	30	24	46
47	**30**	**24**	**54**	**27**	**34**	**32**	**33**	E
14	4	6	5	7	17	8	6	47
26	19	12	37	17	13	17	23	48
5	5	6	6		2	2	1	49
2	2		6	3	2	5	3	50
179	**140**	**52**	**134**	**87**	**167**	**143**	**127**	F
126	90	32	84	57	106	96	63	51
53	50	20	50	30	61	47	64	52
58	**54**	**24**	**50**	**65**	**68**	**51**	**54**	G
1		2	3	1	3		2	53
33	29	13	21	14	25	24	26	54
1				1	1			55
2	1			2	1	1	1	56
	1							57
			2		4	5	3	58
19	22	9	23	45	33	20	21	59
2	1		1	2	1	1	1	60
19	**18**	**3**	**12**	**7**	**29**	**20**	**12**	H
14	13	2	9	4	22	17	8	61
5	5	1	3	3	7	3	4	62
16	**14**	**7**	**10**	**14**	**14**	**18**	**11**	I
7	8	5	7	12	11	13	6	63
2	1	1				1	2	64
7	5	1	3	2	3	4	3	65

2-32 续表 2

行　业	代码	法人单位数（个）	太原市	大同市	阳泉市
金融业	J	**558**	**177**	**48**	**35**
货币金融服务	66	192	64	14	11
资本市场服务	67	55	42	2	3
保险业	68	262	54	27	16
其他金融业	69	49	17	5	5
房地产业	K	**905**	**324**	**47**	**70**
房地产业	70	905	324	47	70
租赁和商务服务业	L	**1114**	**339**	**127**	**63**
租赁业	71	62	18	9	4
商务服务业	72	1052	321	118	59
科学研究和技术服务业	M	**582**	**222**	**33**	**41**
研究和试验发展	73	42	28		2
专业技术服务业	74	440	149	27	34
科技推广和应用服务业	75	100	45	6	5
水利、环境和公共设施管理业	N	**344**	**40**	**28**	**15**
水利管理业	76	85	12	4	4
生态保护和环境治理业	77	43	9	3	
公共设施管理业	78	207	18	21	8
土地管理业	79	9	1		3
居民服务、修理和其他服务业	O	**67**	**23**	**5**	**3**
居民服务业	80	37	11	4	1
机动车、电子产品和日用产品修理业	81	19	6		2
其他服务业	82	11	6	1	
教育	P	**71**	**14**	**3**	**1**
教育	83	71	14	3	1
卫生和社会工作	Q	**88**	**7**	**10**	**3**
卫生	84	62	5	9	3
社会工作	85	26	2	1	
文化、体育和娱乐业	R	**287**	**115**	**17**	**7**
新闻和出版业	86	69	62	2	
广播、电视、电影和录音制作业	87	94	15	6	3
文化艺术业	88	98	19	9	4
体育	89	8	4		
娱乐业	90	18	15		

长治市	晋城市	朔州市	晋中市	运城市	忻州市	临汾市	吕梁市	代码
42	**46**	**32**	**39**	**39**	**27**	**42**	**31**	J
15	19	16	12	9	9	14	9	66
	3		2	1			2	67
22	22	15	21	25	17	25	18	68
5	2	1	4	4	1	3	2	69
149	**76**	**16**	**41**	**31**	**55**	**65**	**31**	K
149	76	16	41	31	55	65	31	70
99	**81**	**27**	**82**	**60**	**67**	**96**	**73**	L
4	6		2	2	7	8	2	71
95	75	27	80	58	60	88	71	72
50	**35**	**11**	**49**	**35**	**28**	**44**	**34**	M
6			1		1	2	2	73
35	30	10	37	30	24	35	29	74
9	5	1	11	5	3	7	3	75
50	**34**	**15**	**29**	**24**	**34**	**23**	**52**	N
7	11	7	9	4	10	6	11	76
7	5		2	4	3	2	8	77
34	18	8	17	16	21	13	33	78
2			1			2		79
7	**5**	**3**	**2**	**6**	**5**	**4**	**4**	O
6	3		2	4	1	4	1	80
1	1	1		1	4		3	81
	1	2		1				82
9	**7**	**6**	**4**	**2**	**8**	**13**	**4**	P
9	7	6	4	2	8	13	4	83
13	**4**	**2**	**11**	**7**	**7**	**6**	**18**	Q
11	3	2	10	7	4	5	3	84
2	1		1		3	1	15	85
16	**19**	**8**	**20**	**25**	**14**	**30**	**16**	R
1	1			1			2	86
12	6	3	11	11	4	17	6	87
2	11	5	8	13	8	12	7	88
			1		2		1	89
1	1					1		90

2-33 按行业(大类)、地区分组的国有

行业	代码	从业人员期末人数(人)	太原市	大同市	阳泉市
总 计	00	**1810958**	**485561**	**214911**	**142982**
农、林、牧、渔业	A	**1025**	**58**	**36**	
农业	01				
林业	02				
畜牧业	03				
渔业	04				
农、林、牧、渔专业及辅助性活动	05	1025	58	36	
采矿业	B	**787915**	**87176**	**143219**	**86515**
煤炭开采和洗选业	06	773199	86989	142800	86329
石油和天然气开采业	07	4694	183		
黑色金属矿采选业	08	1942		234	
有色金属矿采选业	09	3280	4	2	186
非金属矿采选业	10	400		103	
开采专业及辅助性活动	11	4400		80	
其他采矿业	12				
制造业	C	**290144**	**85821**	**19904**	**8951**
农副食品加工业	13	1962	462	218	78
食品制造业	14	1405	738	214	185
酒、饮料和精制茶制造业	15	17440	877	12	88
烟草制品业	16	923	923		
纺织业	17	2253	135		43
纺织服装、服饰业	18	5529	544	29	30
皮革、毛皮、羽毛及其制品和制鞋业	19	5			
木材加工和木、竹、藤、棕、草制品业	20	5			
家具制造业	21				
造纸和纸制品业	22	16	2		
印刷和记录媒介复制业	23	2204	1353	2	33
文教、工美、体育和娱乐用品制造业	24	148	3	97	
石油、煤炭及其他燃料加工业	25	28338	1103	433	42
化学原料和化学制品制造业	26	48606	6043	1831	1708
医药制造业	27	6235	202	4328	
化学纤维制造业	28	750	363	387	
橡胶和塑料制品业	29	5124	1474	287	79
非金属矿物制品业	30	12589	2711	1133	532
黑色金属冶炼和压延加工业	31	41932	33240	15	
有色金属冶炼和压延加工业	32	28248	561	372	3008
金属制品业	33	8817	3306		626

控股企业法人单位从业人员期末人数

长治市	晋城市	朔州市	晋中市	运城市	忻州市	临汾市	吕梁市	代码
182683	**189953**	**80142**	**115583**	**86069**	**81881**	**132159**	**99034**	**00**
5	**29**	**8**	**74**	**610**	**43**	**37**	**125**	**A**
								01
								02
								03
								04
5	29	8	74	610	43	37	125	05
93823	**114605**	**47017**	**62498**	**7374**	**32731**	**65015**	**47942**	**B**
93694	110311	42748	62126	4483	32564	64923	46232	06
	4130		315				66	07
110					38	87	1473	08
19				2891	2	5	171	09
	65	48	57		127			10
	99	4221						11
								12
35163	**22777**	**5589**	**15667**	**44178**	**4648**	**25507**	**21939**	**C**
154	70	195	69	93	339	197	87	13
5	141		60	36	11	15		14
116	30		591	383	6		15337	15
								16
	1331			682		62		17
725	1091	78	696	1713	78	545		18
5								19
					5			20
								21
					14			22
196	28	45	69	6	139	10	323	23
			48					24
8431	2153		2852			12337	987	25
8938	9622	993	3049	9793	28	5671	930	26
156	666			696	30		157	27
								28
835	828	291	1112	214	4			29
1322	588	1947	1362	2081	364	357	192	30
6188	5	527	601	113		599	644	31
39		657		18977	1733	15	2886	32
439	600			2255	289	1302		33

2-33 续表 1

行业	代码	从业人员期末人数（人）			
			太原市	大同市	阳泉市
通用设备制造业	34	13567	4917	1352	1092
专用设备制造业	35	29850	13518	885	923
汽车制造业	36	4895	638	2263	
铁路、船舶、航空航天和其他运输设备制造业	37	11826	5746	5380	
电气机械和器材制造业	38	8628	1049	279	300
计算机、通信和其他电子设备制造业	39	3925	3482		23
仪器仪表制造业	40	941	871		44
其他制造业	41	249		13	117
废弃资源综合利用业	42	127	40		
金属制品、机械和设备修理业	43	3607	1520	374	
电力、热力、燃气及水生产和供应业	**D**	**110413**	**36599**	**7186**	**8351**
电力、热力生产和供应业	44	65563	18662	4679	3625
燃气生产和供应业	45	24091	14035	220	2336
水的生产和供应业	46	20759	3902	2287	2390
建筑业	**E**	**205931**	**114889**	**12367**	**14380**
房屋建筑业	47	60244	26734	4048	8356
土木工程建筑业	48	123978	69921	6887	5777
建筑安装业	49	11079	9800	7	165
建筑装饰、装修和其他建筑业	50	10630	8434	1425	82
批发和零售业	**F**	**105781**	**29501**	**9472**	**6018**
批发业	51	71390	20694	4652	3333
零售业	52	34391	8807	4820	2685
交通运输、仓储和邮政业	**G**	**105634**	**50737**	**9104**	**5245**
铁路运输业	53	1093		199	193
道路运输业	54	76069	43547	5871	4025
水上运输业	55	58			
航空运输业	56	4065	2212	303	3
管道运输业	57				
多式联运和运输代理业	58	1604	514	486	45
装卸搬运和仓储业	59	7350	1410	621	302
邮政业	60	15395	3054	1624	677
住宿和餐饮业	**H**	**14789**	**5551**	**228**	**628**
住宿业	61	11348	4697	21	45
餐饮业	62	3441	854	207	583
信息传输、软件和信息技术服务业	**I**	**26382**	**10793**	**1689**	**551**
电信、广播电视和卫星传输服务	63	23729	8811	1569	461
互联网和相关服务	64	470	206	78	73
软件和信息技术服务业	65	2183	1776	42	17

长治市	晋城市	朔州市	晋中市	运城市	忻州市	临汾市	吕梁市	代码
967	1691	832	1199	826	593	42	56	34
3483	2122		2575	1462	845	3781	256	35
360	429		325	658		222		36
365			60	275				37
2218	348	6	971	3408			49	38
57	60	18		242		43		39
	11		15					40
						119		41
2				55			30	42
162	963		13	210	170	190	5	43
11315	**7374**	**5746**	**6192**	**5484**	**7637**	**7638**	**6891**	**D**
6943	4995	4412	3818	4224	5404	4005	4796	44
1910	934	364	1165	213	612	1504	798	45
2462	1445	970	1209	1047	1621	2129	1297	46
8698	**8266**	**8885**	**10718**	**5456**	**10768**	**7325**	**4179**	**E**
5237	519	927	1361	1794	8730	1953	585	47
3329	7491	7357	9045	3446	2011	5188	3526	48
66	156	601	134		13	90	47	49
66	100		178	216	14	94	21	50
7507	**14860**	**3134**	**6815**	**5328**	**9471**	**7614**	**6061**	**F**
5482	11180	2090	4514	3079	6069	6078	4219	51
2025	3680	1044	2301	2249	3402	1536	1842	52
5566	**6816**	**4387**	**4147**	**5000**	**5119**	**5867**	**3646**	**G**
		62			639			53
3062	5507	4083	2068	2100	1730	3102	974	54
28				23	7			55
302				559	170	318	198	56
								57
			19		131	111	298	58
684	497	242	643	841	1146	506	458	59
1490	812		1417	1477	1296	1830	1718	60
2018	**1680**	**101**	**925**	**190**	**1502**	**830**	**1136**	**H**
1673	1410	79	699	164	1154	597	809	61
345	270	22	226	26	348	233	327	62
1566	**1259**	**196**	**473**	**4090**	**1761**	**1687**	**2317**	**I**
1512	1179	173	452	4074	1741	1672	2085	63
6		4				2	101	64
48	80	19	21	16	20	13	131	65

2-33 续表 2

行 业	代码	从业人员期末人数（人）	太原市	大同市	阳泉市
金融业	J	**2395**	**1058**	**35**	**96**
货币金融服务	66	989	136	15	
资本市场服务	67	430	375	8	
保险业	68				
其他金融业	69	976	547	12	96
房地产业	K	**29471**	**11002**	**2174**	**2827**
房地产业	70	29471	11002	2174	2827
租赁和商务服务业	L	**69850**	**25161**	**6253**	**5021**
租赁业	71	4575	554	502	25
商务服务业	72	65275	24607	5751	4996
科学研究和技术服务业	M	**28413**	**17195**	**828**	**1963**
研究和试验发展	73	1865	1705		38
专业技术服务业	74	24983	14841	790	1612
科技推广和应用服务业	75	1565	649	38	313
水利、环境和公共设施管理业	N	**10301**	**2636**	**1374**	**246**
水利管理业	76	3310	1973	127	
生态保护和环境治理业	77	1326	267	104	
公共设施管理业	78	5496	356	1143	177
土地管理业	79	169	40		69
居民服务、修理和其他服务业	O	**4112**	**587**	**128**	**30**
居民服务业	80	2548	155	128	2
机动车、电子产品和日用产品修理业	81	492	98		28
其他服务业	82	1072	334		
教育	P	**2445**	**373**	**33**	
教育	83	2445	373	33	
卫生和社会工作	Q	**5200**	**156**	**98**	**2058**
卫生	84	5088	143	95	2058
社会工作	85	112	13	3	
文化、体育和娱乐业	R	**10757**	**6268**	**783**	**102**
新闻和出版业	86	4085	3592	278	
广播、电视、电影和录音制作业	87	1778	903	139	42
文化艺术业	88	4462	1408	366	60
体育	89	70	28		
娱乐业	90	362	337		

长治市	晋城市	朔州市	晋中市	运城市	忻州市	临汾市	吕梁市	代码
173	**38**	**784**	**78**	**64**	**5**	**32**	**32**	J
	19	779	38			2		66
	8			15			24	67
								68
173	11	5	40	49	5	30	8	69
2611	**3234**	**1958**	**821**	**693**	**1945**	**1596**	**610**	K
2611	3234	1958	821	693	1945	1596	610	70
8643	**5426**	**689**	**4315**	**3949**	**3988**	**4257**	**2148**	L
361	109		13	8	62	2865	76	71
8282	5317	689	4302	3941	3926	1392	2072	72
2166	**1289**	**146**	**1535**	**825**	**483**	**1347**	**636**	M
55			26			26	15	73
1928	1089	127	1440	776	479	1288	613	74
183	200	19	69	49	4	33	8	75
1108	**1046**	**299**	**500**	**670**	**934**	**548**	**940**	N
189	180	186	151	150	181	79	94	76
27	115		60	104	504	74	71	77
884	751	113	284	416	249	348	775	78
8			5			47		79
43	**107**	**756**	**74**	**185**	**106**	**1920**	**176**	O
33	70		74	162		1920	4	80
10	13	50		15	106		172	81
	24	706		8				82
1189	**248**	**128**	**20**	**8**	**106**	**327**	**13**	P
1189	248	128	20	8	106	327	13	83
850	**190**	**133**	**145**	**1285**	**133**	**118**	**34**	Q
845	190	133	126	1285	100	109	4	84
5			19		33	9	30	85
239	**709**	**186**	**586**	**680**	**501**	**494**	**209**	R
8	143			57			7	86
139	133	42	97	46	17	152	68	87
88	412	144	488	577	443	342	134	88
			1		41			89
4	21							90

2-34 按行业(大类)、地区分组的

行业	代码	法人单位数(个)	太原市	大同市	阳泉市
总 计	00	**353127**	**116806**	**22305**	**10176**
农、林、牧、渔业	A	**1185**	**95**	**82**	**21**
农业	01	14		1	1
林业	02	1			
畜牧业	03	11			
渔业	04				
农、林、牧、渔专业及辅助性活动	05	1159	95	81	20
采矿业	B	**5393**	**360**	**383**	**162**
煤炭开采和洗选业	06	2852	235	175	93
石油和天然气开采业	07	34	8		
黑色金属矿采选业	08	899	50	85	5
有色金属矿采选业	09	184	2	7	1
非金属矿采选业	10	1285	53	85	63
开采专业及辅助性活动	11	96	6	30	
其他采矿业	12	43	6	1	
制造业	C	**34897**	**5751**	**2394**	**1338**
农副食品加工业	13	2565	188	205	33
食品制造业	14	1599	231	85	20
酒、饮料和精制茶制造业	15	1003	58	62	36
烟草制品业	16	1			
纺织业	17	357	39	30	9
纺织服装、服饰业	18	532	82	38	11
皮革、毛皮、羽毛及其制品和制鞋业	19	139	10	38	5
木材加工和木、竹、藤、棕、草制品业	20	654	60	34	8
家具制造业	21	481	107	24	11
造纸和纸制品业	22	469	69	19	7
印刷和记录媒介复制业	23	1032	274	90	34
文教、工美、体育和娱乐用品制造业	24	659	82	39	17
石油、煤炭及其他燃料加工业	25	676	95	70	20
化学原料和化学制品制造业	26	2022	211	113	65
医药制造业	27	383	60	45	1
化学纤维制造业	28	36	3	2	
橡胶和塑料制品业	29	1160	165	76	21
非金属矿物制品业	30	6817	582	411	593
黑色金属冶炼和压延加工业	31	386	68	44	12
有色金属冶炼和压延加工业	32	378	61	20	16

小微企业法人单位数

长治市	晋城市	朔州市	晋中市	运城市	忻州市	临汾市	吕梁市	代码
28180	**22511**	**12785**	**32425**	**37332**	**15774**	**30001**	**24832**	00
111	**93**	**66**	**146**	**145**	**97**	**185**	**144**	A
4			4	2	1	1		01
					1			02
2	4	1	1			2	1	03
								04
105	89	65	141	143	95	182	143	05
420	**298**	**260**	**662**	**356**	**772**	**724**	**996**	B
243	204	190	522	87	177	314	612	06
1	18		2		1	1	3	07
47	4	4	21	33	375	194	81	08
7			14	31	37	10	75	09
114	66	46	87	198	170	196	207	10
7	6	18	6	1	7	5	10	11
1		2	10	6	5	4	8	12
2488	**1887**	**1277**	**4749**	**6006**	**2460**	**2535**	**4012**	C
211	138	168	316	407	201	268	430	13
105	52	53	259	416	113	137	128	14
63	47	50	142	120	75	91	259	15
				1				16
20	20	8	41	124	22	32	12	17
49	35	12	44	142	40	50	29	18
6	8	3	10	22	18	7	12	19
51	26	24	81	154	41	107	68	20
41	28	11	90	84	18	43	24	21
14	9	20	71	165	18	36	41	22
80	75	26	118	168	27	69	71	23
61	38	18	92	140	53	60	59	24
54	96	23	101	46	29	53	89	25
136	96	64	217	608	60	162	290	26
28	11	16	42	117	10	30	23	27
2	1	1	9	7		4	7	28
67	52	40	157	313	45	62	162	29
579	501	378	811	1062	391	581	928	30
18	15	8	33	48	56	39	45	31
27	9	4	35	124	18	13	51	32

2-34 续表 1

行业	代码	法人单位数(个)	太原市	大同市	阳泉市
金属制品业	33	3694	589	171	114
通用设备制造业	34	3658	961	257	83
专用设备制造业	35	1943	555	120	76
汽车制造业	36	316	55	21	3
铁路、船舶、航空航天和其他运输设备制造业	37	130	43	24	1
电气机械和器材制造业	38	877	258	62	45
计算机、通信和其他电子设备制造业	39	317	116	11	13
仪器仪表制造业	40	235	132	18	14
其他制造业	41	269	42	16	5
废弃资源综合利用业	42	418	22	32	11
金属制品、机械和设备修理业	43	1691	533	217	54
电力、热力、燃气及水生产和供应业	D	**3959**	**389**	**276**	**224**
电力、热力生产和供应业	44	2967	257	223	167
燃气生产和供应业	45	405	64	17	12
水的生产和供应业	46	587	68	36	45
建筑业	E	**28108**	**10852**	**1465**	**731**
房屋建筑业	47	5128	1848	294	130
土木工程建筑业	48	5524	1854	288	196
建筑安装业	49	4141	1743	181	94
建筑装饰、装修和其他建筑业	50	13315	5407	702	311
批发和零售业	F	**137786**	**42920**	**9508**	**4244**
批发业	51	66182	22601	3176	1564
零售业	52	71604	20319	6332	2680
交通运输、仓储和邮政业	G	**14107**	**2508**	**946**	**433**
道路运输业	54	10869	1776	746	367
水上运输业	55	26	3	1	1
航空运输业	56	55	18	3	4
管道运输业	57	8	1		
多式联运和运输代理业	58	774	231	55	8
装卸搬运和仓储业	59	1982	399	122	35
邮政业	60	393	80	19	18
住宿和餐饮业	H	**8236**	**3421**	**578**	**178**
住宿业	61	2689	909	211	58
餐饮业	62	5547	2512	367	120

长治市	晋城市	朔州市	晋中市	运城市	忻州市	临汾市	吕梁市	代码
193	250	91	507	494	621	166	498	33
181	78	69	700	439	375	145	370	34
168	98	45	342	212	99	92	136	35
22	5	8	62	83	9	25	23	36
6	1		14	28	3	6	4	37
72	35	23	133	143	25	39	42	38
21	9	7	44	48	7	27	14	39
12	3		19	17	6	3	11	40
14	15	6	49	46	8	34	34	41
26	19	20	72	82	19	58	57	42
161	117	81	138	146	53	96	95	43
299	**305**	**258**	**311**	**308**	**341**	**932**	**316**	**D**
197	199	220	219	208	270	815	192	44
52	50	17	36	20	24	47	66	45
50	56	21	56	80	47	70	58	46
2532	**1327**	**917**	**3187**	**2994**	**857**	**2115**	**1131**	**E**
461	208	156	789	482	193	355	212	47
400	238	282	650	685	244	403	284	48
326	138	143	406	520	111	326	153	49
1345	743	336	1342	1307	309	1031	482	50
13066	**10307**	**5600**	**11294**	**13770**	**5477**	**12368**	**9232**	**F**
7149	3961	1900	4896	7963	2436	6685	3851	51
5917	6346	3700	6398	5807	3041	5683	5381	52
1053	**713**	**688**	**1614**	**1846**	**1068**	**1489**	**1749**	**G**
826	458	552	1293	1424	852	1129	1446	54
1	1		1	5	3	1	9	55
8	5	1	2	4	2	3	5	56
	3	1				2	1	57
30	26	36	78	67	32	96	115	58
149	198	78	198	307	151	221	124	59
39	22	20	42	39	28	37	49	60
613	**403**	**260**	**755**	**777**	**304**	**576**	**371**	**H**
182	141	80	332	227	164	250	135	61
431	262	180	423	550	140	326	236	62

2-34 续表 2

行　业	代码	法人单位数（个）	太原市	大同市	阳泉市
信息传输、软件和信息技术服务业	I	**17124**	**9420**	**746**	**339**
电信、广播电视和卫星传输服务	63	778	189	88	17
互联网和相关服务	64	2313	757	126	53
软件和信息技术服务业	65	14033	8474	532	269
金融业	J	**1415**	**547**	**103**	**58**
货币金融服务	66	797	181	72	45
资本市场服务	67	138	59	12	1
保险业	68	53	19	2	2
其他金融业	69	427	288	17	10
房地产业	K	**14086**	**4904**	**954**	**366**
房地产业	70	14086	4904	954	366
租赁和商务服务业	L	**42164**	**18650**	**2341**	**972**
租赁业	71	6546	2129	389	160
商务服务业	72	35618	16521	1952	812
科学研究和技术服务业	M	**17642**	**8597**	**861**	**418**
研究和试验发展	73	1209	764	24	22
专业技术服务业	74	8713	4281	504	187
科技推广和应用服务业	75	7720	3552	333	209
水利、环境和公共设施管理业	N	**3899**	**754**	**249**	**100**
水利管理业	76	259	56	11	7
生态保护和环境治理业	77	568	193	21	9
公共设施管理业	78	2882	470	215	80
土地管理业	79	190	35	2	4
居民服务、修理和其他服务业	O	**11105**	**3951**	**667**	**308**
居民服务业	80	4634	1778	291	103
机动车、电子产品和日用产品修理业	81	4504	1508	256	164
其他服务业	82	1967	665	120	41
卫生和社会工作	Q	**480**	**95**	**38**	**12**
卫生	84	53	12	6	2
社会工作	85	427	83	32	10
文化、体育和娱乐业	R	**11541**	**3592**	**714**	**272**
新闻和出版业	86	119	98	4	
广播、电视、电影和录音制作业	87	1164	466	73	25
文化艺术业	88	3732	946	217	86
体育	89	895	336	39	25
娱乐业	90	5631	1746	381	136

长治市	晋城市	朔州市	晋中市	运城市	忻州市	临汾市	吕梁市	代码
694	**759**	**304**	**1146**	**1565**	**405**	**883**	**863**	I
34	43	37	74	72	67	82	75	63
105	171	60	196	245	95	215	290	64
555	545	207	876	1248	243	586	498	65
75	**71**	**65**	**111**	**118**	**109**	**57**	**101**	J
55	45	58	77	59	93	37	75	66
4	14	4	8	13	10	7	6	67
1	4	2	9	5	3	1	5	68
15	8	1	17	41	3	12	15	69
1170	**685**	**505**	**1285**	**1399**	**612**	**1188**	**1018**	K
1170	685	505	1285	1399	612	1188	1018	70
2490	**2681**	**1269**	**2993**	**3608**	**1601**	**3240**	**2319**	L
373	551	251	625	645	392	553	478	71
2117	2130	1018	2368	2963	1209	2687	1841	72
1001	**788**	**395**	**1590**	**1624**	**451**	**1152**	**765**	M
84	27	14	110	86	18	30	30	73
592	437	210	661	649	249	539	404	74
325	324	171	819	889	184	583	331	75
362	**373**	**158**	**451**	**443**	**257**	**366**	**386**	N
14	20	29	29	15	32	20	26	76
28	28	11	77	56	20	60	65	77
304	309	114	327	298	196	278	291	78
16	16	4	18	74	9	8	4	79
864	**931**	**410**	**895**	**972**	**431**	**983**	**693**	O
394	422	127	336	409	138	398	238	80
348	326	196	401	395	205	378	327	81
122	183	87	158	168	88	207	128	82
40	**15**	**13**	**53**	**65**	**37**	**69**	**43**	Q
2		1	1	12	7	7	3	84
38	15	12	52	53	30	62	40	85
902	**875**	**340**	**1183**	**1336**	**495**	**1139**	**693**	R
3		1	1	2	3	2	5	86
72	49	29	96	145	48	101	60	87
341	367	120	419	500	162	381	193	88
62	73	27	89	89	29	86	40	89
424	386	163	578	600	253	569	395	90

2-35 按行业(大类)、地区分组的小微

行业	代码	从业人员期末人数(人)	太原市	大同市	阳泉市
总计	00	**2528566**	**654584**	**203788**	**97381**
农、林、牧、渔业	A	**4175**	**178**	**403**	**147**
农业	01				
林业	02				
畜牧业	03				
渔业	04				
农、林、牧、渔专业及辅助性活动	05	4175	178	403	147
采矿业	B	**147600**	**8134**	**8776**	**3432**
煤炭开采和洗选业	06	112835	6896	5751	2537
石油和天然气开采业	07	2267	259		
黑色金属矿采选业	08	15962	484	1764	25
有色金属矿采选业	09	3175	4	15	186
非金属矿采选业	10	10324	444	899	684
开采专业及辅助性活动	11	2755	37	331	
其他采矿业	12	282	10	16	
制造业	C	**524439**	**76294**	**36564**	**25337**
农副食品加工业	13	27251	1640	1794	772
食品制造业	14	19878	3214	1227	526
酒、饮料和精制茶制造业	15	14279	882	862	403
烟草制品业	16	4			
纺织业	17	6928	646	166	140
纺织服装、服饰业	18	10788	1411	705	107
皮革、毛皮、羽毛及其制品和制鞋业	19	1575	43	134	52
木材加工和木、竹、藤、棕、草制品业	20	3819	353	92	48
家具制造业	21	3194	823	91	225
造纸和纸制品业	22	5797	651	127	42
印刷和记录媒介复制业	23	8912	2741	591	210
文教、工美、体育和娱乐用品制造业	24	6786	269	322	102
石油、煤炭及其他燃料加工业	25	17069	2497	1665	284
化学原料和化学制品制造业	26	35917	2028	2472	1832
医药制造业	27	14119	2282	1576	92
化学纤维制造业	28	661	363		
橡胶和塑料制品业	29	15373	1591	1035	655
非金属矿物制品业	30	118434	11146	6900	10843
黑色金属冶炼和压延加工业	31	10759	1088	1100	194
有色金属冶炼和压延加工业	32	8943	1305	281	222

企业法人单位从业人员期末人数

长治市	晋城市	朔州市	晋中市	运城市	忻州市	临汾市	吕梁市	代码
212518	**183582**	**114194**	**270580**	**243248**	**157633**	**201065**	**189993**	00
219	**360**	**246**	**387**	**536**	**466**	**492**	**741**	A
								01
								02
								03
								04
219	360	246	387	536	466	492	741	05
15767	**15819**	**10372**	**22063**	**4769**	**22033**	**17531**	**18904**	B
13349	13494	9048	20640	2833	10937	12950	14400	06
21	1604		315		1	1	66	07
1002	6		452	182	8248	3116	683	08
87			137	308	572	159	1707	09
1161	590	550	441	1405	1768	983	1399	10
146	125	684	56		429	301	646	11
1		90	22	41	78	21	3	12
46696	**34846**	**26943**	**77533**	**84911**	**35422**	**29519**	**50374**	C
2681	1307	2666	3392	4461	2143	1864	4531	13
1635	762	894	2977	5295	893	985	1470	14
1101	690	761	2072	1714	905	896	3993	15
				4				16
334	362	249	989	2592	545	754	151	17
1182	1835	567	833	1672	1240	972	264	18
17	223	151	121	307	295	171	61	19
174	79	63	524	1242	206	649	389	20
338	148	49	562	509	186	189	74	21
158	167	293	829	2521	167	235	607	22
703	663	119	902	1474	241	398	870	23
1202	459	72	1353	2093	339	377	198	24
4429	1163	206	1695	2212	581	837	1500	25
4668	1936	1153	4132	9979	1127	1730	4860	26
1111	768	1163	2099	2692	317	1261	758	27
3			176	36		27	56	28
1561	1119	767	2317	3926	449	480	1473	29
10256	10981	12990	16225	15502	6234	6581	10776	30
123	1073	401	801	1509	1377	1066	2027	31
1286	98	102	235	3731	625	115	943	32

2-35 续表 1

行　业	代码	从业人员期末人数（人）	太原市	大同市	阳泉市
金属制品业	33	56668	6823	2558	1693
通用设备制造业	34	45686	10160	4727	2119
专用设备制造业	35	34526	8521	2976	2544
汽车制造业	36	8250	1121	231	10
铁路、船舶、航空航天和其他运输设备制造业	37	3938	1575	916	4
电气机械和器材制造业	38	14541	3086	1366	937
计算机、通信和其他电子设备制造业	39	6340	2666	66	223
仪器仪表制造业	40	4371	3221	112	105
其他制造业	41	1719	276	108	173
废弃资源综合利用业	42	3537	260	337	215
金属制品、机械和设备修理业	43	14377	3612	2027	565
电力、热力、燃气及水生产和供应业	**D**	**71825**	**7518**	**6623**	**2979**
电力、热力生产和供应业	44	44741	3402	5400	1390
燃气生产和供应业	45	11282	2209	280	429
水的生产和供应业	46	15802	1907	943	1160
建筑业	**E**	**303015**	**111935**	**22145**	**13760**
房屋建筑业	47	95694	24360	9592	4200
土木工程建筑业	48	78030	22799	4638	6754
建筑安装业	49	44396	23600	2317	888
建筑装饰、装修和其他建筑业	50	84895	41176	5598	1918
批发和零售业	**F**	**495661**	**135024**	**40766**	**17537**
批发业	51	252679	78299	15196	6708
零售业	52	242982	56725	25570	10829
交通运输、仓储和邮政业	**G**	**165743**	**24189**	**10601**	**6069**
道路运输业	54	126934	15860	7799	4746
水上运输业	55	145	6		1
航空运输业	56	1172	353	3	11
管道运输业	57	193	40		
多式联运和运输代理业	58	5518	1380	923	63
装卸搬运和仓储业	59	22881	4163	1284	865
邮政业	60	8900	2387	592	383
住宿和餐饮业	**H**	**94586**	**26778**	**10452**	**2950**
住宿业	61	40796	10823	3065	759
餐饮业	62	53790	15955	7387	2191

长治市	晋城市	朔州市	晋中市	运城市	忻州市	临汾市	吕梁市	代码
2010	5068	443	14622	4694	10272	2525	5960	33
2493	1168	1265	8370	5024	4092	1822	4446	34
3380	2237	995	5831	2418	1564	1786	2274	35
1338	20	215	1944	2157	82	654	478	36
165			190	985	68	20	15	37
1377	852	331	1738	2462	464	946	982	38
762	75	33	573	1354	119	346	123	39
188	81		319	229	18	65	33	40
186	71	5	278	235	37	247	103	41
449	134	203	305	636	98	388	512	42
1386	1307	787	1129	1246	738	1133	447	43
7108	**6229**	**4782**	**7368**	**6056**	**7987**	**7274**	**7901**	D
3843	3909	3662	5165	3395	5250	4244	5081	44
1582	1106	523	993	680	937	1438	1105	45
1683	1214	597	1210	1981	1800	1592	1715	46
24044	**13987**	**13421**	**31569**	**22394**	**16016**	**20491**	**13253**	E
10165	5363	3239	11635	6927	7783	7261	5169	47
4779	3806	5349	8623	6792	4926	5465	4099	48
1965	1257	2862	3487	2831	1455	2097	1637	49
7135	3561	1971	7824	5844	1852	5668	2348	50
48509	**45175**	**19426**	**39184**	**47468**	**24988**	**48141**	**29443**	F
28406	19215	6978	18761	25474	12236	27884	13522	51
20103	25960	12448	20423	21994	12752	20257	15921	52
11869	**9260**	**8836**	**19820**	**18950**	**14888**	**17829**	**23432**	G
9297	6152	7462	16203	14447	11515	13632	19821	54
28	7			55	19	1	28	55
81	6	1	10		173	332	202	56
	76					3	74	57
87	56	177	513	372	169	641	1137	58
1606	2349	891	2136	3079	2555	2350	1603	59
770	614	305	958	997	457	870	567	60
8087	**6464**	**4514**	**8593**	**6473**	**6400**	**7643**	**6232**	H
3870	2831	1186	4730	3147	3513	4965	1907	61
4217	3633	3328	3863	3326	2887	2678	4325	62

2-35 续表 2

行　　业	代码	从业人员期末人数（人）	太原市	大同市	阳泉市
信息传输、软件和信息技术服务业	I	**63522**	**36171**	**3231**	**1741**
电信、广播电视和卫星传输服务	63	6866	2024	507	381
互联网和相关服务	64	7480	2969	378	254
软件和信息技术服务业	65	49176	31178	2346	1106
金融业	J	**9140**	**3257**	**687**	**412**
货币金融服务	66	5388	965	458	283
资本市场服务	67	822	569	44	2
保险业	68	97	34	5	7
其他金融业	69	2833	1689	180	120
房地产业	K	**155551**	**52708**	**19061**	**6066**
房地产业	70	155551	52708	19061	6066
租赁和商务服务业	L	**265310**	**92043**	**28473**	**9502**
租赁业	71	28833	8607	2376	845
商务服务业	72	236477	83436	26097	8657
科学研究和技术服务业	M	**100573**	**46885**	**6559**	**3255**
研究和试验发展	73	5975	3889	169	91
专业技术服务业	74	69948	31185	5168	2462
科技推广和应用服务业	75	24650	11811	1222	702
水利、环境和公共设施管理业	N	**24949**	**4032**	**1694**	**965**
水利管理业	76	2172	324	79	30
生态保护和环境治理业	77	3668	1226	244	102
公共设施管理业	78	18188	2181	1362	757
土地管理业	79	921	301	9	76
居民服务、修理和其他服务业	O	**47623**	**14925**	**3502**	**1506**
居民服务业	80	19702	6519	1734	472
机动车、电子产品和日用产品修理业	81	18181	5458	1109	826
其他服务业	82	9740	2948	659	208
卫生和社会工作	Q	**4865**	**1108**	**595**	**219**
卫生	84	3101	800	364	159
社会工作	85	1764	308	231	60
文化、体育和娱乐业	R	**49989**	**13405**	**3656**	**1504**
新闻和出版业	86	1699	1552	41	
广播、电视、电影和录音制作业	87	6319	1972	555	203
文化艺术业	88	18799	3078	1111	661
体育	89	4103	1517	218	111
娱乐业	90	19069	5286	1731	529

长治市	晋城市	朔州市	晋中市	运城市	忻州市	临汾市	吕梁市	代码
2392	**2836**	**1129**	**3373**	**5218**	**1752**	**2725**	**2954**	I
128	592	220	345	1018	483	574	594	63
430	376	168	454	662	279	601	909	64
1834	1868	741	2574	3538	990	1550	1451	65
619	**411**	**1070**	**748**	**442**	**589**	**356**	**549**	J
293	297	1053	575	219	556	219	470	66
5	51	10	42	26	20	12	41	67
1	6	2	21	11	6		4	68
320	57	5	110	186	7	125	34	69
12239	**8739**	**6257**	**13406**	**9917**	**7034**	**12151**	**7973**	K
12239	8739	6257	13406	9917	7034	12151	7973	70
18657	**20239**	**10044**	**26068**	**16946**	**10012**	**17982**	**15344**	L
1827	2637	952	2723	2405	1722	2781	1958	71
16830	17602	9092	23345	14541	8290	15201	13386	72
6331	**5857**	**2197**	**8418**	**6630**	**3136**	**7130**	**4175**	M
448	136	39	550	335	54	143	121	73
4876	4542	1497	5342	3975	2607	5084	3210	74
1007	1179	661	2526	2320	475	1903	844	75
2069	**2958**	**1042**	**2948**	**2624**	**1618**	**2455**	**2544**	N
203	214	260	290	78	329	174	191	76
157	228	83	285	435	155	349	404	77
1660	2461	677	2247	1908	1117	1874	1944	78
49	55	22	126	203	17	58	5	79
3348	**5350**	**1862**	**3999**	**3688**	**2260**	**4258**	**2925**	O
1490	2471	693	1546	1534	603	1598	1042	80
1308	1561	751	1740	1496	1112	1592	1228	81
550	1318	418	713	658	545	1068	655	82
266	**76**	**78**	**356**	**747**	**431**	**661**	**328**	Q
97		45	30	558	312	490	246	84
169	76	33	326	189	119	171	82	85
4298	**4976**	**1975**	**4747**	**5479**	**2601**	**4427**	**2921**	R
10		3	2	60	6	2	23	86
532	540	131	569	526	263	608	420	87
1905	2316	974	2208	2500	1393	1667	986	88
331	317	190	365	423	173	302	156	89
1520	1803	677	1603	1970	766	1848	1336	90

第3篇

文化及相关产业篇

资料整理校对：王俊鹏

A. 概况

3-A-1　文化及相关产业基本情况

分　组	法人单位		个体户	
	法　人 单位数 (个)	从业人员 期末人数 (人)	户数 (户)	从业人员 期末人数 (人)
总　计	**40206**	**232360**	**9092**	**22968**
按单位性质分组				
经营性	34906	179457		
公益性	5300	52903		
按产业类型分组				
文化制造业	1799	21339	290	1444
文化批发和零售业	5708	20654	4478	9189
文化服务业	32699	190367	4324	12335
按领域分组				
文化核心领域	26314	173811		
文化相关领域	13892	58549		

注：表中个体户数据，根据四经普612表《个体经营户抽样调查表》中标识为文化产业的单位进行汇总。

3-A-2　分地区文化及相关产业法人单位基本情况

地　区	法　人 单位数 (个)	从业人员 期末人数 (人)
全　省	**40206**	**232360**
太原市	13881	73683
大同市	2448	16420
阳泉市	1068	8466
长治市	3222	20211
晋城市	2650	17340
朔州市	1364	6427
晋中市	3589	21481
运城市	4210	25227
忻州市	1792	11039
临汾市	3377	18504
吕梁市	2605	13562

3-A-3 分地区文化及相关产业法人单位分布情况

地　区	法人单位数(个)	文化服务业	#规模以上	文化制造业	#规模以上	文化批发和零售业	#规模以上
全　省	**40206**	**32699**	**203**	**1799**	**45**	**5708**	**90**
太原市	13881	11091	77	356	16	2434	37
大同市	2448	1903	15	135	1	410	7
阳泉市	1068	837	10	65	1	166	3
长治市	3222	2685	18	148	1	389	5
晋城市	2650	2109	18	119	3	422	3
朔州市	1364	1064		56		244	5
晋中市	3589	3007	20	225	6	357	6
运城市	4210	3449	23	335	14	426	7
忻州市	1792	1510	3	95	1	187	3
临汾市	3377	2834	12	132		411	7
吕梁市	2605	2210	7	133	2	262	7

3-A-4　按类别分文化及相关产业法人单位基本情况

分　组	法人单位数（个）	从业人员期末人数（人）	资产总计（万元）
总　计	**40206**	**232360**	**17120121**
文化核心领域	**26314**	**173811**	**14373277**
新闻信息服务	1358	17017	860379
新闻服务	140	2130	26003
报纸信息服务	79	4865	199446
广播电视信息服务	178	6652	334492
互联网信息服务	961	3370	300438
内容创作生产	7030	54577	3322259
出版服务	123	1966	358725
广播影视节目制作	751	2905	96348
创作表演服务	4186	28056	856671
数字内容服务	452	1989	92584
内容保存服务	885	12407	1617705
工艺美术品制造	611	6187	273820
艺术陶瓷制造	22	1067	26407
创意设计服务	10669	43004	1799165
广告服务	8051	27466	816659
设计服务	2618	15538	982505
文化传播渠道	2478	27066	1980172
出版物发行	537	5220	705888
广播电视节目传输	205	11521	623614
广播影视发行放映	366	4622	173999
艺术表演	45	413	14645
互联网文化娱乐平台	3	12	594
艺术品拍卖及代理	27	87	12595
工艺美术品销售	1295	5191	448837
文化投资运营	105	1054	1597627
投资与资产管理	52	645	1566656
运营管理	53	409	30972
文化娱乐休闲服务	4674	31093	4813676
娱乐服务	3442	12844	769781
景区游览服务	1019	16675	3735858
休闲观光游览服务	213	1574	308036
文化相关领域	**13892**	**58549**	**2746843**
文化辅助生产和中介服务	9955	47142	1970182
文化服务用品制造	46	1771	307634
印刷复制服务	1482	12817	633085
版权服务	91	391	3754
会议展览服务	1446	4710	693407
文化经纪代理服务	2399	7736	177924
文化设备(用品)出租服务	76	281	6744
文化科研培训服务	4415	19436	147634
文化装备生产	268	1655	81501
印刷设备制造	13	454	16452
广播电视电影设备制造及销售	22	95	4346
摄录设备制造及销售	57	436	37409
演艺设备制造及销售	7	19	1692
游乐游艺设备制造	4	2	
乐器制造及销售	165	649	21603
文化消费终端生产	3669	9752	695160
文具制造及销售	2904	7249	564612
笔墨制造	6	45	904
玩具制造	3	11	2056
节庆用品制造	11	51	1763
信息服务终端制造及销售	745	2396	125825

3-A-5 分地区文化及相关产业企业基本情况

地 区	法人单位数(个)	从业人员期末人数(人)	资产总计(万元)	营业收入(万元)
全 省	**34906**	**179457**	**14832433**	**4166191**
太原市	12943	61170	5189136	2235821
大同市	2113	12494	957726	233710
阳泉市	878	5984	270873	59633
长治市	2570	13670	1371179	167249
晋城市	2335	14848	1071880	174738
朔州市	1146	4444	121574	51294
晋中市	2984	16622	2461565	458123
运城市	3718	19888	958779	377518
忻州市	1359	7388	761629	79453
临汾市	2869	13365	960987	175276
吕梁市	1991	9584	707105	153375

3-A-6 分地区文化及相关产业事业(社团)单位基本情况

地 区	法 人 单位数(个)	从业人员期末人数(人)	资产总计(万元)	本年支出(费用)合计(万元)
全 省	**5300**	**52903**	**2287688**	**816762**
太原市	938	12513	1270101	346613
大同市	335	3926	130709	66000
阳泉市	190	2482	51717	22176
长治市	652	6541	178586	74193
晋城市	315	2492	75615	26547
朔州市	218	1983	53199	21891
晋中市	605	4859	109045	47567
运城市	492	5339	129723	67941
忻州市	433	3651	69150	39518
临汾市	508	5139	130415	49458
吕梁市	614	3978	89428	54857

B. 文化制造业

3-B-1　分地区文化制造业法人单位主要指标

地　区	法人单位数(个)			从业人员期末人数(人)		
		规模以上	规模以下		规模以上	规模以下
全　省	**1799**	**45**	**1754**	**21339**	**7604**	**13735**
太原市	356	16	340	5169	2870	2299
大同市	135	1	134	1022	97	925
阳泉市	65	1	64	1117	699	418
长治市	148	1	147	1828	178	1650
晋城市	119	3	116	1205	405	800
朔州市	56		56	358		358
晋中市	225	6	219	2578	912	1666
运城市	335	14	321	5109	1969	3140
忻州市	95	1	94	672	1	671
临汾市	132		132	698		698
吕梁市	133	2	131	1583	473	1110

3-B-2 按注册类型和控股情况分规模以上

分组	法人单位数(个)	从业人员期末人数(人)	#女性	资产总计(万元)	营业收入(万元)
总计	**45**	**7604**	**2983**	**738626**	**474531**
按注册类型分组					
内资企业	44	7326	2922	718441	458844
#国有企业					
私营企业	26	3855	1695	389173	337495
港、澳、台商投资企业					
外商投资企业	1	278	61	20185	15687
按控股情况分组					
国有控股	6	1214	469	126062	36626
集体控股	4	579	233	64582	25235
私人控股	32	4264	1795	490288	372915
港澳台商控股					
外商控股					
其他	3	1547	486	57695	39755

3-B-3 分地区规模以上

地区	法人单位数(个)	从业人员期末人数(人)	#女性	资产总计(万元)	营业收入(万元)
全省	**45**	**7604**	**2983**	**738626**	**474531**
太原市	16	2870	1065	185914	100388
大同市	1	97	61	54178	2794
阳泉市	1	699	560	11159	7652
长治市	1	178	100	38137	2126
晋城市	3	405	237	31337	10003
朔州市					
晋中市	6	912	197	152404	224998
运城市	14	1969	630	189440	104230
忻州市	1	1		3457	383
临汾市					
吕梁市	2	473	133	72600	21957

文化制造业企业主要财务指标

营业成本（万元）	税金及附加（万元）	营业利润（万元）	投资收益（万元）	应付职工薪酬（万元）	应交增值税（万元）
420205	**4341**	**-12208**	**59**	**41205**	**30308**
407570	4265	-12486	59	38383	29629
312111	3430	-15381	-183	19017	27205
12635	76	279		2822	679
28981	340	-770	-214	7234	952
22445	80	-1036		2924	324
342221	3499	-14284	-183	21080	27419
26558	422	3882	456	9968	1613

文化制造业企业主要财务指标

营业成本（万元）	税金及附加（万元）	营业利润（万元）	投资收益（万元）	应付职工薪酬（万元）	应交增值税（万元）
420205	**4341**	**-12208**	**59**	**41205**	**30308**
80474	758	164	-214	16227	2240
1944	3	259		358	71
6001	22	-825		2209	213
2010	17	-1348		562	-66
8363	78	-1412	24	1510	254
214153	2779	-11143		6446	24529
88657	517	3607	456	11007	2604
349		-2		62	
18254	168	-1508	-207	2825	464

3-B-4 按注册类型和控股情况分规模

分　组	法人单位数(个)	从业人员期末人数(人)		资产总计(万元)	营业收入(万元)
			#女性		
总　计	**1754**	**13735**	**7623**	**529724**	**204165**
按注册类型分组					
内资企业	1749	13578	7518	521186	203253
#国有企业	43	924	462	41364	10577
私营企业	1361	9345	5225	370106	144792
港、澳、台商投资企业					
外商投资企业	5	157	105	8537	912
按控股情况分组					
国有控股	56	1287	634	64121	18338
集体控股	95	1205	685	32388	13484
私人控股	1507	10531	5751	417919	166141
港澳台商控股					
外商控股	3	12	6	4284	449
其他	93	700	547	11013	5754

3-B-5 分地区规模以下

地　区	法人单位数(个)	从业人员期末人数(人)		资产总计(万元)	营业收入(万元)
			#女性		
全　省	**1754**	**13735**	**7623**	**529724**	**204165**
太原市	340	2299	1017	152006	67592
大同市	134	925	450	24537	10225
阳泉市	64	418	252	6797	4151
长治市	147	1650	1049	62015	13119
晋城市	116	800	475	36099	8195
朔州市	56	358	242	10396	4705
晋中市	219	1666	899	55124	24207
运城市	321	3140	1931	115210	43178
忻州市	94	671	324	14578	4708
临汾市	132	698	416	22308	5952
吕梁市	131	1110	568	30654	18135

以下文化制造业企业主要财务指标

营业成本（万元）	税金及附加（万元）	营业利润（万元）	投资收益（万元）	应付职工薪酬（万元）	应交增值税（万元）
174409	**1455**	**-183**	**888**	**33257**	**5644**
172649	1441	1336	888	32472	5602
10139	108	-1518	17	2667	538
121051	944	4194	664	20485	3749
1760	15	-1518		784	42
16497	160	-1473	17	4128	731
12321	158	-1222	185	3736	590
140158	1101	3081	668	23926	4186
1137	13	-979		246	14
4296	24	412	18	1220	123

文化制造业企业主要财务指标

营业成本（万元）	税金及附加（万元）	营业利润（万元）	投资收益（万元）	应付职工薪酬（万元）	应交增值税（万元）
174409	**1455**	**-183**	**888**	**33257**	**5644**
60501	317	-2042	94	8179	1753
7828	61	306	4	2828	235
3710	37	-48		757	137
10897	155	-748	61	3373	298
6507	96	-177	98	2145	198
3953	111	559	76	563	25
20587	151	-144	38	3711	1351
35414	337	2399	250	5901	870
3964	53	-197	10	1393	164
4925	60	-109	209	1564	126
16122	77	20	48	2842	487

C. 文化批零业

3-C-1 分地区文化批零业法人单位主要指标

地 区	法人单位数（个）			从业人员期末人数（人）		
		规模以上	规模以下		规模以上	规模以下
全 省	**5708**	**90**	**5618**	**20654**	**4934**	**15720**
太原市	2434	37	2397	8216	1755	6461
大同市	410	7	403	1844	675	1169
阳泉市	166	3	163	653	165	488
长治市	389	5	384	1337	337	1000
晋城市	422	3	419	1309	189	1120
朔州市	244	5	239	758	134	624
晋中市	357	6	351	1361	369	992
运城市	426	7	419	1604	489	1115
忻州市	187	3	184	694	148	546
临汾市	411	7	404	1825	330	1495
吕梁市	262	7	255	1053	343	710

3-C-2　按注册类型和控股情况分限额以上文化批零业企业主要财务指标

分　组	法人单位数（个）	从业人员期末人数（人）	#女性	资产总计（万元）	营业收入（万元）	营业成本（万元）
总　计	**90**	**4934**	**2817**	**858180**	**924795**	**812252**
按注册类型分组						
内资企业	88	4635	2595	821861	890917	780071
#国有企业	4	81	44	2862	5785	4484
私营企业	38	1418	965	192166	367194	345184
港、澳、台商投资企业	2	299	222	36320	33878	32181
外商投资企业						
按控股情况分组						
国有控股	39	2746	1323	553738	471800	389878
集体控股	2	56	37	6191	3762	3344
私人控股	45	1673	1165	218738	387761	362198
港澳台商控股	2	299	222	36320	33878	32181
外商控股						
其他	2	160	70	43193	27594	24651

3-C-2　续表

分　组	税金及附加（万元）	营业利润（万元）	投资收益（万元）	应付职工薪酬（万元）	应交增值税（万元）
总　计	**4217**	**30180**	**14770**	**46013**	**4213**
按注册类型分组					
内资企业	4177	31678	14770	44680	3979
#国有企业	28	234		635	5
私营企业	2416	9985	12819	6447	2933
港、澳、台商投资企业	40	-1498		1333	234
外商投资企业					
按控股情况分组					
国有控股	1171	22052	1896	34827	609
集体控股	47	-224	16	342	60
私人控股	2786	9814	12858	7522	3291
港澳台商控股	40	-1498		1333	234
外商控股					
其他	172	36		1988	19

3-C-3 分地区限额以上文化

地区	法人单位数（个）	从业人员期末人数（人）	#女性	资产总计（万元）	营业收入（万元）
全省	**90**	**4934**	**2817**	**858180**	**924795**
太原市	37	1755	1036	502434	633708
大同市	7	675	487	104812	63124
阳泉市	3	165	99	14215	7277
长治市	5	337	204	24704	23751
晋城市	3	189	92	11652	13829
朔州市	5	134	77	14563	12895
晋中市	6	369	164	67003	45325
运城市	7	489	252	33904	38739
忻州市	3	148	71	15986	18459
临汾市	7	330	158	39861	41075
吕梁市	7	343	177	29046	26615

3-C-4 按注册类型和控股情况分限额

分组	法人单位数（个）	从业人员期末人数（人）	#女性	资产总计（万元）	营业收入（万元）
总计	**5618**	**15720**	**7605**	**1024511**	**513520**
按注册类型分组					
内资企业	5617	15718	7605	1024511	513470
#国有企业	22	185	98	24804	1076
私营企业	5060	13574	6512	851952	457591
港、澳、台商投资企业					
外商投资企业	1	2			50
按控股情况分组					
国有控股	37	368	199	37393	8421
集体控股	29	148	64	3690	3667
私人控股	5497	14961	7177	972227	491009
港澳台商控股					
外商控股	1	2			50
其他	54	241	165	11200	10372

批零业企业主要财务指标

营业成本(万元)	税金及附加(万元)	营业利润(万元)	投资收益(万元)	应付职工薪酬(万元)	应交增值税(万元)
812252	**4217**	**30180**	**14770**	**46013**	**4213**
587038	1454	12853	1916	9564	2959
49970	1499	13221	12840	3237	1351
5495	180	-183		1303	131
18207	96	-3441	9	2099	-455
9777	88	673		1271	55
9730	28	460		1180	22
38743	235	213		2987	119
30116	179	2025		3121	22
12940	60	1019	-2	1953	-9
32044	226	1563	8	1459	114
18193	173	1777		17840	-97

以下文化批零业企业主要财务指标

营业成本(万元)	税金及附加(万元)	营业利润(万元)	投资收益(万元)	应付职工薪酬(万元)	应交增值税(万元)
436221	**3421**	**-3389**	**12056**	**36479**	**8222**
436221	3421	-3389	12056	36478	8222
533	69	-147	13	646	65
389342	2819	-3442	12103	30696	7303
				1	
6092	88	-25	32	1529	170
3131	7	83	5	358	23
418291	3309	-3248	12015	33862	7928
				1	
8707	18	-198	3	730	101

3-C-5 分地区限额以下

地　区	法人单位数（个）	从业人员期末人数（人）		资产总计（万元）	营业收入（万元）
			#女性		
全　省	**5618**	**15720**	**7605**	**1024511**	**513520**
太原市	2397	6461	3057	533368	289101
大同市	403	1169	622	65229	25123
阳泉市	163	488	205	21587	8673
长治市	384	1000	478	51633	21083
晋城市	419	1120	530	42525	41791
朔州市	239	624	314	25091	9965
晋中市	351	992	506	34581	15443
运城市	419	1115	536	60375	33862
忻州市	184	546	313	24876	9533
临汾市	404	1495	720	57012	33930
吕梁市	255	710	324	108232	25017

文化批零业企业主要财务指标

营业成本（万元）	税金及附加（万元）	营业利润（万元）	投资收益（万元）	应付职工薪酬（万元）	应交增值税（万元）
436221	**3421**	**-3389**	**12056**	**36479**	**8222**
249351	1213	-6067	487	16854	3887
21071	404	-75	-58	2903	984
7220	75	102	55	897	267
18250	125	92	10	2025	349
35268	279	1021	8	2548	844
8108	130	275	66	1146	213
12366	117	682	26	1892	334
22934	226	1030	71	1931	269
9767	92	456	244	1191	137
27838	684	609	272	3639	549
24048	76	-1513	10876	1453	390

D. 文化服务业

3-D-1 分地区文化服务业法人单位主要指标

地 区	法人单位数(个)	规模以上	规模以下企业	事业单位	社会团体	从业人员期末人数(人)	规模以上	规模以下企业	事业单位	社会团体
全 省	**32699**	**203**	**27196**	**1947**	**3353**	**190367**	**25868**	**111596**	**39738**	**13165**
太原市	11091	77	10076	288	650	60298	10481	37304	9782	2731
大同市	1903	15	1553	152	183	13554	2201	7427	2882	1044
阳泉市	837	10	637	76	114	6696	941	3273	2114	368
长治市	2685	18	2015	248	404	17046	2241	8264	4849	1692
晋城市	2109	18	1776	99	216	14826	2601	9733	1811	681
朔州市	1064		846	91	127	5311		3328	1590	393
晋中市	3007	20	2382	160	445	17542	2956	9727	2982	1877
运城市	3449	23	2934	184	308	18514	1669	11506	4043	1296
忻州市	1510	3	1074	232	201	9673	357	5665	2667	984
临汾市	2834	12	2314	222	286	15981	1881	8961	4076	1063
吕梁市	2210	7	1589	195	419	10926	540	6408	2942	1036

3-D-2　按注册类型和控股情况分规模以上文化服务业企业主要财务指标

分　组	法人单位数（个）	从业人员期末人数（人）	#女性	资产总计（万元）	营业收入（万元）	营业成本（万元）
总　计	**203**	**25868**	**11766**	**4448648**	**765596**	**520228**
按注册类型分组						
内资企业	203	25868	11766	4448648	765596	520228
#国有企业	27	4944	2175	281848	162123	111884
私营企业	70	5837	2812	783040	148303	87619
港、澳、台商投资企业						
外商投资企业						
按控股情况分组						
国有控股	91	14722	6432	2634272	472343	328210
集体控股	11	1873	1022	361863	24170	16578
私人控股	88	7917	3776	1372285	243617	161438
港澳台商控股						
外商控股	1	31	17	2047	1980	954
其他	12	1325	519	78181	23486	13049

3-D-2　续表

分　组	税金及附加（万元）	营业利润（万元）	投资收益（万元）	应付职工薪酬（万元）	应交增值税（万元）
总　计	**7384**	**-37001**	**11187**	**175975**	**17033**
按注册类型分组					
内资企业	7384	-37001	11187	175975	17033
#国有企业	1617	9060	17	48708	5001
私营企业	2498	-2617	113	23856	4400
港、澳、台商投资企业					
外商投资企业					
按控股情况分组					
国有控股	3758	-21918	10013	128820	10413
集体控股	288	-6365	7	5692	491
私人控股	2785	-4899	1167	33957	5638
港澳台商控股					
外商控股	1	418		394	64
其他	552	-4237		7112	426

3-D-3　分地区规模以上文化

地　区	法人单位数（个）	从业人员期末人数（人）		资产总计（万元）	营业收入（万元）
			#女性		
全　省	**203**	**25868**	**11766**	**4448648**	**765596**
太原市	77	10481	4874	1762055	498596
大同市	15	2201	1123	232952	55219
阳泉市	10	941	384	86783	11214
长治市	18	2241	1037	289804	48885
晋城市	18	2601	1076	418465	30658
朔州市					
晋中市	20	2956	1296	1057936	62830
运城市	23	1669	645	165247	21426
忻州市	3	357	182	35197	2681
临汾市	12	1881	912	330037	25859
吕梁市	7	540	237	70173	8229

3-D-4　按注册类型和控股情况分规模

分　组	法人单位数（个）	从业人员期末人数（人）		资产总计（万元）	营业收入（万元）
			#女性		
总　计	**27196**	**111596**	**49931**	**7232744**	**1283583**
按注册类型分组					
内资企业	27193	111560	49917	7171250	1283583
#国有企业	246	3993	1779	75826	34571
私营企业	23885	86253	38496	4538186	987557
港、澳、台商投资企业	1	33	12	61492	
外商投资企业	2	3	2	2	
按控股情况分组					
国有控股	459	9343	4100	1176351	110263
集体控股	137	1589	729	87207	7474
私人控股	25915	95372	42082	5792790	1098731
港澳台商控股	4	27	15	271	257
外商控股	2	3	2	2	
其他	679	5262	3003	176123	66857

服务业企业主要财务指标

营业成本（万元）	税金及附加（万元）	营业利润（万元）	投资收益（万元）	应付职工薪酬（万元）	应交增值税（万元）
520228	**7384**	**-37001**	**11187**	**175975**	**17033**
360218	4771	6772	9626	106553	13002
34845	648	2729		11579	684
5666	168	-3895		4116	263
29644	346	-11559	31	12044	866
19997	284	-13997		10191	527
33570	517	-6019	200	15519	359
12983	228	-2814	383	5810	563
4136	4	-2945		1158	94
13400	349	-4756	947	7598	656
5770	69	-519		1408	18

以下文化服务业企业主要财务指标

营业成本（万元）	税金及附加（万元）	营业利润（万元）	投资收益（万元）	应付职工薪酬（万元）	应交增值税（万元）
950073	**15339**	**-13052**	**12377**	**283072**	**26237**
950073	15336	-13050	12377	282866	26237
26727	463	-1541	220	16302	1433
717781	12115	13615	10679	197278	20924
	3			198	
		-2		8	
87864	1795	-12213	627	35280	1616
6307	80	-1585	203	3328	150
801907	12984	809	11192	221420	22480
188	1	5		71	7
		-2		8	
53807	478	-66	355	22967	1984

3-D-5 分地区规模以下

地 区	法人单位数（个）	从业人员期末人数（人）	#女性	资产总计（万元）	营业收入（万元）
全 省	**27196**	**111596**	**49931**	**7232744**	**1283583**
太原市	10076	37304	15794	2053360	646436
大同市	1553	7427	3464	476018	77225
阳泉市	637	3273	1541	130331	20667
长治市	2015	8264	3912	904886	58286
晋城市	1776	9733	4640	531802	70262
朔州市	846	3328	1503	71523	23730
晋中市	2382	9727	4366	1094518	85320
运城市	2934	11506	5223	394603	136084
忻州市	1074	5665	2400	667536	43690
临汾市	2314	8961	4171	511769	68461
吕梁市	1589	6408	2917	396399	53421

文化服务业企业主要财务指标

营业成本（万元）	税金及附加（万元）	营业利润（万元）	投资收益（万元）	应付职工薪酬（万元）	应交增值税（万元）
950073	**15339**	**-13052**	**12377**	**283072**	**26237**
473113	5046	2157	1488	119910	14364
58009	742	-235	1874	21075	1376
17367	2268	-1954	152	7066	492
45043	706	-342	1521	15461	1188
51068	733	-2608	1659	20925	1480
19811	321	1098	1097	5844	472
63365	2929	-16214	1039	24247	627
95590	897	14029	1068	24556	2431
32850	401	2528	1115	11088	701
50206	729	-4991	903	18883	1949
43652	566	-6521	461	14017	1159

3-D-6 分地区文化服务业行政事业单位主要财务指标

地　区	法人单位数（个）	从业人员期末人数（人）	#女性	资产总计（万元）	本年支出合计（万元）
全　省	**1947**	**39738**	**19015**	**2202425**	**776325**
太原市	288	9782	4552	1243702	331375
大同市	152	2882	1261	128353	64125
阳泉市	76	2114	952	51301	21598
长治市	248	4849	2451	173843	71278
晋城市	99	1811	737	66922	24103
朔州市	91	1590	784	51454	19965
晋中市	160	2982	1560	99138	42010
运城市	184	4043	2034	119652	65051
忻州市	232	2667	1257	62502	37795
临汾市	222	4076	1979	122847	47301
吕梁市	195	2942	1448	82711	51725

3-D-7 分地区文化服务业社团单位主要财务指标

地　区	法人单位数（个）	从业人员期末人数（人）	#女性	资产总计（万元）	本年费用合计（万元）
全　省	**3353**	**13165**	**6588**	**85263**	**40437**
太原市	650	2731	1506	26399	15239
大同市	183	1044	617	2355	1875
阳泉市	114	368	172	416	578
长治市	404	1692	709	4743	2916
晋城市	216	681	308	8693	2445
朔州市	127	393	189	1745	1927
晋中市	445	1877	951	9907	5557
运城市	308	1296	683	10071	2890
忻州市	201	984	445	6649	1723
临汾市	286	1063	557	7568	2157
吕梁市	419	1036	451	6717	3131

E. 文化产业个体经营户

3-E-1　文化产业个体经营户抽样调查基本情况

分　　组	个体经营户数(户)	从业人员期末人数(人)	#女性	全年雇员支出(万元)	全年缴纳税费(万元)	全年缴纳房租(万元)	全年总支出(万元)	全年营业收入(万元)
总　计	**9092**	**22968**	**14130**	**30978**	**2447**	**26858**	**150055**	**227507**
按产业类型分组								
文化制造业	290	1444	860	2049	191	440	5966	8154
文化批发和零售业	4478	9189	6012	11593	837	13586	94427	144948
文化服务业	4324	12335	7258	17337	1419	12833	49662	74405
按地区分组								
太原市	836	1982	1174	2904	394	3273	11455	17197
大同市	1078	2785	1609	3796	315	3232	29218	40610
阳泉市	259	659	407	952	112	1157	5147	7317
长治市	793	2264	1371	2919	183	2346	11682	18518
晋城市	372	1131	765	1957	93	1364	6748	14732
朔州市	488	1313	826	1556	105	1470	5897	8150
晋中市	837	1833	1083	2514	183	1810	10686	15934
运城市	1400	3935	2571	5095	298	3528	24114	36471
忻州市	996	2308	1338	2699	151	3288	11047	18297
临汾市	1116	2529	1642	3344	197	2669	20536	28840
吕梁市	917	2229	1344	3241	416	2720	13524	21443

注：本表根据四经普612表《个体经营户抽样调查表》中标识为文化产业的单位进行汇总。

附　录

主要指标解释及分类规定

主要指标解释

法人单位　是指有权拥有资产、承担负债，并独立从事社会经济活动（或与其他单位进行交易）的组织。法人单位应同时具备以下条件：

1. 依法成立，有自己的名称、组织机构和场所，能够独立承担民事责任；

2. 独立拥有（或受权使用）资产，有权与其他单位签订合同；

3. 会计上独立核算，能够编制资产负债表等会计报表。

在统计实践中，法人单位包括：企业法人、事业单位法人、机关法人、社会团体法人、民办非企业单位、基金会、居委会、村委会、其他法人。

企业法人　是指依据《中华人民共和国公司登记管理条例》《中华人民共和国企业法人登记管理条例》等国家法律和法规，经各级市场监管机关登记注册，领取《企业法人营业执照》的企业。包括：

1. 公司制企业法人；

2. 非公司制企业法人。

不具有法人资格、但依法成立的个人独资企业、合伙企业在统计上视同法人。

事业单位法人　是指经国务院或地方县级以上机构编制管理部门批准、经国家或地方县级以上事业单位登记管理部门登记或备案，领取《事业单位法人证书》，取得法人资格的事业单位。包括：

1. 各级党委、政府直属事业单位；

2. 中共中央、国务院直属事业单位举办的事业单位；

3. 各级人大、政协机关，监察委员会、人民法院、人民检察院和各民主党派机关举办的事业单位；

4. 各级党委部门和政府部门举办的事业单位；

5. 使用财政性经费的群众团体举办的事业单位；

6. 国有企业及其他组织利用国有资产举办的事业单位；

7. 依照法律或有关规定，应当由各级登记管理机关登记的其他事业单位。

机关法人　是指各级政党机关和国家机关。包括：

1. 县级以上各级中国共产党委员会及其所属各工作部门；

2. 县级以上各级人民代表大会机关；

3. 县级以上各级人民政府及其所属各工作部门，以及地区行政行署；

4. 县级以上各级政治协商会议机关；

5. 县级以上各级监察委员会、人民法院、检察院机关；

6. 县级以上各民主党派和工商联机关；

7. 乡、镇中国共产党委员会和人民政府。

社会团体法人　是指依据《社会团体登记管理条例》，经国家或县级以上民政部门登记注册或备案，领取《社会团体法人登记证书》的各类社会团体，以及由机构编制管理部门管理其编制的群众团体。

民办非企业单位　指企业单位、事业单位、社会团体和其他社会力量以及公民个人利用非国有资产举办的，从事非营利性社会服务的社会组织。民办非企业法人指经各级民政部门核准登记，领取《民办非企业单位登记证书》的民办非企业单位。

基金会　指民政部、省级、地级或市级民政部门核准登记的，颁发《基金会法人登记证书》的基金会。

居委会　由不设区的市、市辖区的人民政府决定设立的社区（居委会）。

村委会　由乡、民族乡、镇的人民政府提出，经村民会议讨论同意后，报县级人民政府批准，设立的村民委员会。

其他法人　是指除上述类型以外的法人。具体是指依据《中华人民共和国农民专业合作社法》及其他法律、法规成立，具备法人条件的单位。

单产业法人　是指仅包含一个产业活动单位的法人单位，称为单产业法人单位，该法人单位同时也是一个产业活动单位。

多产业法人　是指由两个及以上产业活动单位组成的法人单位，称为多产业法人单位，这些产业活动单位接受法人单位的管理和控制。

从业人员期末人数　指报告期最后一日在本单位工作，并取得工资或其他形式劳动报酬的人员数。该指标为时点指标，不包括最后一日当天及以前已经与单位解除劳动合同关系的人员，是在岗职工、劳务派遣人员及其他从业人员之和。从业人员不包括：

1. 离开本单位仍保留劳动关系，并定期领取生活费的人员；

2. 在本单位实习的各类在校学生；

3. 本单位因劳务外包而使用的人员，如：建筑业整建制使用的人员。

营业收入　指企业经营主要业务和其他业务所确认的收入总额。营业收入包括“主营业务收入”和“其他业务收入”。根据会计“利润表”中“营业收入”项目的本年累计数填报。

资产总计　指企业过去的交易或者事项形成的、由企业拥有或者控制的、预期会给企业带来经济利益的资源。资产一般按流动性（资产的变现或耗用时间长短）分为流动资产和非流动资产。其中流动资产可分为货币资金、交易性金融资产、应收票据、应收账款、预付款项、其他应收款、存货等；非流动资产可分为长期股权投资、固定资产、无形资产及其他非流动资产等。

分类规定

登记注册类型 指企业或企业产业活动单位的登记注册类型，市场监管部门对企业（单位）登记注册的类型分为以下几种：

1. 国有企业：指企业全部资产归国家所有，并按《中华人民共和国企业法人登记管理条例》规定登记注册的非公司制的经济组织。不包括有限责任公司中的国有独资公司。

2. 集体企业：指企业资产归集体所有，并按《中华人民共和国企业法人登记管理条例》规定登记注册的经济组织。

3. 股份合作企业：指以合作制为基础，由企业职工共同出资入股，吸收一定比例的社会资产投资组建，实行自主经营，自负盈亏，共同劳动，民主管理，按劳分配与按股分红相结合的一种集体经济组织。

4. 联营企业：指两个及两个以上相同或不同所有制性质的企业法人或事业单位法人，按自愿、平等、互利的原则，共同投资组成的经济组织。联营企业包括国有联营企业、集体联营企业、国有与集体联营企业和其他联营企业。

国有联营企业 指所有联营单位均为国有。

集体联营企业 指所有联营单位均为集体。

国有与集体联营企业 指联营单位既有国有也有集体。

其他联营企业 指上述三种联营企业之外的其他联营形式的企业。

5. 有限责任公司：指根据《中华人民共和国公司登记管理条例》规定登记注册，由两个以上，五十个以下的股东共同出资，每个股东以其所认缴的出资额对公司承担有限责任，公司以其全部资产对其债务承担责任的经济组织。有限责任公司包括国有独资公司以及其他有限责任公司。

国有独资公司 指国家授权的投资机构或者国家授权的部门单独投资设立的有限责任公司。

其他有限责任公司 指国有独资公司以外的其他有限责任公司。

6. 股份有限公司：指根据《中华人民共和国公司登记管理条例》规定登记注册，其全部注册资本由等额股份构成并通过发行股票筹集资本，股东以其认购的股份对公司承担有限责任，公司以其全部资产对其债务承担责任的经济组织。

7. 私营企业：指由自然人投资设立或由自然人控股，以雇佣劳动为基础的营利性经济组织。包括按照《公司法》《合伙企业法》《私营企业暂行条例》以及《个人独资企业法》规定登记注册的私营独资企业、私营合伙企业、私营有限责任公司、私营股份有限公司和个人独资企业。

私营独资企业 指按《私营企业暂行条例》的规定，由一名自然人投资经营，以雇佣劳动为基础，投资者对企业债务承担无限责任的企业。

私营合伙企业 指按《合伙企业法》或《私营企业暂行条例》的规定，由两个以上自然人按照协议共同投资、共同经营、共负盈亏，以雇佣劳动为基础，对债务承担无限责任的企业。

私营有限责任公司 指按《公司法》《私营企业暂行条例》的规定，由两个以上自然人投资或由单个自然人控股的有限责任公司。

私营股份有限公司 指按《公司法》的规定，由五个以上自然人投资，或由单个自然人控股的股份有限公司。

8. 其他企业：指上述第 1 条至第 7 条之外的其他内资经济组织。

9. 合资经营企业（港或澳、台资）：指港澳台地区投资者与内地的企业依照《中华人民共和国中外合资经营企业法》及有关法律的规定，按合同规定的比例投资设立，分享利润和分担风险的企业。

10. 合作经营企业（港或澳、台资）：指港澳台地区投资者与内地企业依照《中华人民共和国中外合作经营企业法》及有关法律的规定，依照合作合同的约定进行投资或提供条件设立，分配利润、分担风险和亏损的企业。

11. 港、澳、台商独资经营企业：指依照《中华人民共和国外资企业法》及有关法律的规定，在内地由港澳台地区投资者全额投资设立的企业。

12. 港、澳、台商投资股份有限公司：指根据国家有关规定，经商务部（原外经贸部）批准设立，并且其中港、澳、台商的股本占公司注册资本的比例达25%以上的股份有限公司。凡其中港、澳、台商的股本占公司注册资本的比例小于25%的，属于内资中的股份有限公司。

13. 其他港、澳、台商投资企业：指在中国境内参照《外国企业或个人在中国境内设立合伙企业管理办法》和《外商投资合伙企业登记管理规定》，依法设立的港、澳、台商投资合伙企业。

14. 中外合资经营企业：指外国企业或外国人与中国内地企业依照《中华人民共和国中外合资经营企业法》及有关法律的规定，按合同规定的比例投资设立，分享利润和分担风险的企业。

15. 中外合作经营企业：指外国企业或外国人与中国内地企业依照《中华人民共和国中外合作经营企业法》及有关法律的规定，依照合作合同的约定进行投资或提供条件设立，分配利润、分担风险和亏损的企业。

16. 外资企业：指依照《中华人民共和国外资企业法》及有关法律的规定，在中国内地由外国投资者全额投资设立的企业。

17. 外商投资股份有限公司：指根据国家有关规定，经商务部（原外经贸部）批准设立，并且其中外资的股本占公司注册资本的比例达25%以上的股份有限公司。凡其中外资股本占公司注册资本的比例小于25%的，属于内资中的股份有限公司。

18. 其他外商投资企业：指在中国境内依照《外国企业或个人在中国境内设立合伙企业管理办法》和《外商投资合伙企业登记管理规定》，依法设立的外商投资合伙企业。

企业控股情况　根据企业实收资本中某种经济成分的出资人的实际投资情况，或出资人对企业资产的实际控制、支配程度进行分类。具体分为国有控股、集体控股、私人控股、港澳台商控股、外商控股和其他六类。

国有控股　包括：（1）在企业的全部实收资本中，国有经济成分的出资人拥有的实收资本（股本）所占企业全部实收资本（股本）的比例大于50%的国有绝对控股。（2）在企业的全部实收资本中，国有经济成分的出资人拥有的实收资本（股本）所占比例虽未大于50%，但相对大于其他任何一方经济成分的出资人所占比例的国有相对控股；或者虽不大于其他经济成分，但根据协议规定拥有企业实际控制权的国有协议控股。（3）投资双方各占50%，且未明确由谁绝对控股的企业，若其中一方为国有经济成分的，一律按国有控股处理。

集体控股　包括：（1）在企业的全部实收资本中，集体经济成分的出资人拥有的实收资本（股本）所占企业全部实收资本（股本）的比例大于50%的集体绝对控股。（2）在企业的全部实收资本中，集体经济成分的出资人拥有的实收资本（股本）所占比例虽未大于50%，但相对大于其他任何一方经济成分的出资人所占比例的集体相对控股；或者虽不大于其他经济成分，但根据协议规定拥有企业实际控制权的集体协议控股。

私人控股　包括：（1）在企业的全部实收资本中，私人经济成分的出资人拥有的实收资本（股本）所占企业全部实收资本（股本）的比例大于50%的私人绝对控股。（2）在企业的全部实收资本中，私人经济成分的出资人拥有的实收资本（股本）所占比例虽未大于50%，但相对大于其他任何一方经济成分的出资人所占比例的私人相对控股；或者虽不大于其他经济成分，但根据协议规定拥有企业实际控制权的私人协议控股。

港澳台商控股　包括：（1）在企业的全部实收资本中，港澳台商经济成分的出资人拥有的实收资本（股本）所占企业全部实收资本（股本）的比例大于50%的港澳台商绝对控股。（2）在企业的全部实收资本中，港澳台商经济成分的出资人拥有的实收资本（股本）所占比例虽未大于50%，但相对大于其他任何一方经济成分的出资人所占比例的港澳台商相对控股；或者虽不大于其他经济成分，但根据协议规定拥有企业实际控制权的港澳台商协议控股。

外商控股　包括：（1）在企业的全部实收资本中，外商经济成分的出资人拥有的实收资本（股本）所占企业全部实收资本（股本）的比例大于50%的外商绝对控股。（2）在企业的全部实收资本中，外商经济成分的出资人拥有的实收资本（股本）所占比例虽未大于50%，但相对大于其他任何一方经济成分的出资人所占比例的外商相对控股；或者虽不大于其他经济成分，但根据协议规定拥有企业实际控制权的外商协议控股。

其他控股情况　除上述五类以外的企业控股情况。

统计上大中小微型企业划分办法

一、根据工业和信息化部、国家统计局、国家发展改革委、财政部《关于印发中小企业划型标准规定的通知》（工信部联企业〔2011〕300号），以《国民经济行业分类》（GB/T4754-2017）为基础，结合统计工作的实际情况，制定本办法。

二、本办法适用对象为在中华人民共和国境内依法设立的各种组织形式的法人企业或单位。个体工商户参照本办法进行划分。

三、本办法适用范围包括：农、林、牧、渔业，采矿业，制造业，电力、热力、燃气及水生产和供应业，建筑业，批发和零售业，交通运输、仓储和邮政业，住宿和餐饮业，信息传输、软件和信息技术服务业，房地产业，租赁和商务服务业，科学研究和技术服务业，水利、环境和公共设施管理业，居民服务、修理和其他服务业，文化、体育和娱乐业等15个行业门类以及社会工作行业大类。

四、本办法按照行业门类、大类、中类和组合类别，依据从业人员、营业收入、资产总额等指标或替代指标，将我国的企业划分为大型、中型、小型、微型等四种类型。具体划分标准见附表。

五、企业划分由政府综合统计部门根据统计年报每年确定一次，定报统计原则上不进行调整。

六、本办法自印发之日起执行，国家统计局2011年印发的《统计上大中小微型企业划分办法》（国统字〔2011〕75号）同时废止。

附表：

统计上大中小微型企业划分标准

行业名称	指标名称	计量单位	大型	中型	小型	微型
农、林、牧、渔业	营业收入(Y)	万元	Y≥20000	500≤Y＜20000	50≤Y＜500	Y＜50
工业*	从业人员(X)	人	X≥1000	300≤X＜1000	20≤X＜300	X＜20
	营业收入(Y)	万元	Y≥40000	2000≤Y＜40000	300≤Y＜2000	Y＜300
建筑业	营业收入(Y)	万元	Y≥80000	6000≤Y＜80000	300≤Y＜6000	Y＜300
	资产总额(Z)	万元	Z≥80000	5000≤Z＜80000	300≤Z＜5000	Z＜300
批发业	从业人员(X)	人	X≥200	20≤X＜200	5≤X＜20	X＜5
	营业收入(Y)	万元	Y≥40000	5000≤Y＜40000	1000≤Y＜5000	Y＜1000
零售业	从业人员(X)	人	X≥300	50≤X＜300	10≤X＜50	X＜10
	营业收入(Y)	万元	Y≥20000	500≤Y＜20000	100≤Y＜500	Y＜100
交通运输业*	从业人员(X)	人	X≥1000	300≤X＜1000	20≤X＜300	X＜20
	营业收入(Y)	万元	Y≥30000	3000≤Y＜30000	200≤Y＜3000	Y＜200
仓储业	从业人员(X)	人	X≥200	100≤X＜200	20≤X＜100	X＜20
	营业收入(Y)	万元	Y≥30000	1000≤Y＜30000	100≤Y＜1000	Y＜100
邮政业	从业人员(X)	人	X≥1000	300≤X＜1000	20≤X＜300	X＜20
	营业收入(Y)	万元	Y≥30000	2000≤Y＜30000	100≤Y＜2000	Y＜100
住宿业	从业人员(X)	人	X≥300	100≤X＜300	10≤X＜100	X＜10
	营业收入(Y)	万元	Y≥10000	2000≤Y＜10000	100≤Y＜2000	Y＜100
餐饮业	从业人员(X)	人	X≥300	100≤X＜300	10≤X＜100	X＜10
	营业收入(Y)	万元	Y≥10000	2000≤Y＜10000	100≤Y＜2000	Y＜100
信息传输业*	从业人员(X)	人	X≥2000	100≤X＜2000	10≤X＜100	X＜10
	营业收入(Y)	万元	Y≥100000	1000≤Y＜100000	100≤Y＜1000	Y＜100
软件和信息技术服务业	从业人员(X)	人	X≥300	100≤X＜300	10≤X＜100	X＜10
	营业收入(Y)	万元	Y≥10000	1000≤Y＜10000	50≤Y＜1000	Y＜50
房地产开发经营	营业收入(Y)	万元	Y≥200000	1000≤Y＜200000	100≤Y＜1000	Y＜100
	资产总额(Z)	万元	Z≥10000	5000≤Z＜10000	2000≤Z＜5000	Z＜2000
物业管理	从业人员(X)	人	X≥1000	300≤X＜1000	100≤X＜300	X＜100
	营业收入(Y)	万元	Y≥5000	1000≤Y＜5000	500≤Y＜1000	Y＜500
租赁和商务服务业	从业人员(X)	人	X≥300	100≤X＜300	10≤X＜100	X＜10
	资产总额(Z)	万元	Z≥120000	8000≤Z＜120000	100≤Z＜8000	Z＜100
其他未列明行业*	从业人员(X)	人	X≥300	100≤X＜300	10≤X＜100	X＜10

说明：

1．大型、中型和小型企业须同时满足所列指标的下限，否则下划一档；微型企业只须满足所列指标中的一项即可。

2．附表中各行业的范围以《国民经济行业分类》（GB/T4754-2017）为准。带*的项为行业组合类别，其中，工业包括采矿业，制造业，电力、热力、燃气及水生产和供应业；交通运输业包括道路运输业，水上运输业，航空运输业，管道运输业，多式联运和运输代理业、装卸搬运，不包括铁路运输业；仓储业包括通用仓储，低温仓储，危险品仓储，谷物、棉花等农产品仓储，中药材仓储和其他仓储业；信息传输业包括电信、广播电视和卫星传输服务，互联网和相关服务；其他未列明行业包括科学研究和技术服务业，水利、环境和公共设施管理业，居民服务、修理和其他服务业，社会工作，文化、体育和娱乐业，以及房地产中介服务，其他房地产业等，不包括自有房地产经营活动。

3. 企业划分指标以现行统计制度为准。(1) 从业人员，是指期末从业人员数，没有期末从业人员数的，采用全年平均人员数代替。(2) 营业收入，工业、建筑业、限额以上批发和零售业、限额以上住宿和餐饮业以及其他设置主营业务收入指标的行业，采用主营业务收入；限额以下批发与零售业企业采用商品销售额代替；限额以下住宿与餐饮业企业采用营业额代替；农、林、牧、渔业企业采用营业总收入代替；其他未设置主营业务收入的行业，采用营业收入指标。(3) 资产总额，采用资产总计代替。

金融业企业划型标准规定

一、根据《中华人民共和国中小企业促进法》、《国务院关于进一步促进中小企业发展的若干意见》(国发〔2009〕36 号)、《国务院办公厅关于金融支持小微企业发展的实施意见》(国办发〔2013〕87 号)，制定本规定。

二、适用范围。本规定适用于从事《国民经济行业分类》(GB/T 4754-2011) 中 J 门类（金融业）活动的企业。

三、行业分类。采用复合分类方法对金融业企业进行分类。首先，按《国民经济行业分类》将金融业企业分为货币金融服务、资本市场服务、保险业、其他金融业四大类。其次，将货币金融服务分为货币银行服务和非货币银行服务两类，将其他金融业分为金融信托与管理服务、控股公司服务和其他未包括的金融业三类。最后，按经济性质将货币银行服务类金融企业划为银行业存款类金融机构；将非货币银行服务类金融业企业分为银行业非存款类金融机构，贷款公司、小额贷款公司、及典当行；将资本市场服务类金融业企业划为证券业金融机构；将保险业金融企业划为保险业金融机构；将其他金融业企业分为信托公司，金融控股公司和除贷款公司、小额贷款公司、典当行以外的其他金融机构。

四、划型标准指标。采用一个完整会计年度中四个季度末法人并表口径的资产总额（信托公司为信托资产）平均值作为划型指标，该指标以监管部门数据为准。

五、指标标准值。依据指标标准值，将各类金融业企业划分为大、中、小、微四个规模类型，中型企业标准上限及以上的为大型企业。

（一）银行业存款类金融机构。资产总额 40000 亿元以下的为中小微型企业。其中，资产总额 5000 亿元及以上的为中型企业，资产总额 50 亿元及以上的为小型企业，资产总额 50 亿元以下的为微型企业。

（二）银行业非存款类金融机构。资产总额 1000 亿元以下的为中小微企业。其中，资产总额 200 亿元及以上的为中型企业，资产总额 50 亿元及以上的为小型企业，资产总额 50 亿元以下的为微型企业。

（三）贷款公司、小额贷款公司及典当行。资产总额 1000 亿元以下的为中小微型企业。其中，资产总额 200 亿元及以上的为中型企业，资产总额 50 亿元及以上的为小型企业，资产总额 50 亿元以下的为微型企业。

（四）证券业金融机构。资产总额 1000 亿元以下的为中小微型企业。其中，资产总额 100 亿元及以上的为中型企业，资产总额 10 亿元及以上的为小型企业，资产总额 10 亿元以下的为微型企业。

（五）保险业金融机构。资产总额 5000 亿元以下的为中小微型企业。其中，资产总额 400 亿元及以上的为中型企业，资产总额 20 亿元及以上的为小型企业，资产总额 20 亿元以下的为微型企业。

（六）信托公司。信托资产 1000 亿元以下的为中小微型企业。其中，信托资产 400 亿元及以上的为中型企业，信托资产 20 亿元及以上的为小型企业，信托资产 20 亿元以下的为微型企业。

（七）金融控股公司。资产总额 40000 亿元以下的为中小微企业。其中，资产总额 5000 亿元及以上的为中型企业，资产总额 50 亿元及以上的为小型企业，资产总额 50 亿元以下的为微型企业。

（八）除贷款公司、小额贷款公司、典当行以外的其他金融机构。资产总额 1000 亿元以下的为中小微型企业。其中，资产总额 200 亿元及以上的为中型企业，资产总额 50 亿元及以上的为小型企业，资产总额 50 亿元以下的为微型企业。

六、组织实施。由人民银行会同银监会、证监会、保监会和统计局联合组成金融业企业划型标准工作组，负责金融业企业划型标准的实施、后期评估和调整工作，按年组织金融业企业规模认定，并在人民银行建立《金融业机构信息管理系统》中增加相应的字段模块。经过认定的金融业企业在系统中进行规模登记，方便政府部门和社会各界查询使用。

七、标准值的评估和调整。金融业企业划型标准工作组每五年对划型标准值受经济发展与通货膨胀等因素的影响程度进行评估和调整。

八、本规定的中型金融业企业标准上限即为大型金融业企业下限。国务院有关部门据此进行相关数据的统计分析，不得制定与本规定不一致的金融业企业划型标准。

九、融资担保公司参照本规定中“除贷款公司、小额贷款公司、典当行以外的其他金融机构”标准划型。

十、本规定由人民银行会同银监会、证监会、保监会和统计局负责解释。

十一、本规定自发布之日起实施。

附件:

金融业企业划型标准

行　业		类　别	类型	资产总额
货币金融服务	货币银行服务	银行业存款类金融机构	中型	5000亿元（含）至40000亿元
			小型	50亿元（含）至5000亿元
			微型	50亿元以下
	非货币银行服务	银行业非存款类金融机构	中型	200亿元（含）至1000亿元
			小型	50亿元（含）至200亿元
			微型	50亿元以下
		贷款公司、小额贷款公司及典当行	中型	200亿元（含）至1000亿元
			小型	50亿元（含）至200亿元
			微型	50亿元以下
资本市场服务		证券业金融机构	中型	100亿元（含）至1000亿元
			小型	10亿元（含）至100亿元
			微型	10亿元以下
保险业		保险业金融机构	中型	400亿元（含）至5000亿元
			小型	20亿元（含）至400亿元
			微型	20亿元以下
其他金融业	金融信托与管理服务	信托公司	中型	400亿元（含）至1000亿元
			小型	20亿元（含）至400亿元
			微型	20亿元以下
	控股公司服务	金融控股公司	中型	5000亿元（含）至40000亿元
			小型	50亿元（含）至5000亿元
			微型	50亿元以下
	其他未包括的金融业	除贷款公司、小额贷款公司、典当行以外的其他金融机构	中型	200亿元（含）至1000亿元
			小型	50亿元（含）至200亿元
			微型	50亿元以下

文化及相关产业分类(2018)

一、目的和作用

（一）为深化文化体制改革和持续推进社会主义文化强国建设提供统计保障，建立科学可行的文化及相关产业统计制度，制定本分类。

（二）本分类为反映我国文化及相关产业生产活动提供标准分类依据，为文化及相关产业统计提供统一的定义和范围，为发展文化产业、推进社会主义文化繁荣兴盛提供统计服务。

二、定义和范围

（一）定义

本分类规定的文化及相关产业是指为社会公众提供文化产品和文化相关产品的生产活动的集合。

（二）范围

根据以上定义，我国文化及相关产业的范围包括:

1. 以文化为核心内容，为直接满足人们的精神需要而进行的创作、制造、传播、展示等文化产品（包括货物和服务）的生产活动。具体包括新闻信息服务、内容创作生产、创意设计服务、文化传播渠道、文化投资运营和文化娱乐休闲服务等活动。

2. 为实现文化产品的生产活动所需的文化辅助生产和中介服务、文化装备生产和文化消费终端生产（包括制造和销售）等活动。

三、分类原则

（一）以《国民经济行业分类》为基础

本分类以《国民经济行业分类》(GB/T 4754-2017）为基础，根据文化生产活动的特点，将行业分类中相关的类别重新组合，是《国民经济行业分类》的派生分类。

（二）兼顾文化管理需要和可操作性

根据我国文化体制改革和发展的实际，本分类在考虑文化生产活动特点的同时，兼顾文化主管部门管理的需要；同时立足于现行统计制度和方法，充分考虑分类的可操作性。

（三）与国际分类标准相衔接

本分类借鉴了联合国教科文组织的《文化统计框架—2009》的分类方法，在定义和覆盖范围上与其衔接。

四、分类方法

本分类采用线分类法和分层次编码方法，将文化及相关产业划分为三层，分别用阿拉伯数字编码表示。第一层为大类，用 01-09 数字表示，共有 9 个大类；第二层为中类，用 3 位数字表示，共有 43 个中类；第三层为小类，用 4 位数字表示，共有 146 个小类。

五、有关说明

(一)本分类建立了与《国民经济行业分类》(GB/T 4754-2017）的对应关系。在本分类中，如国民经济某行业小类仅部分活动属于文化及相关产业，则在行业代码后加“*”做标识，并对属于文化生产活动的内容进行说明；如国民经济某行业小类全部纳入文化及相关产业，则小类类别名称与行业类别名称完全一致。

（二）本分类全部小类对应或包含在《国民经济行业分类》(GB/T 4754-2017）相应的行业小类中，具体范围和说明可参见《2017 国民经济行业分类注释》。

（三）本分类 01-06 大类为文化核心领域，07-09 大类为文化相关领域。

六、文化及相关产业分类表

表1 文化及相关产业的类别名称和行业代码

类别名称	国民经济行业代码
第一部分 文化核心领域	
一、新闻信息服务	
（一）新闻服务	
新闻业	8610
（二）报纸信息服务	
报纸出版	8622
（三）广播电视信息服务	
广播	8710
电视	8720
广播电视集成播控	8740
（四）互联网信息服务	
互联网搜索服务	6421
互联网其他信息服务	6429
二、内容创作生产	
（一）出版服务	
图书出版	8621
期刊出版	8623
音像制品出版	8624
电子出版物出版	8625
数字出版	8626
其他出版业	8629
（二）广播影视节目制作	
影视节目制作	8730
录音制作	8770
（三）创作表演服务	
文艺创作与表演	8810
群众文体活动	8870
其他文化艺术业	8890
（四）数字内容服务	
动漫、游戏数字内容服务	6572
互联网游戏服务	6422
多媒体、游戏动漫和数字出版软件开发	6513*
增值电信文化服务	6319*
其他文化数字内容服务	6579*
（五）内容保存服务	
图书馆	8831
档案馆	8832
文物及非物质文化遗产保护	8840
博物馆	8850
烈士陵园、纪念馆	8860
（六）工艺美术品制造	
雕塑工艺品制造	2431
金属工艺品制造	2432
漆器工艺品制造	2433
花画工艺品制造	2434

续表 1

类　别　名　称	国民经济行业代码
天然植物纤维编织工艺品制造	2435
抽纱刺绣工艺品制造	2436
地毯、挂毯制造	2437
珠宝首饰及有关物品制造	2438
其他工艺美术及礼仪用品制造	2439
（七）艺术陶瓷制造	
陈设艺术陶瓷制造	3075
园艺陶瓷制造	3076
三、创意设计服务	
（ ）广告服务	
互联网广告服务	7251
其他广告服务	7259
（二）设计服务	
建筑设计服务	7484*
工业设计服务	7491
专业设计服务	7492
四、文化传播渠道	
（一）出版物发行	
图书批发	5143
报刊批发	5144
音像制品、电子和数字出版物批发	5145
图书、报刊零售	5243
音像制品、电子和数字出版物零售	5244
图书出租	7124
音像制品出租	7125
（二）广播电视节目传输	
有线广播电视传输服务	6321
无线广播电视传输服务	6322
广播电视卫星传输服务	6331
（三）广播影视发行放映	
电影和广播电视节目发行	8750
电影放映	8760
（四）艺术表演	
艺术表演场馆	8820
（五）互联网文化娱乐平台	
互联网文化娱乐平台	6432*
（六）艺术品拍卖及代理	
艺术品、收藏品拍卖	5183
艺术品代理	5184
（七）工艺美术品销售	
首饰、工艺品及收藏品批发	5146
珠宝首饰零售	5245
工艺美术品及收藏品零售	5246
五、文化投资运营	
（一）投资与资产管理	
文化投资与资产管理	7212*

续表 2

类　别　名　称	国民经济行业代码
（二）运营管理	
文化企业总部管理	7211*
文化产业园区管理	7221*
六、文化娱乐休闲服务	
（一）娱乐服务	
歌舞厅娱乐活动	9011
电子游艺厅娱乐活动	9012
网吧活动	9013
其他室内娱乐活动	9019
游乐园	9020
其他娱乐业	9090
（二）景区游览服务	
城市公园管理	7850
名胜风景区管理	7861
森林公园管理	7862
其他游览景区管理	7869
自然遗迹保护管理	7712
动物园、水族馆管理服务	7715
植物园管理服务	7716
（三）休闲观光游览服务	
休闲观光活动	9030
观光游览航空服务	5622
第二部分　文化相关领域	
七、文化辅助生产和中介服务	
（一）文化辅助用品制造	
文化用机制纸及纸板制造	2221*
手工纸制造	2222
油墨及类似产品制造	2642
工艺美术颜料制造	2644
文化用信息化学品制造	2664
（二）印刷复制服务	
书、报刊印刷	2311
本册印制	2312
包装装潢及其他印刷	2319
装订及印刷相关服务	2320
记录媒介复制	2330
摄影扩印服务	8060
（三）版权服务	
版权和文化软件服务	7520*
（四）会议展览服务	
会议、展览及相关服务	7281-7284
	7289
（五）文化经纪代理服务	
文化活动服务	9051
文化娱乐经纪人	9053
其他文化艺术经纪代理	9059
婚庆典礼服务	8070*
文化贸易代理服务	5181*

续表 3

类　别　名　称	国民经济行业代码
票务代理服务	7298
（六）文化设备（用品）出租服务	
休闲娱乐用品设备出租	7121
文化用品设备出租	7123
（七）文化科研培训服务	
社会人文科学研究	7350
学术理论社会（文化）团体	9521*
文化艺术培训	8393
文化艺术辅导	8399*
八、文化装备生产	
（一）印刷设备制造	
印刷专用设备制造	3542
复印和胶印设备制造	3474
（二）广播电视电影设备制造及销售	
广播电视节目制作及发射设备制造	3931
广播电视接收设备制造	3932
广播电视专用配件制造	3933
专业音响设备制造	3934
应用电视设备及其他广播电视设备制造	3939
广播影视设备批发	5178
电影机械制造	3471
（三）摄录设备制造及销售	
影视录放设备制造	3953
娱乐用智能无人飞行器制造	3963*
幻灯及投影设备制造	3472
照相机及器材制造	3473
照相器材零售	5248
（四）演艺设备制造及销售	
舞台及场地用灯制造	3873
舞台照明设备批发	5175*
（五）游乐游艺设备制造	
露天游乐场所游乐设备制造	2461
游艺用品及室内游艺器材制造	2462
其他娱乐用品制造	2469
（六）乐器制造及销售	
中乐器制造	2421
西乐器制造	2422
电子乐器制造	2423
其他乐器及零件制造	2429
乐器批发	5147
乐器零售	5247
九、文化消费终端生产	
（一）文具制造及销售	
文具制造	2411
文具用品批发	5141

续表 4

类　别　名　称	国民经济行业代码
文具用品零售	5241
（二）笔墨制造	
笔的制造	2412
墨水、墨汁制造	2414
（三）玩具制造	
玩具制造	2451-2456
	2459
（四）节庆用品制造	
焰火、鞭炮产品制造	2672
（五）信息服务终端制造及销售	
电视机制造	3951
音响设备制造	3952
可穿戴智能文化设备制造	3961*
其他智能文化消费设备制造	3969*
家用视听设备批发	5137
家用视听设备零售	5271
其他文化用品批发	5149
其他文化用品零售	5249

表 2　带"*"行业分类文化生产活动内容的说明

序号	国民经济行业分类及代码	文化及相关产业类别名称及小类代码	文化生产活动的内容
1	应用软件开发（6513*）	多媒体、游戏动漫和数字出版软件开发（0243）	包括应用软件开发中的多媒体软件、游戏动漫软件、数字出版软件开发活动。
2	其他电信服务（6319*）	增值电信文化服务（0244）	仅指固定网增值电信、移动网增值电信、其他增值电信中的文化服务，包括手机报、个性化铃音等业务服务。
3	其他数字内容服务（6579*）	其他文化数字内容服务（0245）	仅指文化宣传领域数字内容服务。
4	工程设计活动（7484*）	建筑设计服务（0321）	仅包括房屋建筑工程，体育、休闲娱乐工程，室内装饰和风景园林工程专项设计服务。
5	互联网生活服务平台（6432*）	互联网文化娱乐平台（0450）	仅包括互联网演出购票平台、娱乐应用服务平台、音视频服务平台、读书平台、艺术品鉴定拍卖平台和文化艺术平台。
6	投资与资产管理（7212*）	文化投资与资产管理（0510）	指政府主管部门转变职能后，成立的国有文化资产管理机构和文化行业管理机构的活动；文化投资活动，不包括资本市场的投资。
7	企业总部管理（7211*）	文化企业总部管理（0521）	指不具体从事对外经营业务，只负责文化企业的重大决策、资产管理，协调管理下属各机构和内部日常工作的文化企业总部的活动，其对外经营业务由下属的独立核算单位或单独核算单位承担，还包括派出机构的活动（如办事处等）。
8	园区管理服务（7221*）	文化产业园区管理（0522）	仅指非政府部门的文化产业园区管理服务。
9	机制纸及纸板制造（2221*）	文化用机制纸及纸板制造（0711）	包括未涂布印刷书写用纸制造、涂布类印刷用纸制造、感应纸及纸板制造。
10	知识产权服务（7520*）	版权和文化软件服务（0730）	版权服务包括版权代理服务，版权鉴定服务，版权咨询服务，著作权登记服务，著作权使用报酬收转服务，版权交易、版权贸易服务和其他版权服务。文化软件服务指与文化有关的软件服务，包括软件代理、软件著作权登记、软件鉴定等服务。
11	婚姻服务（8070*）	婚庆典礼服务（0754）	指婚庆礼仪服务。包括婚礼策划、组织服务，婚礼租车服务，婚礼用品出租服务，婚礼摄像服务和其他婚姻服务。
12	贸易代理（5181*）	文化贸易代理服务（0755）	包括文化用品、图书、音像、文化用家用电器和广播电视器材等国际国内贸易代理服务。
13	专业性团体（9521*）	学术理论社会（文化）团体（0772）	学术理论社会团体包括党的理论研究、史学研究、思想工作研究、社会人文科学研究等团体的服务。文化团体包括新闻、图书、报刊、音像、版权、广播、电视、电影、演员、作家、文学艺术、美术家、摄影家、文物、博物馆、图书馆、文化馆、游乐园、公园、文艺理论研究、民族文化等团体的服务。
14	其他未列明教育（8399*）	文化艺术辅导（0774）	包括美术、舞蹈、音乐、书法和武术等辅导服务。
15	智能无人飞行器制造（3963*）	娱乐用智能无人飞行器制造（0832）	指按照国家有关安全规定标准，经允许生产并主要用于娱乐的智能无人飞行器的制造。
16	电气设备批发（5175*）	舞台照明设备批发（0842）	包括各类舞台照明设备的批发。
17	可穿戴智能设备制造（3961*）	可穿戴智能文化设备制造（0953）	指由用户穿戴和控制，并且自然、持续地运行和交互的个人移动计算文化设备产品的制造。
18	其他智能消费设备制造（3969*）	其他智能文化消费设备制造（0954）	仅指虚拟现实设备制造活动。